한국 교회 진단 리포트

한국 교회 진단 리포트

지은이 | 목회데이터연구소
　　　　지용근 임성빈 김선일 신형섭 정재영 백광훈
　　　　김창운 안덕원 이상화 손병덕 안교성 김진양
초판 발행 | 2025. 2. 19
등록번호 | 제1988-000080호
등록된 곳 | 서울특별시 용산구 서빙고로 65길 38
발행처 | 사단법인 두란노서원
영업부 | 2078-3333　FAX | 080-749-3705
출판부 | 2078-3331

책값은 뒤표지에 있습니다.
ISBN 978-89-531-5017-1 03230

독자의 의견을 기다립니다.
tpress@duranno.com　www.duranno.com

5대 핵심 사역 통계로 전망하는 미래 목회

한국 교회
진단 리포트

목회데이터연구소

지용근 임성빈 김선일 신형섭 정재영 백광훈
김창운 안덕원 이상화 손병덕 안교성 김진양 지음

두란노

| 목차 |

1　　⬆ *UPWARD*
　　건강한 교회의 맥박, 예배를 진단하다　　　

2　　➡ *FORWARD*
　　변화된 삶을 위한 양식, 교육을 진단하다　　

3　　⬌ *INWARD*
　　그리스도의 몸, 친교를 진단하다

한국 교회가 문제라고 한다. 위기라고도 한다. 식상할 정도로 나오는 지적이다. 각종 설교, 신문 기사, 언론 칼럼, 책에서 한국 교회의 문제 현상과 그 원인을 단편적으로 언급하기도 하지만, 한국 교회의 문제적 현상을 사회 과학적 도구를 통해 세분화해서 전면적으로 다룬 적은 없는 것 같다.

우리의 문제의식은 여기에서 출발했다. 한국 교회의 위기는 많이 거론하지만 이에 대해 객관적이고 실증적인 방법으로, 또 총체적으로 따져본 적은 없다는 것이 우리의 반성적 성찰이다. 몸에 열이 나는 환자가 병의 원인을 스스로 짐작했을 뿐, 그 원인이 감기 때문인지, 폐렴 때문인지, 아니면 몸 안 다른 부위의 염증 때문인지 의학적으로 정밀한 검사를 하지 않은 채 스스로 자기 경험에 근거하여 '내 몸의 열은 독감 때문이야'라고 자가 진단을 한 형국이다. 이런 환자에게는 종합 건강 검진이 필요하다. 피 검사도 하고, 엑스레이도 찍고, 필요하면 초음파 검사와 CT도 찍어야 한다. 그것도 문제 부위만 보는 것이 아니라 온몸을 봐야 한다.

우리는 한국 교회의 건강을 종합 검진하기로 했다. 이 검진을 통해 한국 교회의 문제가 무엇인지, 위기의 실체가 무엇인지를 밝히기로 했다. 정확하게 검사해야 올바른 처방이 나오므로 한국 교회의 건강성을 회복하기 위해서는 우선 정밀한 진단이 필요했다. 그리고 한국 교회 진단이 기존 논의의 재탕이 되지 않기 위해서는 몇 가지 조건이 필요했다.

첫째는, 과학적으로 접근한다는 것이다. 연구자의 주관적 경험과 생각에 근거하지 않고 데이터를 산출하여 그 결과에 입각해 문제점을 해부하고 원인을 찾는다. 마치 의사가 각종 검사 결과 수치를 보고 진단을 내리듯이 말이다. 이를 위해 우리는 설문 조사를 실시했다. 설문 조사를 통해 교회 구성원들의 생각을 데이터로 읽어 내는 작업은 부분적으로 있어 왔지만, 한국 교회를 종합적으로 진단하는 대규모 표본을 대상으로 한 설문 조사는 이번 프로젝트가 처음이다. 설문 조사 방법론에 대해서는 뒤에서 자세히 언급하겠지만, 성도(성인, 청소년), 목회자, 선교사, 일반 국민 등 총 12,303명을 대상으로 조사했다. 이 조사를 통해 한국 교회의 문제를 객관적으로 접근했다.

둘째는, 한국 교회의 문제를 전면적으로 다루기 위해 사역을 다섯 가지 측면, 즉 예배, 교육, 친교, 봉사, 선교로 나누고 각 영역별로 접근하였다. 한국 교회를 사역 영역별로 진단하는 것은 영역별로 세밀한 분석과 각 영역의 종합적 분석을 동시에 할 수 있다는 장점이 있다. 영역별, 그리고 총제적 진단은 지금까지 한국 교회에는 없었던 일이라고 단언할 수 있다.

셋째는, 개인 작업이 아니라 집단 작업으로 접근하였다. 우리가 사역을 다섯 개의 영역으로 나누었기 때문에 각 영역의 전문가들이 참여했다. 이번 연구에 참여한 전문가는 두 개의 그룹으로 나누었는데, 첫 번째는 '워킹 그룹'(Working Group)이다. 워킹 그룹에 참여한 전문가들은 각 분야의 전문성이 있으면서 설문 조사 경험도 풍부한 분들로 구성했다. 이들은 설문 조사를 기획하고 결과를 분석하는 일을 담당했다. 김선일 교수

(웨스트민스터신학대학원대학교 실천신학), 신형섭 교수(장로회신학대학교 기독교교육학), 정재영 교수(실천신학대학원대학교 종교사회학), 백광훈 목사(문화선교연구원 원장), 김창운 목사(캄보디아 선교사)가 워킹 그룹에 참여했다. 두 번째는 '어드바이저 그룹'(Advisor Group)이다. 각 분야의 전문가로서 오랫동안 한국 교회를 섬겨 온 분들이다. 이들은 조사 결과 분석에 대해 의미를 해석하고 문제 원인을 진단하는 역할을 담당했다. 안덕원 교수(횃불트리니티신학대학원대학교 예배학), 신형섭 교수(워킹 그룹과 어드바이저 그룹 모두 참여), 이상화 목사(서현교회 담임), 손병덕 교수(총신대학교 사회복지학), 안교성 교수(한국기독교역사문화관 관장)가 어드바이저 그룹으로 수고해 주었다. 프로젝트 전체 총괄은 전 장로회신학대학교 총장인 임성빈 교수가 애써 주었다.

마지막으로 한국 교회가 특단의 처방 없이 현 조건을 유지한다면 2050년까지 한국 교회의 성도 수가 어떻게 변화하는지 추정했다. 한국 교회 교세 추계 작업은 한국 교회의 미래 위기 신호를 감지하여 한국 교회가 미리 대응할 수 있도록 하기 위해 설계되었다. 이 작업은 한국교회총연합(한교총)과 함께 진행했는데, 한교총 산하 주요 교단들의 과거 20년 치 교세 통계 자료를 확보, 표준화 작업을 거쳐, 조사 전문 기관인 마크로밀엠브레인과 연세대학교 통계데이터사이언스학과(책임교수 김현중)에 의뢰하여 이루어졌다.

우리가 병원에서 건강 검진을 받을 때 몸의 특정 부위를 검진하더라도 다양한 검사를 받을 수 있다. 예를 들어, 눈 검사도 시력 검사, 안압 검사, 백내장 검사 등 여러 항목이 있는 것처럼 검진 항목이 많을수록 더 정밀한 검사가 된다. 그래서 한국 교회 진단을 위해 영역별로 세밀하게 진단했다.

'예배'에서는 의례로서의 예배와 삶으로서의 예배에 대해 성도들이 얼마나 제대로 알고 실천하는지 진단했다. 첫 번째는, 성도들이 그리스도인의 삶에서 예배란 무엇이라고 생각하는지, 두 번째는, 예배를 올바로 알고 있는지, 세 번째는, 예배를 어떻게 경험하는지, 네 번째는, 예배와 설교가 성도들의 삶을 얼마나 변화시키고 있는지를 분석했다.

'교육'에서는 교회가 성도들과 다음 세대를 그리스도인으로 바로 서게 하는 데 얼마나 제 역할을 하는지를 진단했다. 첫 번째는, 성도들이 가정, 학교, 사회에서 그리스도인으로 살아가는 것에 대해 교회는 어떻게 가르치고 있는지 그리고 성도들은 그것을 어떻게 수용하는지를 분석했다. 두 번째는, 교회학교가 잘 운영되고 있는지, 세 번째는, 신앙 전수가 가정에서 잘 이루어지는지, 네 번째는, 신앙 교육이 전 생애 주기를 다루고 있는지를 각각 살펴보았다.

'친교'에서는 교회가 친교 공동체로서 얼마나 기능하고 있으며 해결해야 할 문제는 무엇인지를 진단했다. 첫 번째는, 교회가 진정한 친교 공동체 역할을 하는지, 두 번째는, 성도들이 교회에서의 친교를 통해 신앙 성장에 어떤 도움을 주고받는지, 세 번째는, 교회에서의 친교가 실질적인 상호 도움으로 이어지는지, 네 번째는, 성도들이 소그룹을 어떤 의미로 받아들이고 있으며 소그룹을 통해 무엇을 얻는지, 다섯 번째는, 자기 교회 범위를 넘어서서 '공교회'에 대한 성도들의 이해 수준을 살펴보고 자교회 중심주의를 분석했다.

'봉사'에서는 세상으로 보냄 받은 성도들이 세상을 얼마나 섬기는지를 진단했다. 첫 번째는, 성도들이 사회 봉사를 교회의 본질적 사명으로 여기는지, 두 번째는, 교회의 사회 봉사 활동 실태 및 사회 봉사의 장해물은 무엇인지, 세 번째는, 사회 봉사에 임하면서 성도 개인과 교회는 무엇을 기대하며 어떤 효과를 거두는지, 네 번째는, 그렇다면 교회가 사회 봉사를 얼마나 잘하는지를 종합적으로 평가했다. 다섯 번째는, 개교회 중심인 한국 교회에서 교회의 사회 봉사 활동을 연합 활동으로 범위를 확대하는 문제를 다루었다.

'선교'에서는 교회의 목적으로서의 선교의 현황과 문제점을 진단했다. 첫 번째는, 교회의 선교에 대한 관심, 선교 활동의 범위에 대한 인식을 조사하여 선교에 대한 인식 형성의 문제점을 분석했다. 두 번째는, 선교에 대한 교육과 프로그램 개설 및 수강 실태를 조사하여 교회에서 선교에 대한 준비를 잘하고 있는지를 분석했다. 세 번째는, 선교사 파송과 후원 그리고 선교사의 보고 과정을 살펴봄으로써 교회가 선교 현장과 어느 정도 유기적으로 협력하고 있는지를 분석했다. 네 번째는, 선교사들은 선교에 어떻게 임하는지, 즉 선교사로 파송받기 전의 준비, 선교사로 사역하는 내용, 선교사에게 필요한 재교육 상황을 조사하여 선교사들이 선교 사역을 잘하게 하기 위해 필요한 것이 무엇인지를 분석했다. 다섯 번째는, '한국 선교'의 과제와 미래에 대한 선교사들의 의견을 조사하여 한국 선교의 방향을 짚어 보았다.

이 책을 읽은 후에 진단과 분석 외에 처방이 부족한 점을 아쉬워하는 독자가 있을 것이다. 기획 단계에서는 진단 편과 처방(전략) 편을 구상했으나, 우선은 진단 편에 집중하기로 했다. 앞서도 언급했지만, 정확한 진단을 해야 올바른 처방이 나올 수 있기 때문이다. 그래서 이 진단을 토대로 각자 자신의 교회를 진단하고 교회 상황에 맞는 처방을 고민해 볼 것을 부탁드린다.

이 책은 2022년 12월부터 2025년 2월까지 무려 2년이 넘게 진행된 대규모 한국 교회 진단 프로젝트의 열매다. 이 책이 나오기까지 헌신적으로 도와준 분들이 계신다. 처음 기획 단계부터 함께한 임성빈 전 장로회신학대학교 총장님을 비롯, 실무 작업을 담당한 워킹 그룹과 어드바이저 그룹 그리고 기독교 인구 추계 작업에 결정적 도움을 준 한교총의 신평식 사무총장님과 마크로밀엠브레인의 김석균 상무님과 연세대학교 김현중 교수님 그리고 광범위한 조사를 수행한 ㈜ 지앤컴리서치의 김진양 부대표님과 연구 팀에게 특별한 감사를 드린다. 무엇보다 마지막 원고를 읽고 다시 한번 세세히 수정해 준 김선일 교수님께 깊은 감사를 드린다.

대표 저자
지용근

한국 교회,
위기의 근원을 진단한다

소방수들이 화재를 진압하러 들어갔을 때 가장 먼저 하는 일은 화재의 근원(source)을 찾는 것이라 한다. 이곳저곳에서 불길이 치솟더라도 결국 성공적으로 불을 끄려면 불을 일으킨 근원부터 해결해야만 하기 때문이다. 우리가 겪는 문제나 위기에 대해서도 마찬가지다. 몸이 아플 때 아픈 부위만 살피는 것보다 통증의 원인을 찾는 일이 우선이다. 모든 위기에는 증상을 일으킨 근원이 있게 마련이다. 최근 한국 교회가 어렵다는 말이 많이 들린다. 교회에 대한 신뢰도가 하락하고, 사역도 이전과 달리 위축된 모습이다. 그래서 교회의 위기를 타개하고자 이런저런 처방과 전략들이 속속 등장한다. 그러나 문제 해결을 위해서는 문제의 근원에 대한 올바른 진단이 더욱 시급하다. 진단이 부족한 처방은 미봉책에 불과하다.

이 책은 한국 교회의 목회 사역과 신앙생활에 대한 심층 진단을 통해 한국 교회가 어떠한 상황에 있는지를 발견하고자 한다. 이를 위해서 교회의 5대 사역 영역에 대한 성도와 목회자들의 경험과 견해를 설문 조사를 통해 최대한 종합적으로 수집하고 객관적으로 분석했다. 교회는 만유의 주이며(행 10:36), 온 세상을 충만하게 하시는 예수 그리스도의 몸이다(엡 1:23). 그리스도의 몸 된 교회는 예배, 교육, 친교, 봉사, 선교 등의 사역을 통해서 기능하며 자신을 드러낸다. 마리아 해리스(Maria Harris)는 《교육목회 커리큘럼》(한국장로교출판사 역간)에서 회중의 삶을 형성하는 교회의 핵심 영역을 레이투르기아(Leiturgia), 디다케(Didache), 코이노니아(Koinonia), 디아코니아(Diakonia), 케리그마(Kerygma)의 다섯 가지로 분류한 바 있다. 본 연구는 해리스가 말한 이 다섯 가지 사역을 응용하여 교회의 건강성을 진단하고자 한다. 레이투르기아는 예배(설교 포함) 영역에, 디다케는 교육 영역에, 코이노니아는 친교 영역에, 디아코니아는 봉사 영역에, 케리그마는 복음 선포를 의미하기 때문에 선교(전도 포함) 영역에 해당하는 것으로 볼 수 있다.

교회에는 이 외에도 여러 다른 사역과 실천이 존재한다. 이 다섯 가지는 교회의 사역을 포괄적으로 분류하는 가장 기초적인 영역일 것이다. 또한 이들은 교회 사역의 내적, 외적 측면으로도 분류된다. 예배, 교육, 친교는 주로 교회 내에서 이루어지는 생활과 실천인 반면, 선교와 봉사는 교회의 담장을 넘어서는 외적 측면의 사역이라 할 수 있다. 교회는 예배, 교육, 친교를 통해 은혜의 복음으로 성도를 양육한다. 그러나 이러한 내적 양육은 궁극적으로 성도들이 세상에서 하나님 나라를 증언하고 이웃을 섬기는 삶으로 나아가기 위함이다. 톰 레이너(Thom Rainer)는 《죽은 교회를 부검하다》(두란노 역간)에서 죽어 가는 교회의 특징으로 교회가 관심과 자원을 자기 내부의 필요에만 집중하는 것이라고 지적했다. 따라서 교회의 내적 사역과 외적 사역의 선순환적 구조는 건강한 교회의 비전을 위한 토대가 될 것이다.

이번 조사는 교회의 5대 핵심 사역이 교회에서 얼마나 내적 건강과 외적 열매의 균형을 이루고 있는지를 진단하고자 성도와 목회자의 경험 및 의견을 살펴보았다. 이를 통해 한국 교회 전반에 걸친 공통되는 과업과 문제가 무엇인지를 추적하고자 했다. 각 사역의 영역들에서 나타나는 문제와 가능성은 다양하지만, 공통적으로 주목해야 할 핵심 과제들을 미리 제시하자면 다음과 같다. 이 공통 과제들은 반복적으로 등장하며, 서로 연관된다고 볼 수 있다.

첫째, 교회의 사역과 성도의 신앙생활은 일반적으로 내향화된(internalized) 경향을 띤다. 성도들의 교회 안 활동은 양호하다. 예배를 통해서 개인적 위로와 은혜를 누리며, 성도 간의 친교와 모임에도 만족한다. 하지만 교회 밖에서 실천하는 선교나 사회 봉사에 대한 관심과 참여는 떨어진다. 이는 선교와 봉사에 대한 낮은 관심, 삶의 적용이 약한 교회 교육 등으로 나타난다. 이러한 교회의 사역 현황은 성도들을 교회 안에 머물게 하는 데는 익숙하지만, 교회에서 경험한 은혜를 세상으로 확장시키는 데는 충분하지 못하다.

둘째, 신앙의 사사화(privatization)를 경계해야 한다. 이는 내향화된 교회 생활로 말미암은 결과라 할 수 있다. 신앙의 효능이 개인적이고 사적인 문제나 관심에만 머무르면 하나님 나라의 비전은 흐려진다. 기독교 신앙은 성도들에게 위로와 은혜를 주는 유익뿐 아니라, 그들이 온 세상의 구원을 향한 하나님의 선교 사역에 참여하도록 인도하는 것이다. 각 성도는 받은 은사와 소명으로 하나님 나라의 건설에 참여해야 한다. 한국 교회가 머지않아 직면할 '선교 자원의 멸종'은 이러한 신앙의 내향화와 사사화로 말미암는다 해도 과언이 아닐 것이다.

셋째, 성도의 주체적 신앙 회복이 필요하다. 신앙의 근본은 하나님께서 예수 그리스도 안에서 행하신 구원의 은혜를 받아들이는 것이다. 그러나 바른 신앙은 관념적이거나 수동적인 성도를 양산하는 데 그치지 않는다. 신앙은 동의를 넘어서 실천과 참여로 증명된다. 한국 교회의 성도들은 선교의 중요성, 봉사의 필요성, 신앙 전수의 과제에 대체로 동의한다. 그러나 이러한 관념적 동의가 참여와 실천으로는 이어지지 않는다. 말로는 중요하다고 하지만 행동은 따르지 않는 괴리가 존재하는 것이다. 교회와 목회자에게 수동적으로 의존하는 경향도 보인다. 이러한 실천과 참여의 부재는 신앙의 더 큰 비전을 확립하지 못했기 때문이다.

넷째, 목회자와 성도가 온전한 소통과 협력 관계를 구축할 필요가 있다. 목회자는 교회의 사역들을 설계하고 지도하는 위치에 있다. 성도는 목회자를 통해서 각 사역의 중요성과 의미를 배우고 경험하며 인도를 받는다. 그런데 몇몇 사역에 대한 진단에서 목회자와 성도들이 서로 다른 경험과 평가를 내놓는 패턴이 반복적으로 나타난다. 예를 들어, 출석 교회의 사회 봉사 활동에 대해 성도들은 낮게 평가하는 반면, 목회자들은 높게 평가하는 식이다. 교회의 사역이 건강하게 지속되려면 목회자와 성도 간의 상호 협력이 중요하다. 목회 철학과 사역 원칙이 명료하게 전달되고 공유되는 것은 건전한 동역을 위한 기반이 될 것이다.

다섯째, 신앙의 계승은 중차대하면서도 쉽지 않은 과제다. 다음 세대로의 신앙 전수는 한국 교회의 공통 과업이다. 젊은 연령대로 갈수록 현실, 개인주의 양상을 보이며 신앙 의식이나 헌신이 약화되는 경향이 있다. 그러나 이들이 선교나 봉사 활동을 경험하면 교회의 사역에 더욱 긍정적이며 참여적이 된다. 젊은 세대는 하나님 나라의 비전에 가장 민감하게 반응을 보이는 집단이다. 다음 세대를 교회 안의 유순한 존재가 아닌, 신앙의 모험을 감수하는 자들로 양육해야 한다.

이러한 다섯 가지 과제는 한국 교회가 긴장하며 보완해야 할 책임이다. 그러나 이번 조사를 통해 한국 교회 안에 있는 가능성들도 엿볼 수 있었다.

첫째, 한국 교회에는 충실하고 준비된 성도들이 있다. 이들은 교회의 가르침에 따라 신앙의 과제를 실천할 의향이 있다. 선교에 대한 개인적 관심은 낮아도 교회의 선교 사역에는 헌금과 같은 수동적인 방식으로라도 참여하려는 의식이 있다. 말씀을 듣고 자신을 변화시키려는 몸부림도 보인다. 비록 의식과 실천 사이의 간극은 있지만, 그와 같은 소박한 마음에 영적 부흥의 씨앗을 심어 줄 필요가 있다.

둘째, 한국 교회 목회자들의 사역에 대한 이해는 상당한 폭과 깊이를 지닌다. 그들의 선교 사역 범위에 대한 인식이나 교회의 사회적 역할에서 과거와 같은 성-속의 이원론이나 편협한 세계관은 나타나지 않는다. 그럼에도 불구하고 일부는 교회 위주의 신앙적 가치관이 여전히 잔존한다. 많은 목회자가 개교회주의를 넘어서 성도들에게 하나님 나라의 비전을 심어주는 방향으로 사역의 초점을 전환할 준비가 되어 있다.

셋째, 큰 교회와 작은 교회의 상생적 협력 가능성에 주목하자. 한국 교회의 70%는 100명 미만의 작은 교회다.[1] 작은 교회들은 지속가능한 생존의 문제를 안고 있는 것이 사실이다. 그러나 작은 교회에 약점과 한계만 존재하는 것은 아니다. 큰 교회들이 제도적이고 체계적인 사역과 양육에서 유리한 환경을 제공하는 것은 사실이지만, 선교와 교회 교육에 대한 관심과 참여 노력에서는 작은 교회의 성도들이 좀 더 적극적이다. 성도의 교제와 사회적 고립도 해결에서도 작은 교회들이 더욱 강한 면모를 보인다.

본 연구는 한국 교회의 예배, 교육, 친교, 봉사, 선교의 각 사역 영역에 대한 통계 결과들을 고찰하면서 앞의 내용과 같은 과제와 가능성을 발견했다. 우선은 한국의 개교회들(Korean churches)에서 나타나는 다양하고 상이한 특징들과 마주했지만, 이를 토대로 한국 교회(the Korean Church) 전반에 드러난 공통 과제를 찾고자 한 것이다. 그렇다고 해서 본 연구의 쓰임새가 교회의 생존이나 성장을 위한 전략이나 특정 사역 프로그램을 제시하려는 의도는 아니다. 한국 교회의 현황을 객관적으로 분석하며 그 건강성을 전체적으로 진단하고자 한 것이다. 따라서 본 연구에 교회의 문제 해결을 위한 구체적 처방이 제공되지는 않는다. 한낱 피상적인 문제 지적에 그친다는 변명을 하려는 것이 아니다. 올바른 처방을 위해서는 올바르고 정직한 진단이 선행되어야 한다. 우리 필자들은 좋은 진단에는 이미 바른 처방의 방향이 담겨 있다고 믿는다.

　　본 연구의 각 사역 진단은 다음과 같은 순서로 진행된다. 먼저 각 사역 영역(예배, 교육, 친교, 봉사, 선교)에 대한 성경적 근거를 고찰한다. 이는 진단을 위한 가장 본질적인 기준이다. 그다음에는 사역별 조사 결과에 대한 분석이 나온다. 광범위하게 이루어진 분석에서 주요한 특징들을 중심으로 요약된 내용이다. 그리고 이러한 결과가 한국 교회에 제기하는 시사점들을 정리한다. 각 장의 끝에는 교회에서 함께 토론하고 적용하는 데 도움이 될 만한 질문들이 제공되어 있다. 모든 질문을 다룰 필요는 없고, 각 교회 현장과 연관되는 질문들을 선별해서 함께 고민하고 토론하는 데 활용될 수 있다.

　　복음 전도자 루이스 팔라우(Luis Palau)는 흙의 비유로 교회의 본질을 설명한 바 있다. 그는 교회를 거름에 비유했다. 거름은 한곳에 쌓아 두면

주변에 악취를 풍기지만, 땅에 골고루 뿌리면 세상을 비옥하게 한다는 것이다. 교회가 세상을 향해 나아갈 때, 교회에 모인 성도가 일상 세계와 이웃으로 흩어져 선한 존재로 살아갈 때 교회는 비로소 그 존재의 가치를 확인하게 될 것이다. 이는 교회의 크고 작음과 관계없이 경험하는 하나님 나라의 원리다. 한국 교회가 안팎의 어려움을 겪는 것은 주지의 사실이다. 비록 세상에서 교회의 가시적 영향력이 미미할지라도 여전히 그리스도께서는 교회를 통해 당신의 구원과 변혁을 이루어 가신다. 본 연구가 교회의 현 상황을 진단할 뿐 아니라, 교회의 희망을 함께 찾아 나서는 길잡이가 되기를 소원한다.

본 진단의
조사 개요

한국 교회를 객관적으로 그리고 과학적으로 진단하고 교세 추계를 위한 설문 조사는 성도, 중고등학생, 목회자, 선교사, 일반 국민을 대상으로 실시했다. 본 진단이 교회에 대한 것이므로 성도 조사는 현재 교회에 출석하는 만 19세 이상 성도를 대상으로 실시했으며, 목회자 조사는 담임목사를 대상으로 실시했다. 중고등학생 조사는 교회에 출석하는 중고등학생이 대상이었으며, 선교사 조사는 현재 해외에서 사역하고 있는 선교사를 대상으로 했다. 선교사 조사는 한국세계선교협의회(KWMA)의 도움을 받아 KWMA 회원 단체를 통해 조사가 이루어졌으며, 일반 국민 조사는 만 19세 이상 국민을 대상으로 하였다.

진단 조사의 영역이 예배, 교육, 친교, 봉사, 선교의 다섯 가지 영역으로 방대하기에 각 영역으로 세분화하여 조사했다. 성도를 대상으로 하는 조사는 다섯 가지 영역 각각에 대해 1,000명씩 총 5,000명을 조사했고, 목회자는 다섯 가지 영역에 대해 예배, 교육, 친교를 하나로 묶어서 506명, 봉사와 선교를 하나로 묶어서 526명, 총 1,032명을 조사했으며, 중고등학생은 한 차례 500명, 선교사는 한 차례 320명을 조사했다.

조사 방법은 온라인/모바일 조사로서 이메일 및 카톡을 통해 설문 링크를 보내어 조사 대상자가 응답하는 방식으로 이루어졌다. 각각의 조사는 모집단 구성과 동일하게 하기 위해 가중치를 부여했는데, 성도 조사는 우리나라 개신교인 지역/성/연령대 비율에 맞춰 비례 할당했으며, 중고등학생 조사는 권역별/학년별/성별로 비례 할당했다. 목회자 조사는 편의 추출 후에 교회 규모별 가중치를 부여했고, 선교사 조사는 선교사 연령대 비율에 따라 가중치를 부여했다. 또한 2050년까지 한국 기독교 교세를 추정하기 위해 전국의 만 19세 이상 성인 남녀 4,751명과 중고등학생 700명, 합계 5,451명을 조사했다. 이 교세 추정을 위한 조사 개요는 뒤의 부록에서 상세하게 언급했다.

진단 조사 기간은, 성도 조사는 2023년 11월 7일부터 12월 7일 사이에 다섯 차례의 조사를 순차적으로 진행했으며, 목회자 조사는 2023년 12월 20일부터 2024년 1월 15일 사이에 두 차례의 조사를 순차적으로 진행했다. 중고등학생 조사는 2024년 1월 5일부터 1월 11일까지, 선교사 조사는 2024년 1월 2일부터 2월 5일까지 진행했다.

참고로 대부분의 결과는 소수점 첫째 자리에서 반올림한 것이므로 반올림 오차(Round Error)가 개입되어 백분율의 합계는 ±1%의 차이가 발생할 수 있음을 미리 밝혀 둔다.

각각의 조사 설계는 다음과 같다.

성도 조사

구분	예배	친교	교육	사회 봉사	선교
조사 대상	전국의 만 19세 이상 성인 남녀				
조사 방법	온라인 패널을 대상으로 한 온라인 조사				
표본 규모	1,000명	1,000명	1,000명	1,000명	1,000명
표본 추출	지역/성/연령대별 개신교인 비례 할당				
표본 오차	95% 신뢰수준에서 ±3.1%p(1,000명 조사의 경우)				
조사 기간	2023. 11. 7. - 11. 15.	2023. 11. 10. - 11. 16.	2023. 11. 14. - 11. 21.	2023. 11. 21. - 11. 28.	2023. 11. 29. - 12. 7.

목회자 조사

구분	예배, 교육, 친교	봉사, 선교
조사 대상	전국의 담임목사	
조사 방법	온라인 조사(이메일 및 카톡을 통해 URL 발송)	
표본 규모	526명	526명
표본 추출	편의 추출	
가중치 부여	교회 규모별 가중치 적용	
조사 기간	2023. 12. 20. - 2024. 1. 2.(14일간)	2024. 1. 5. - 2024. 1. 15.(10일간)

선교사 조사

구분	내용
조사 대상	한국 교회가 파송한 해외 선교사
조사 방법	각 선교 단체 소속 선교사를 대상으로 한 온라인 조사(이메일 및 문자를 통해 URL 발송)
조사 과정	한국세계선교협의회(KWMA)에서 회원 단체에 조사 협조 안내와 조사 링크를 공문으로 발송 ➡ 목회데이터연구소에서 선교 단체 담당자와 전화로 조사 협조 독려 ➡ 각 선교 단체에서 소속 선교사에게 이메일/문자로 조사 링크 발송 ➡ 선교사가 응답함
표본 규모	총 320명(유효 표본)
표본 추출	편의 추출
가중치 부여	KWMA가 발간한 '2022 한국선교현황 보고'에 나타난 선교사 연령 분포에 따라 가중치 적용
조사 기간	2024. 1. 2. - 2. 5.(35일간)

중고등학생 조사

구분	내용
조사 대상	교회 출석 중인 중학생 및 고등학생
조사 방법	온라인 조사(이메일 및 카톡을 통해 URL 발송)
표본 규모	총 500명(유효 표본)
표본 추출	성별/학교급별/권역별 비례 할당 추출(한국교육개발원 교육통계 기준)
표본 오차	95% 신뢰수준에서 ±4.38%p
조사 기간	2024. 1. 5. - 1. 11.(7일간)

1

건강한 교회의 맥박,
예배를 진단하다

우리의 예배는 이 땅에서 천국의 한 조각을
미리 경험하는 것이다.
／ 찰스 스펄전(Charles Haddon Spurgeon)

예배는 낯선 세계로 들어서려는 용기이다. 하나님을 진정으로
만난다면 더 이상 자기 좋을 대로 살 수 없다. 이웃 사랑으로
귀결되지 않는 예배는 온전한 예배가 아니다. 우리가 목숨을
걸어야 할 예배는 이런 것이다.　　　　　／ 김기석

이 땅에서 예배를 지루해하거나 기피하는
남자나 여자는 천국에 갈 준비가 되어 있지
않은 것이다.　　　／ A. W. 토저(Tozer)

우리가 일을 하나님께 드리고 일하는 가운데
그의 임재를 인식할 때 일은 예배가 된다.
／ 릭 워렌(Rick Warren)

I. 여는 글
- 예배와의 대면

1. 성경이 말하는 예배

기독교 예배는 삼위일체 하나님이 당신을 알리고 우리를 구원하며 우리와 함께하시는 은총에 대한 성도의 응답이다. 예배에서 우리는 삼위 하나님의 역사와 말씀을 기억하는 가운데 그분을 섬기고 찬양하며, 그분에게 감사와 영광을 돌린다. 따라서 예배는 기독교 신앙의 핵심이다. 성경은 예배를 하나님의 백성이 마땅히 드려야 할 실천으로 강조한다. 구약에서 이스라엘 백성은 여호와께 감사하고(시 92:1), 그분의 거룩한 이름을 송축하는(시 103:1) 예배로 부름 받았다. 신약에서도 바울은 "그리스도의 말씀이 너희 속에 풍성히 거하여 … 시와 찬송과 신령한 노래를 부르며 감사하는 마음으로 하나님을 찬양하고"(골 3:16)라고 권한다. 따라서 예배의 주요소인 감사와 찬양과 말씀은 성도의 모든 삶을 규정한다. 진정한 예배는 진정한 그리스도인과 공동체를 형성한다. 진정한 기독교 예배는 종교적 활동을 열심히 하는 사람을 만드는 것이 아니라, 온 세상의 주인이신 하나님 앞에서 그리스도의 성품으로 살아가는 사람을 만든다. 예배는 교회와 그리스도인의 종합적인 건강성을 가늠하는 지표가 된다. 하나님을 예배하는 것은 그 예배로 말미암은 새로운 삶을 형성하기 때문이다.

2. 문제 제기와 논의 방향

이 글은 교회의 공적 의례이자 기독교적 삶의 원천으로서 예배를 진단하고자 한다. 의례로서의 예배는 종교적 형식을 강조하는 데 목적이 있는 것이 아니라, 성경적 진리의 상징과 메시지를 반복적으로 보고 듣고 체화하는 중요한 공동체적 의식으로서의 행위에 목적이 있다. 예수께서 "영과 진리로 예배할지니라"(요 4:24)라고 말씀하신 것은 "예배의 장소와 외적 양상보다는 예배하는 이의 내면과 정신이 중요함을 암시"한 것이다.[1] 예배에서 장소나 형식의 문제보다 예배자의 신앙과 태도가 중요하다면, 하나님 앞에서 드려지는 예배의 적합성을 점검해야 한다. 따라서 한국 교회와 그리스도인들의 예배에 대한 인식과 기대, 경험 그리고 예배 순서의 의미 등에 대한 조사는 현재의 예배가 원래 의도된 기능을 수행하는지를 가늠하는 데 필요하다. 더 나아가 예배는 성도의 전인적 삶을 변화시켜 하나님 앞에 드려지게 해야 한다. 이 장에서는 조사 결과를 토대로 예배가 교회 내의 공적 의례로서 머물지 않고 삶으로서의 예배로 발전되고 있는지를 함께 점검한다. 다음의 다섯 가지 이슈를 중심으로 한국 교회의 예배 현황을 진단할 것이다.

> 1. 그리스도인의 삶에서 예배란 무엇인가?
> 2. 우리는 예배를 바르게 알고 있는가?
> 3. 우리는 예배를 어떻게 경험하고 있는가?
> 4. 예배는 어떻게 삶을 변화시키는가?
> 5. 설교는 어떻게 삶을 변화시키는가?

II. 진단

1. 그리스도인의 삶에서 예배란 무엇인가?

하나님은 예배하는 자를 찾으신다(요 4:23). 그렇다면 성도들은 하나님을 만나기 위해서 얼마나 예배에 참여하고 있을까? 그들은 일상에서도 하나님을 예배하며 그분과 함께하고 있을까?

1) 예배 참석 현황

성도들의 주일 낮 예배 참여(현장 예배와 온라인 예배 모두 포함) 정도는 주 1회가 79.2%로 나타났다. 코로나 이후로는 예배 참석률이 낮아졌을 거라는 것이 일반적 추측이었으나, 2017년 주일 낮 예배 매주 참석자가 73.9%, 2012년에는 75.5%로 나온 것[2]과 비교할 때, 예상을 뒤엎고 소폭

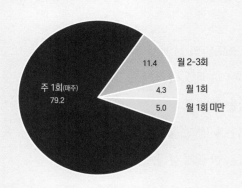

11.4 월 2-3회

주 1회(매주) 79.2

4.3 월 1회

5.0 월 1회 미만

• 출처: 목회데이터연구소, '한국 교회 진단 조사-예배-'(전국의 만 19세 이상 개신교인 남녀[교회 출석자] 1,000명, 온라인 조사, 지앤컴
리서치, 2023. 11. 7. ‒ 11. 15.)

증가했다. 2023년 11월 조사 결과에 따르면, 지난 주일에 출석 교회의 온라인 예배를 드린 비율이 11.0%였다.[3] 즉 10% 정도가 온라인 예배를 드렸다는 것이다. 이는 간헐적 참석자들이 온라인을 통해 더욱 편안하게 매주 참석자로 이동했다는 의미다. 비대면 예배 참석자의 증가는 예배를 신앙 공동체의 일원으로서 공적인 의례보다 개인의 사적인 종교 활동으로 인식되도록 분위기를 조성한 측면도 있다. 온라인 예배가 달라진 라이프 스타일에 부합하면서도 예배의 본질을 잃지 않은 온전한 예배로 작동하도록 하기 위해 온라인 예배 경험을 면밀히 진단하여 대응할 필요성이 있다.

중고등학생의 경우를 보면 온라인 예배를 포함하여 매주 주일 예배를 드리는 비율이 72.2%로서 어른보다 7.0%p가 낮다. 중고등학생이 어른보다 예배를 덜 드리는 이유를 질문했을 때, '늦잠을 자서'가 29.8%로 가장 많았고, '공부/과외/학원 때문에'(19.7%), '교회에 가는 것보다 집에서 쉬는 게 좋아서'(17.4%)를 주요 이유로 응답했다. 이는 학업에 지친 중고등학생들이 예배를 자기 생활에서 우선시하지 않는 데서 오는 결과로 보인다.

주일 예배 참석을 기준으로 한 한국 그리스도인들의 종교 활동은 다른 종교들과 비교할 때 여전히 활발한 편이다. 한국갤럽의 종교 인구 조사를 보면[4] 주 1회 이상 종교 시설을 방문하는 이들이 2021년에는 기독교 57%, 천주교 42%, 불교 1%였다. 57%라는 비율은 앞선 조사인 2014년의 80%에 비해서 훨씬 낮긴 하지만, 이 당시가 코로나 팬데믹 기간이었고 '종교 시설 방문' 횟수를 물은 것이기 때문에 비대면 예배 참석은 제외되었음을 감안해야 한다. 그렇다면 그리스도인들의 강한 종교적 귀속성이 그에 부응하는 신앙의 헌신으로 이어지느냐가 과제일 것이다.

그런 면에서, 이번 조사에서 주일 예배자 가운데 45.7%는 예배만 드리고 54.3%만이 교회에서 예배도 드리고 친교, 봉사 등 다른 활동을 한다는 사실에 주의해야 한다. 예배 참석자의 절반에 가까운 성도가 예배

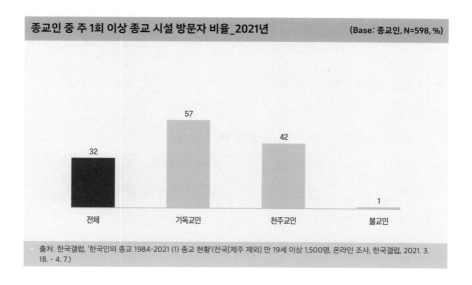

종교인 중 주 1회 이상 종교 시설 방문자 비율_2021년 (Base: 종교인, N=598, %)

출처: 한국갤럽, '한국인의 종교 1984-2021 (1) 종교 현황'(전국[제주 제외] 만 19세 이상 1,500명, 온라인 조사, 한국갤럽, 2021. 3. 18. - 4. 7.)

외의 다른 활동이나 성도들과의 교제를 하지 않는 것이 공동체로 부름받은 성도로서 온전한 신앙생활을 하고 있다고 할 수 있는지를 검토해야 한다. 또한 과연 예배만으로 복잡한 현대 사회에서 하나님의 백성에게 요구되는 삶을 사는 데 충분한 교육과 도움을 받을 수 있는지도 고려할 필요가 있다.

2) 예배와 좋은 신앙의 관계

예배가 하나님께서 당신을 알리고 구원의 은총으로 임재하시는 사건이라면, 그러한 예배에 참여하는 이들의 삶은 변화되지 않을 수 없다. 하나님의 임재 경험은 삶의 변화로 이어져야 마땅하기 때문이다. 그렇다면 하나님의 백성은 어떤 사람들이어야 할까? 다시 말해, 좋은 신앙인은 어떤 사람이며, 좋은 신앙의 기준은 무엇일까? 본 조사에서는 일반 성도와 목회자를 대상으로 좋은 신앙인은 어떠한 사람인가에 대한 단순하면서도 근본적인 질문을 던졌다.

우선 성도들에게 신앙이 좋은 사람의 가장 중요한 이미지 한 가지를 응답하게 했을 때, '일상을 잘 사는 사람'이 48.0%로 가장 높게 나왔다. 그다음은 '주일 예배 포함 주중 예배에 빠지지 않고 참석하는 사람'(11.1%)이었다.

반면, 목회자들은 '주일 예배에 빠지지 않고 참석하는 사람'(30.8%)을 가장 많이 꼽았으며, 그다음이 '성품이 좋은 사람'(27.9%)이라는 항목인데 차이는 크지 않았다. 목회자들이 선택한 '성품이 좋은 사람'이라는 항목은 성도를 대상으로 한 조사에는 없지만, 성도들이 가장 많이 선택한 '일상을 잘 사는 사람'이나 '인격/평판이 좋은 사람'과 유사

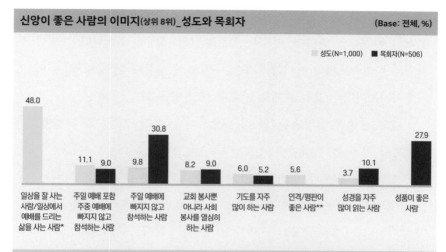

신앙이 좋은 사람의 이미지(상위 8위)_성도와 목회자 (Base: 전체, %)

성도(N=1,000) ■ 목회자(N=506)

일상을 잘 사는 사람/일상에서 예배를 드리는 삶을 사는 사람*	주일 예배 포함 주중 예배에 빠지지 않고 참석하는 사람	주일 예배에 빠지지 않고 참석하는 사람	교회 봉사뿐 아니라 사회 봉사를 열심히 하는 사람	기도를 자주 많이 하는 사람	인격/평판이 좋은 사람**	성경을 자주 많이 읽는 사람	성품이 좋은 사람
48.0	11.1 / 9.0	9.8 / 30.8	8.2 / 9.0	6.0 / 5.2	5.6	3.7 / 10.1	27.9

- 출처: 목회데이터연구소, '한국 교회 진단 조사-예배-'(전국의 만 19세 이상 개신교인 남녀[교회 출석자] 1,000명, 온라인 조사, 지앤컴리서치, 2023. 11. 7. - 11. 15.)
- 출처: 목회데이터연구소, '한국 교회 진단 조사-목회자(1차)-'(전국의 담임목사 506명, 온라인 조사, 지앤컴리서치, 2023. 12. 20. - 2024. 1. 2.)
- * '일상을 잘 사는 사람/일상에서 예배를 드리는 삶을 사는 사람' 보기는 목회자 설문에 없음
- ** '인격/평판이 좋은 사람' 보기는 목회자 설문에 없음. 가장 비슷한 것이 '성품이 좋은 사람'임

한 항목으로 볼 수 있다. 그런데 성도들의 응답에서 이 두 가지 이미지 (일상을 잘 사는 사람/일상에서 예배를 드리는 삶을 사는 사람+인격/평판이 좋은 사람)를 합하면 성품적 요소가 53.6%가 된다. 이는 목회자들이 두 번째로 꼽은 '성품이 좋은 사람'(27.9%)보다 두 배가량 높다. 목회자들은 교회와 예배 중심으로 좋은 신앙의 기준을 삼는 성향이 많지만, 성도들은 일상의 삶을 중심으로 좋은 신앙을 판단하는 성향이 훨씬 강한 것으로 드러났다. 이러한 인식의 차이는 목회 및 신앙생활의 지향점에 대해 목회자와 성도가 서로 다른 기대를 갖게 하는 결과를 낳을 수 있다.

3) 예배와 삶의 관계

예배가 기독교 신앙의 중심이고 성도의 모든 삶이 예배로부터 비롯

된다면, 기독교 신앙생활은 '예배와 예배화된 삶'으로 나뉜다. 전자가 의례로서의 예배를 말한다면, 후자는 삶으로서의 예배를 의미한다. 그렇다면 성도들은 의례로서의 예배가 이루어지는 교회 생활과 삶으로서의 예배가 이루어지는 일상생활의 관계를 어떻게 보고 있을까?

교회 생활과 일상생활 '둘 다 중요하다'는 응답이 성도와 목회자 모두에게서 가장 높게 나왔다. 성도의 69.3% 그리고 목회자의 83.2%가 모두 중요하다고 답했다. 전반적으로 어느 한쪽의 가치를 가볍게 여기지 않는 균형 잡힌 답변이 나온 것이다. 그런데 성도의 경우에는 '일상생활이 더 중요하다'는 응답이 22.8%가 나온 반면, 목회자의 경우에는 10.8%만이 일상생활이 더 중요하다고 답했다. 목회자들은 성도들에 비해서 교회 생활의 비중을 더욱 고려하는 것으로 보인다. 이는 맨 처음에 '좋은 신앙인은 어떤 사람인가?'라는 설문에 목회자들이 교회 생활을 중심으로 답한 것과도 일맥상통한다.

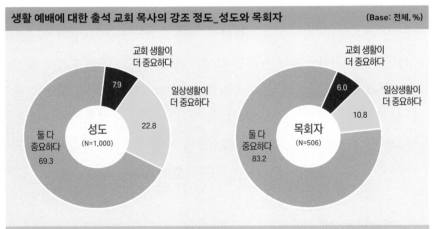

생활 예배에 대한 출석 교회 목사의 강조 정도_성도와 목회자 (Base: 전체, %)

교회 생활이 더 중요하다 7.9
일상생활이 더 중요하다 22.8
둘 다 중요하다 69.3
성도 (N=1,000)

교회 생활이 더 중요하다 6.0
일상생활이 더 중요하다 10.8
둘 다 중요하다 83.2
목회자 (N=506)

· 출처: 목회데이터연구소, '한국 교회 진단 조사-예배-'(전국의 만 19세 이상 개신교인 남녀[교회 출석자] 1,000명, 온라인 조사, 지앤컴리서치, 2023. 11. 7. - 11. 15.)
· 출처: 목회데이터연구소, '한국 교회 진단 조사-목회자(1차)-'(전국의 담임목사 506명, 온라인 조사, 지앤컴리서치, 2023. 12. 20. - 2024. 1. 2.)

2. 우리는 예배를 바르게 알고 있는가?

기독교의 예배는 미지의 신에게 피상적으로 막연하게 드리는 의례가 아니다. 예수께서는 "너희는 알지 못하는 것을 예배하고 우리는 아는 것을 예배하노니"(요 4:22)라고 말씀하셨다. 성도의 예배에 대한 바른 인식은 진정한 예배를 위한 기초가 된다.

1) 예배에 대한 인식

예배의 유형과 장소에 관계없이 사람들이 예배를 어떻게 생각하느냐는 질문에 대한 응답 양상을 보면 몇 가지 중요한 사실을 발견할 수 있다.

첫째, '예배는 값없이 주어지는 하나님의 은혜(계시)를 경험하고 고백하며 감사하는 시간이다'라고 답한 성도들의 응답 중 '매우 그렇다'가 66.2%로 나온 것은 다른 측면에서 볼 때 예배 참석자 세 명 중 한 명은 영적인 차원에서 하나님의 은혜를 깊이 경험하지 못한다는 것을 의미한다. 예배가 개인의 영적인 측면에 주는 영향력을 고려할 때 그리 만족할 만한 수치는 아니다.

둘째, '매우 그렇다'라고 적극적 동의를 보인 항목들로는 '예배는 예배당/예배를 드리는 장소에서뿐 아니라 삶 자체에서 드려져야 한다'(71.4%), '예배는 값없이 주어지는 하나님의 은혜(계시)를 경험하고 고백하며 감사하는 시간이다'(66.2%) 등과 같이 예배가 영적 경험과 삶의 변화 모두와 밀접하게 관련되어 있다.

셋째, '예배에서 하나님에 대한 개인적인 경험을 하는 것이 일상에서 신실한 삶을 사는 것보다 더 중요하다'는 응답은 성도의 경우 24.4%, 목

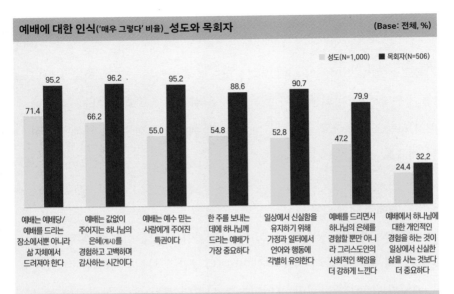

예배에 대한 인식('매우 그렇다' 비율)_성도와 목회자 (Base: 전체, %)

성도(N=1,000)　목회자(N=506)

항목	성도	목회자
예배는 예배당/예배를 드리는 장소에서뿐 아니라 삶 자체에서 드려져야 한다	71.4	95.2
예배는 값없이 주어지는 하나님의 은혜(계시)를 경험하고 고백하며 감사하는 시간이다	66.2	96.2
예배는 예수 믿는 사람에게 주어진 특권이다	55.0	95.2
한 주를 보내는 데에 하나님께 드리는 예배가 가장 중요하다	54.8	88.6
일상에서 신실함을 유지하기 위해 가정과 일터에서 언어와 행동에 각별히 유의한다	52.8	90.7
예배를 드리면서 하나님의 은혜를 경험할 뿐만 아니라 그리스도인의 사회적인 책임을 더 강하게 느낀다	47.2	79.9
예배에서 하나님에 대한 개인적인 경험을 하는 것이 일상에서 신실한 삶을 사는 것보다 더 중요하다	24.4	32.2

• 출처: 목회데이터연구소, '한국 교회 진단 조사-예배-'(전국의 만 19세 이상 개신교인 남녀[교회 출석자] 1,000명, 온라인 조사, 지앤컴리서치, 2023. 11. 7. - 11. 15.)
• 출처: 목회데이터연구소, '한국 교회 진단 조사-목회자(1차)-'(전국의 담임목사 506명, 온라인 조사, 지앤컴리서치, 2023. 12. 20. - 2024. 1. 2.)

회자의 경우 32.2%로서, 두 집단 모두에서 예배에 대한 인식을 묻는 항목 중 가장 낮게 나왔다. 성도와 목회자 모두가 의례로서의 예배에서 하나님을 경험하는 것보다 실제 삶에서 하나님을 경험하는 것이 더욱 중요하다는 데 동의하는 것이다.

넷째, '예배를 드리면서 하나님의 은혜를 경험할 뿐만 아니라 그리스도인의 사회적인 책임을 더 강하게 느낀다'가 47.2%로 성도들의 응답 순위 6위에 위치해 있다. 이는 예배가 미치는 영향력이 그리스도인의 사회적 책임이라는 공적인 차원까지 확장되지 못하고 있다는 것을 뜻한다.

2) 예배를 향한 기대: 무엇을 위해 예배드리는가

예배를 통해서 기대하는 것들이 무엇인지 물었을 때 성도들은 '감사', '마음의 평안', '하나님을 기쁘시게 함'을 가장 많이 선택했다(90% 이상). 이러한 것들은 내면적이며 하나님 중심적인 속성들을 갖고 있지만, 예배에서 건강, 학업과 사업, 물질적 복에 대한 기대도 무시 못 할 정도로 높다. 예배에 대한 기복적 기대치는 신앙 단계[5]와도 무관하지 않다.

'예배를 드리면 학업과 사업 등이 형통할 수 있다'는 데에 가장 초보적 신앙 수준인 1단계는 53.9%, 가장 성숙한 신앙 수준인 4단계는 78.7%가 응답했는데, 신앙 단계가 올라갈수록 응답률도 높아지는 현상을 볼 때 단순히 예배를 열심히, 많이 드리는 것으로 예배의 본질에 충실하다고 섣불리 결론 내릴 수 없다. 예배가 실제로 삶의 변화를 일으키느냐가 더

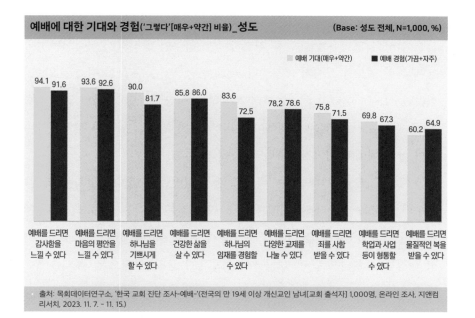

예배에 대한 기대와 경험('그렇다'[매우+약간] 비율)_성도 (Base: 성도 전체, N=1,000, %)

출처: 목회데이터연구소, '한국 교회 진단 조사-예배-'(전국의 만 19세 이상 개신교인 남녀[교회 출석자] 1,000명, 온라인 조사, 지앤컴리서치, 2023. 11. 7. - 11. 15.)

욱 중요한 관심사가 되어야 한다.

예배에 대한 기대 대비 실제 경험 정도를 보면 '예배를 드리면 하나님을 기쁘시게 할 수 있다'는 기대(90.0%) 대비 경험(81.7%)의 차이가 -8.3%p, '예배를 드리면 하나님의 임재를 경험할 수 있다'는 -11.1%p(기대 83.6%, 경험 72.5%)로 여러 항목 가운데 가장 큰 차이를 보였다. 다른 항목들이 예배를 통해 느끼는 예배자의 자기 주관적인 감정 혹은 체험이라고 한다면 이 두 가지는 예배의 대상이신 하나님을 느끼는 것, 하나님을 경험하는 것이라고 할 수 있는데, 다른 항목보다 기대 대비 충족도가 가장 낮았다. 예배가 우리와 함께하시는 하나님의 은총에 대한 우리의 응답이라는 점을 감안하면, 이 결과는 성도들이 예배에서 하나님을 깊이 있게 만나지 못한다는 것을 시사한다.

기대와 경험 간 차이가 나는 항목들이 '하나님을 기쁘시게 함'과 '하나님의 임재 경험'이라는 점에 주목할 필요가 있다. 예배를 통해서 성도들은 감사와 평안을 기대만큼 경험하지만, 하나님 중심의 경험에서는 다소 부족한 면모를 보이기 때문이다. 예배가 궁극적으로 삶의 변화를 일으키려면 성도는 예배의 의례로부터 시작하여 일상에서도 '하나님 앞에 있는 존재'(Coram Deo)임을 인식해야 한다. 일관된 하나님 임재의 경험과 인식이 삶의 예배로 이어지는 원동력이 될 것이다.

예배의 보상에 대해서는 '예배를 잘 드리면 목사님이나 교회 리더들로부터 인정을 받는다'와 '예배를 잘 드리면 직분을 갖는 데 유리하다'는 항목이 각각 58.8%와 58.1%의 응답을 받았다. 예배를 교회라는 조직에서 인정받는 수단으로 인식하는 시각도 적지 않다. 한편으로 '예배를 드리지 않으면 일상에서 하는 일이 잘 안 될 것 같다'에 49.4%가 동의하는

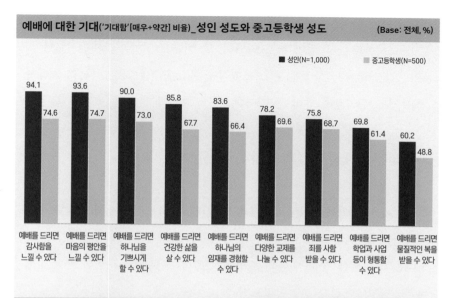

예배에 대한 기대('기대함'[매우+약간] 비율)_성인 성도와 중고등학생 성도   (Base: 전체, %)

■ 성인(N=1,000)　　■ 중고등학생(N=500)

	성인	중고등학생
예배를 드리면 감사함을 느낄 수 있다	94.1	74.6
예배를 드리면 마음의 평안을 느낄 수 있다	93.6	74.7
예배를 드리면 하나님을 기쁘시게 할 수 있다	90.0	73.0
예배를 드리면 건강한 삶을 살 수 있다	85.8	67.7
예배를 드리면 하나님의 임재를 경험할 수 있다	83.6	66.4
예배를 드리면 다양한 교제를 나눌 수 있다	78.2	69.6
예배를 드리면 죄를 사함 받을 수 있다	75.8	68.7
예배를 드리면 학업과 사업 등이 형통할 수 있다	69.8	61.4
예배를 드리면 물질적인 복을 받을 수 있다	60.2	48.8

- 출처: 목회데이터연구소, '한국 교회 진단 조사-예배-'(전국의 만 19세 이상 개신교인 남녀[교회 출석자] 1,000명, 온라인 조사, 지앤컴리서치, 2023. 11. 7. - 11. 15.)
- 출처: 목회데이터연구소, '한국 교회 진단 조사-중고등학생-'(전국의 교회 출석 중고등학생 500명, 온라인 조사, 지앤컴리서치, 2024. 1. 5. - 1. 11.)

것은, 예배의 보상에 대한 기대 이면에 불안감도 상당히 존재한다는 것을 나타낸다. 예배가 자신의 안전과 복을 보장하는 안전판과 같은 역할, 즉 기복적 역할을 해 주기를 기대한다고 할 수 있다.

중고등학생의 경우를 보면 대부분의 항목에서 어른보다 약 10%p 이상 낮아서 전반적으로 예배에 대해 덜 기대하는 것으로 나타났다. 항목별로 보면 성인과 마찬가지로 예배에서 '감사'(74.6%), '마음의 평안'(74.7%), '하나님을 기쁘시게 함'(73.0%)을 가장 많이 기대하는 것으로 드러났다. 그런데 '하나님의 임재를 경험할 수 있다'는 대답은 성인의 경우 응답률 5위인데 중고등학생은 7위, '다양한 교제를 나눌 수 있다'는 대답은 성인의 경우 6위인데 중고등학생은 4위였다. 하나님을 경험하는 것에서 중고등학생이 어른보다 깊지 못하다는 것 그리고 중고등학생은 친구들과의 관계를 중요시한다는 특징이 잘 드러났다. 또 어른보다는 덜하지만 중고등학생도 '건강'(67.7%), '학업'(61.4%), '물질적인 복'(48.8%)과 같은 기복적 기대를 갖는 것도 주의깊게 봐야 할 점이다.

3. 우리는 예배를 어떻게 경험하고 있는가?

하나님께 나아가는 자는 하나님의 임재와 그분의 은총에 대한 믿음으로 나아가야 한다(히 11:6). 예배를 어떻게 준비하고 예배에서 어떤 경험을 하느냐는 하나님을 향한 믿음의 표현이기도 하다. 예배의 준비와 경험이 올바른 믿음을 반영하는지 살펴보자.

1) 예배 유형의 문제

성도들은 어떠한 유형의 예배를 선호하고 어떠한 경험을 했을까? 예배 유형에 대한 논쟁은 꽤 오래됐다. 우선 현대적 예배(열린 예배, 구도자 예배라고도 불림)와 전통적 예배를 각기 선호하는 이들의 대립은 미국에서 '예배 전쟁'(Worship Wars)이라고 불릴 만큼 치열했으며, 한국의 목회자뿐 아니라 성도들도 예배 유형에 대한 선호의 차이가 있었다.[6] 최근에는 코로나 팬데믹으로 인해 현장과 비대면을 기준으로 예배의 질적 정체성에 대한 논란이 있었다.

우선 사도신경, 주기도문, 찬송가 등의 순서가 있는 전통적 예배와 CCM, 복음성가 등의 찬양을 중심으로 하는 현대적 예배를 모두 드린 경험을 묻는 질문에서 성도는 73.6%, 목회자는 65.5%가 드려 봤다고 응답했다. 현대적 예배가 보편적 예배 형태로 자리 잡아 가는 과정에 있다고 보인다.

성도와 목회자가 선호하는 예배 유형을 보면 두 예배 유형 모두에 대해서 괜찮다는 응답이 성도 53.4%, 목회자 63.6%로서 높았다. 다만 목회자의 경우에는 현대적 예배 선호 비율이 12.0%, 전통적 예배 선호 비율이 24.4%로 성도보다 예배 유형에 대해서는 좀 더 보수적인 성향을 보였다.

예배 속성별로 어느 예배가 더 부합되느냐에 대한 답변을 보면 '경건함', '예배 몰입도', '익숙함'에서는 전통적 예배를 선택한 이들이 더 많았고, '감동'과 '결단'이라는 측면에서는 현대적 예배를 선택하는 비율이 좀 더 높거나 비슷하게 나왔다. 단, '예배 몰입도'에 있어서 30대 이하는 '현

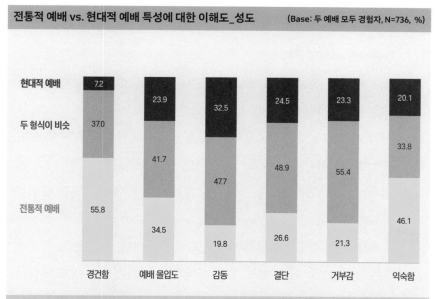

전통적 예배 vs. 현대적 예배 특성에 대한 이해도_성도 (Base: 두 예배 모두 경험자, N=736, %)

출처: 목회데이터연구소, '한국 교회 진단 조사-예배-'(전국의 만 19세 이상 개신교인 남녀[교회 출석자] 1,000명, 온라인 조사, 지앤컴리서치, 2023. 11. 7. - 11. 15.)

대적 예배'가 더 몰입이 된다고 했고, 50대 이상은 '전통적 예배'가 더 몰입이 된다고 응답해 연령대별로 뚜렷한 차이를 보였다. 40대는 '현대적 예배'와 '전통적 예배'를 비슷한 비율로 응답해서 중간적 입장을 드러냈다.

세대에 따라서 예배 유형에 대한 선호가 다른 것은 세대 간 정서적, 문화적 차이에 연유한다고 볼 수 있다. 권위주의적 질서에 익숙한 높은 연령대가 예배의 질서와 엄숙함을 중시한다면, 상대적으로 젊은 세대는 예배에서의 자유로운 표현과 정서적 감응을 더욱 중요하게 여길 것이다. 두 유형의 예배를 어느 것이 더 옳거나 우월하다고 판단하기는 힘들다. 그러나 경건한 전통적 예배가 지나치게 수동적이고 형식적인 분위기로 흐르지 않도록, 현대적 예배가 주관적인 감동이나 자기만족에 치우치지 않도록 성찰하며 상호 보완의 길을 찾을 필요가 있다. 궁극적 기준은 하나님이 중심이 되신 진정성 있는 예배이냐 하는 것이다.

2) 준비된 예배의 문제

예배를 영과 진리(신령과 진정)로 드린다는 것은 예배에 대한 준비도 포함된다. 예배 준비의 상황을 묻는 진술은 다음의 세 가지다. ① '나는 예배 시작 시간보다 일찍 예배당/예배 장소에 도착하여 기도로 준비했다.' ② '나는 예배를 위해 정성을 모아 준비(성경, 헌금, 기도 등)했다.' ③ '나는 예배 전날부터 일찍 귀가하거나 자극적인 활동을 삼가면서 주일을 준비했다.' 각 질문에 대한 동의 여부(매우 그렇다, 약간 그렇다)를 보면, ①의 경우는 비대면 예배 참여자에게 해당하지 않으므로 제외한다. 미리 예배 장소에 도착하는 것과 성경, 헌금, 기도 등을 준비하는 비율은 60%대로 나타나서 성도들이 미리 예배를 준비하는 정도는 높지 않다고 할 수 있다. 현장

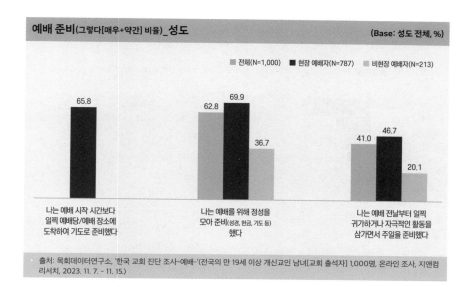

예배 준비(그렇다[매우+약간] 비율)_성도 (Base: 성도 전체, %)

■ 전체(N=1,000) ■ 현장 예배자(N=787) ■ 비현장 예배자(N=213)

65.8

62.8
69.9
36.7

41.0
46.7
20.1

나는 예배 시작 시간보다
일찍 예배당/예배 장소에
도착하여 기도로 준비했다

나는 예배를 위해 정성을
모아 준비(성경, 헌금, 기도 등)
했다

나는 예배 전날부터 일찍
귀가하거나 자극적인 활동을
삼가면서 주일을 준비했다

• 출처: 목회데이터연구소, '한국 교회 진단 조사-예배-'(전국의 만 19세 이상 개신교인 남녀[교회 출석자] 1,000명, 온라인 조사, 지앤컴
리서치, 2023. 11. 7. - 11. 15.)

예배와 비대면 예배를 비교하면 비대면 예배 참여자가 현장 예배 참여자에 비해 예배를 준비하는 데서 현저히 부족한 모습을 보인다. 따라서 현장 예배와 비대면 예배는 단순히 예배의 상황이나 느낌에 관한 문제만이 아닌 예배 전과 예배 중 그리고 예배 후에도 일관되게 하나님의 임재를 갈망하느냐의 차원에서 평가되어야 한다.

3) 예배 순서의 효력

예배의 순서는 예배의 본질적 목적을 구현하기 위해 균형을 갖추어 지적, 심미적, 상징적으로 고르게 활성화되어야 한다.[7] 설교를 제외하고 영적으로 가장 도움이 되는 순서는 '찬양 팀(성가대) 찬양'이 33.0%로 가장 높게 나왔다. 목회자들 역시 영적으로 가장 도움이 되는 순서를 찬양으로 꼽았다(64.8%). 성도들은 그 외에 '참회 기도'(14.0%)와 '성경 봉

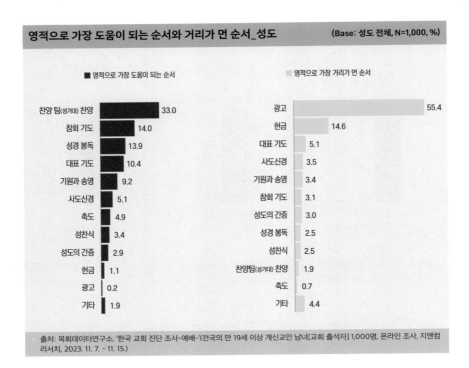

영적으로 가장 도움이 되는 순서와 거리가 먼 순서_성도 (Base: 성도 전체, N=1,000, %)

■ 영적으로 가장 도움이 되는 순서

찬양 팀(성가대) 찬양	33.0
참회 기도	14.0
성경 봉독	13.9
대표 기도	10.4
기원과 송영	9.2
사도신경	5.1
축도	4.9
성찬식	3.4
성도의 간증	2.9
헌금	1.1
광고	0.2
기타	1.9

■ 영적으로 가장 거리가 먼 순서

광고	55.4
헌금	14.6
대표 기도	5.1
사도신경	3.5
기원과 송영	3.4
참회 기도	3.1
성도의 간증	3.0
성경 봉독	2.5
성찬식	2.5
찬양팀(성가대) 찬양	1.9
축도	0.7
기타	4.4

출처: 목회데이터연구소, '한국 교회 진단 조사-예배-'(전국의 만 19세 이상 개신교인 남녀[교회 출석자] 1,000명, 온라인 조사, 지앤컴 리서치, 2023. 11. 7. - 11. 15.)

독'(13.9%), '대표 기도'(10.4%) 순으로 응답했다.

영적으로 가장 도움이 되지 않는 순서는 '광고'가 압도적인 1위 (55.4%)였다. 그다음으로는 '헌금'이 14.6%였고, '대표 기도'가 5.1%, '사도 신경'이 3.5%였다. 광고는 단순히 교회의 행사나 근황만을 알리는 시간이 아니라 '성도의 교제'라는 측면을 회복할 필요가 있을 것이다. 고대 교회 의 예배에서는 '평화의 입맞춤'이라는 순서가 정례화되었다. 성도들이 서 로에게 관심을 갖고 서로를 축복하는 시간은 귀한 영적인 경험이다. 예배 중 광고 순서가 교회 소식을 알리는 것뿐 아니라 성도의 교제라는 의미 를 담고 있음도 일깨워 줄 필요가 있다. 헌금 시간이 영적으로 도움이 되 지 않는다고 답한 것은 헌금을 물질적 요구로 느끼기 때문일 수 있다. 성도들에게 헌금이 물질적 헌신일 뿐 아니라 전인적 헌신의 표현이라는 점을 명확히 교육할 필요가 있다. 아울러 목회자들은 교회의 헌금이 하나님 나라의 사업에 선하고 합당하게 사용되고 있음을 성도들과 공유함으로 헌금 시간이 신앙의 헌신이 되도록 이끌어야 한다.

4) 성찬식 현황

성찬식을 거행하는 횟수는 6개월에 1회(34.9%)가 가장 많았고, 2-3개월에 1회가 25.0%, 한 달에 1회가 16.5%로 나왔으며, 1년에 1회만 하거나 (11.0%) 아예 하지 않는 경우도 4.7%였다. 목회자들의 응답에서도 순위는 같았다. 6개월에 1회는 부활절이나 추수감사절, 혹은 성탄절에 성찬을 거행하는 가장 흔한 주기로 볼 수 있을 것이다. 2-3개월에 1회 거행하는 교회는 나름대로 특별한 의미를 부여하는 절기에 성찬식을 하는 것으로 볼수 있고, 한 달에 1회 이상 거행하는 교회는 성찬의 중요성을 인지하여 횟수를 늘리려는 시도일 것이다.

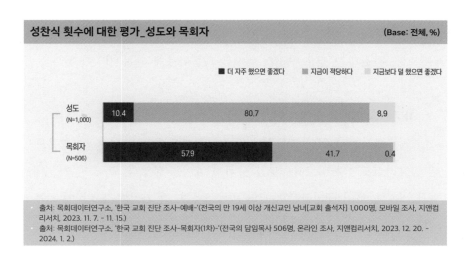

성찬식 횟수에 대한 평가_성도와 목회자 (Base: 전체, %)

■ 더 자주 했으면 좋겠다　■ 지금이 적당하다　□ 지금보다 덜 했으면 좋겠다

| 성도 (N=1,000) | 10.4 | 80.7 | 8.9 |
| 목회자 (N=506) | 57.9 | 41.7 | 0.4 |

- 출처: 목회데이터연구소, '한국 교회 진단 조사-예배-'(전국의 만 19세 이상 개신교인 남녀[교회 출석자] 1,000명, 모바일 조사, 지앤컴리서치, 2023. 11. 7. - 11. 15.)
- 출처: 목회데이터연구소, '한국 교회 진단 조사-목회자(1차)-'(전국의 담임목사 506명, 온라인 조사, 지앤컴리서치, 2023. 12. 20. - 2024. 1. 2.)

성찬식 횟수에 대한 평가에서 성도와 목회자 간의 차이가 두드러지게 나타난다. 성도들은 대체로 현재의 성찬식 빈도가 적당하다고 보는 반면(80.7%), 목회자들은 성찬식을 더 자주 하고 싶다는 응답이 57.9%로 더 높게 나왔다. 특히 성찬식을 1년에 1회 거행하는 교회의 목회자들(79.1%), 6개월에 1회 거행하는 교회의 목회자들(68.5%)이 더 자주 하고 싶다는 응답을 하여 목회자들은 현재의 성찬식 빈도에 개선이 필요하다는 인식을 보였다. 종교 개혁자들은 매 주일 성찬식의 거행을 권장했는데, 이에 목회자들은 성찬의 신학적 중요성을 인식하지만, 실제 교회 현장에서 성도들은 성찬의 영적 효용성을 체감하지 못하는 셈이다.

4. 예배는 어떻게 삶을 변화시키는가?

예배는 삶의 변화로 완성된다. 하나님이 기뻐하시는 온전한 예배는 마음을 새롭게 하여 변화된 삶을 살게 한다(롬 12:1-2). 예배가 어떠한 신앙인, 어떠한 삶을 빚느냐는 예배의 진정성을 보여 주는 시금석이다. 예배라는 기독교 공동체의 영적 중심으로부터 비그리스도인과 구별되는 삶이 드러나는지를 관찰하는 것은 우리의 예배를 되돌아보게 하는 지점이 된다.

1) 기독교 예배와 도덕적 인간의 형성

조사에서는 개인의 도덕성을 열 개의 항목으로 나눠서 각 항목에 대한 그리스도인과 비그리스도인 사이의 차이를 물었다. 열 가지 가운데 일곱 가지 항목이 긍정적인 차원의 덕목이라면, 세 가지는 부정적인 덕목이다.

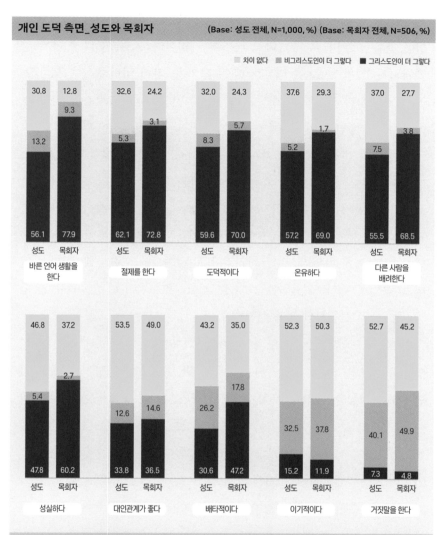

개인 도덕 측면_성도와 목회자   (Base: 성도 전체, N=1,000, %) (Base: 목회자 전체, N=506, %)

차이 없다   ■ 비그리스도인이 더 그렇다   ■ 그리스도인이 더 그렇다

	성도	목회자		성도	목회자		성도	목회자		성도	목회자		성도	목회자
차이 없다	30.8	12.8		32.6	24.2		32.0	24.3		37.6	29.3		37.0	27.7
비그리스도인이	13.2	9.3		5.3	3.1		8.3	5.7		5.2	1.7		7.5	3.8
그리스도인이	56.1	77.9		62.1	72.8		59.6	70.0		57.2	69.0		55.5	68.5

바른 언어 생활을 한다 / 절제를 한다 / 도덕적이다 / 온유하다 / 다른 사람을 배려한다

	성도	목회자		성도	목회자		성도	목회자		성도	목회자		성도	목회자
차이 없다	46.8	37.2		53.5	49.0		43.2	35.0		52.3	50.3		52.7	45.2
비그리스도인이	5.4	2.7		12.6	14.6		26.2	17.8		32.5	37.8		40.1	49.9
그리스도인이	47.8	60.2		33.8	36.5		30.6	47.2		15.2	11.9		7.3	4.8

성실하다 / 대인관계가 좋다 / 배타적이다 / 이기적이다 / 거짓말을 한다

- 출처: 목회데이터연구소, '한국 교회 진단 조사-예배-'(전국의 만 19세 이상 개신교인 남녀[교회 출석자] 1,000명, 온라인 조사, 지앤컴리서치, 2023. 11. 7. - 11. 15.)
- 출처: 목회데이터연구소, '한국 교회 진단 조사-목회자(1차)-'(전국의 담임목사 506명, 온라인 조사, 지앤컴리서치, 2023. 12. 20. - 2024. 1. 2.)

성도들은 자신을 모든 도덕적 항목에서 비그리스도인보다 더 낫다고 평가했다. '절제를 한다'(62.1%), '도덕적이다'(59.6%), '온유하다'(57.2%), '바른 언어 생활을 한다'(56.1%), '다른 사람을 배려한다'(55.5%)의 다섯 가지 항목에서는 '그리스도인이 더 그렇다'는 평가가 '차이 없다'는 응답보다 높았다. '성실하다'에서는 '그리스도인이 더 그렇다'는 응답(47.8%)이 '차이 없다'(46.8%)는 응답과 비슷하게 나왔다.

반면에 '대인관계가 좋다'에서는 '그리스도인이 더 그렇다'가 33.8%로 '차이 없다'(53.5%)보다 적게 나왔다. 다른 관계적인 항목들에서는 그 격차가 더 벌어진다. 부정적인 항목인 '배타적이다', '이기적이다', '거짓말을 한다'에 대해서는 그리스도인과 비그리스도인 간에 '차이 없다'는 응답이 더욱 높게 나왔다. 특히 '이기적이다'와 '거짓말을 한다'에서 '차이 없다'는 응답은 각각 52.3%와 52.7%로 '비그리스도인이 더 그렇다'는 응답 (32.5%, 40.1%)보다 훨씬 높게 나왔다.

그리스도인의 개인적 도덕에 관한 목회자들의 평가는 성도들의 자기 인식보다 좀 더 긍정적이다. '바른 언어 생활', '절제', '도덕성', '온유함', '타인 배려', '성실함' 등에서 목회자들은 그리스도인이 비그리스도인보다 더 나은 것으로 보았다. '이기적이다'와 '거짓말을 한다'에서도 그리스도인은 비그리스도인과 차이가 없거나, 비그리스도인보다는 훨씬 덜한 것으로 평가했다. 다만 '배타성'에 있어서는 '그리스도인이 더 그렇다'(47.2%)는 응답이 '차이 없다'(35.0%)나 '비그리스도인이 더 그렇다'(17.8%)는 응답보다 높게 나왔다.

목회자들은 그리스도인들이 개인 도덕 영역 전반에서 좀 더 나은 모습을 보이지만, 배타적인 태도는 두드러진 것으로 평가한다. 이는 그리스도인이 다른 사람을 더 잘 배려한다고 본 것과는 모순되는 결과다. 또한 성도들은 배타성에서 그리스도인과 비그리스도인 간에 차이가 없다고 한 응답이 가장 높게 나온 것과도 다른 결과다. 조사의 세부 내용을 보면, 50대와 60세 이상에서 그리스도인이 더 배타적이라는 응답(50대 33.0%, 60세 이상 34.1%)이 20%대 비율을 보인 다른 연령대보다 높게 나왔다. 조사에 응한 목회자들의 연령대도 50대 이상이 70%(504명 중 356명)임을 고려할 때, 그리스도인이 더 배타적이라는 세간의 부정적 평가를 오랫동안 들어 왔던 경험적 인식이 반영된 것으로 추정된다.

2) 기독교 예배와 사회 윤리

우리가 매주 드리는 예배는 성도들에게 사회적인 책임을 더욱 일깨우고 있을까? '이해관계가 발생할 때 하나님의 뜻을 먼저 고려한다'에 긍정적 응답을 한 이들이 61.9%로 가장 높았다. '가족, 직장, 인간관계에서 무엇을 하든지 주 예수의 이름으로 하기 위해 노력한다'가 53.9%로 그다음이며, '하나님께서 창조하신 자연을 돌보고 회복하는 사역의 중요성을 인식하고 실천한다'와 '나의 헌신과 희생이 필요한 경우 기꺼이 헌신과 희생을 실천한다'가 각각 52.9%와 52.6%로 비슷하게 나왔다.

여기까지는 50% 이상의 긍정 응답률이 나왔지만, '사회적 약자의 필요를 인지하고 있으며 실제로 지원한다'에는 48.3%가 그렇다고 대답했고, '가족, 직장, 인간관계에서 돈을 쓸 때 하나님의 뜻을 생각하고 실천한다'에는 더 낮은 44.7%가 그렇다고 대답했다. 끝으로, '평화, 빈곤 퇴치를 위해 동참하고 있다'에는 31.8%만이 그렇다는 대답을 했다. 개인적 실천에서는 50% 이상의 긍정 응답이 나왔지만, 사회적, 공적, 경제적 실천에서

사회 윤리적 측면_'그렇다' 비율_성도와 목회자				(Base: 전체, %)
성도(N=1,000)		목회자(N=506)		
이해관계가 발생할 때 하나님의 뜻을 먼저 고려한다	61.9	나는 성도들이 이해관계가 발생할 때 하나님의 뜻을 먼저 고려하도록 설교한다		93.1
가족, 직장, 인간관계에서 무엇을 하든지 주 예수의 이름으로 하기 위해 노력한다	53.9	나는 성도들이 가족, 직장, 인간관계에서 무엇을 하든지 주 예수의 이름으로 하기 위해 노력하도록 설교한다		89.2
하나님께서 창조하신 자연을 돌보고 회복하는 사역의 중요성을 인식하고 실천한다	52.9	나는 성도들의 헌신과 희생이 필요한 경우 기꺼이 헌신과 희생을 실천하도록 설교한다		89.2
나의 헌신과 희생이 필요한 경우 기꺼이 헌신과 희생을 실천한다	52.6	나는 성도들이 사회적 약자의 필요를 인지하고 실제로 지원하도록 설교한다		86.0
사회적 약자의 필요를 인지하고 있으며 실제로 지원한다	48.3	나는 성도들이 가족, 직장, 인간관계에서 돈을 쓸 때 하나님의 뜻을 생각하고 실천하도록 설교한다		84.4
가족, 직장, 인간관계에서 돈을 쓸 때 하나님의 뜻을 생각하고 실천한다	44.7	나는 성도들이 하나님께서 창조하신 자연을 돌보고 회복하는 사역의 중요성을 인식하고 실천하도록 설교한다		78.3
평화, 빈곤 퇴치를 위한 활동에 동참하고 있다	31.8	나는 성도들이 평화, 빈곤 퇴치를 위한 활동에 동참하도록 설교한다		57.9

출처: 목회데이터연구소, '한국 교회 진단 조사-예배-'(전국의 만 19세 이상 개신교인 남녀[교회 출석자] 1,000명, 모바일 조사, 지앤컴리서치, 2023. 11. 7. - 11. 15.)

는 50% 이하의 응답이 나온 것이다.

목회자의 80-90%는 자신의 설교가 사회 윤리적 측면들을 담아내고 있다고 생각한다. 그러나 '하나님께서 창조하신 자연을 돌보고 회복하는 사역의 중요성'을 설교한다는 응답에서는 78.3%로 떨어진다. '평화, 빈곤 퇴치를 위한 활동에 동참'하도록 설교한다는 응답은 57.9%로 더 낮아진다.

성도와 목회자 모두 설교를 통해서 온 세상을 향한 하나님의 주권과 그에 부응하는 그리스도인의 공적 책임을 인식하는 비율이 상대적으로 낮다. 성도와 목회자의 응답을 비교하면 '생태 사역'을 제외하고는 모든 응답 순서가 동일하다. 이는 목회자가 설교에서 강조하면 성도들은 그대로 받아들인 결과라고 볼 수 있다. 그렇다면 성도들의 공적인 가치에 대한 인식이 낮다는 것은 목회자들이 설교에서 이를 반영하지 않기 때문이라고 할 수 있다. 따라서 목회자의 사회적 책임에 대한 인식을 공고히 하는 것이 우선적으로 필요하며, 목회자의 인식이 바뀔 때 성도들의 사회 윤리적 인식도 확장될 수 있을 것이다.

3) 기독교 예배와 일터 윤리의 형성

조사에서는 성도들의 일터 신앙에 관해서도 물었다. '직업은 성스러운 직업과 세속적 직업으로 나뉜다'라는 문항에 대해 '동의한다'는 비율은 25.3%로서 직업에 대한 이원론적 견해에 '동의하지 않는 성도'(46.6%)가 더 많았다. 그러나 '동의하지 않는다'고 명확한 거부 의사를 표명한 이들이 절반 이하이기에 전체 그리스도인에게 직업에 대한 확고한 신앙 인

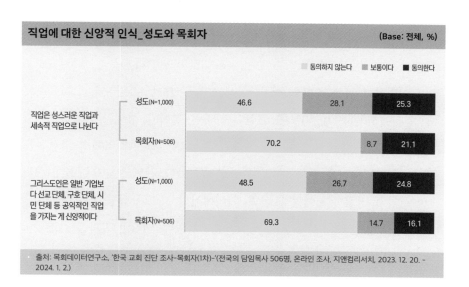

직업에 대한 신앙적 인식_성도와 목회자 (Base: 전체, %)

출처: 목회데이터연구소, '한국 교회 진단 조사-목회자(1차)-'(전국의 담임목사 506명, 온라인 조사, 지앤컴리서치, 2023. 12. 20. - 2024. 1. 2.)

식이 형성된 정도는 아니다. 또한 '그리스도인은 일반 기업보다 선교 단체, 구호 단체, 시민 단체 등 공익적인 직업을 가지는 게 신앙적이다'라는 문항에 대해서도 '동의하지 않는다'가 48.5%, '동의한다'가 24.8%, '보통이다'가 26.7%로 앞선 문항과 비슷한 결과가 나왔다.

종교 개혁자들은 세속적인 직업도 하나님께서 선물로 주신 소명으로 간주했다. 목회자들은 성도들에 비해서 일반 직업에 대해 더욱 전향적이다. 성스러운 직업과 속된 직업을 구분하는 데 대해서는 목회자들의 70.2%가 동의하지 않으며, 그리스도인은 공익적인 직업을 갖는 것이 더 신앙적이라는 진술에 대해서도 69.3%가 반대했다. 이는 앞으로 목회자들의 주도로 성도들에 대한 일터 신앙 계몽과 교육이 가능할 수 있음을 시사한다.

'일터에서 어떻게 하는 것이 신앙적인 행동이라고 생각하는가'라는 질문에 대해서 두 가지 응답을 하게 했는데, '성실하게 업무하는 것'이 성도 85.7%, 목회자 87.7%로 압도적이었다. '동료/거래처 사람들을 섬기고 자신을 양보하는 것'과 '관행이라는 이름으로 행해지던 비윤리적 행위를 거절하는 것'은 성도와 목회자 모두 40%대로 응답했다.

이러한 결과를 종합할 때 일터 신앙의 우선순위로 간주되는 것은 첫째, 일터에서 맡은 바 업무에 충실해야 하는 것이다. 성도와 목회자 모두 일 자체를 가장 중요하게 여겼다. 둘째로 중요한 것은, 일터에서 다른 이들을 섬기고 자신을 양보하는 관계적 실천이었다. 셋째로 중요한 것은, 일터에서의 윤리적 실천이었다. 반면, 일터에서의 전도나 성경 공부 등의 신우회 모임 만들기는 상대적으로 응답률이 낮았다. 이러한 결과를 보면 한국 교회 그리스도인들에게 직업에 대한 이원론적 인식은 잔존하나, 신앙

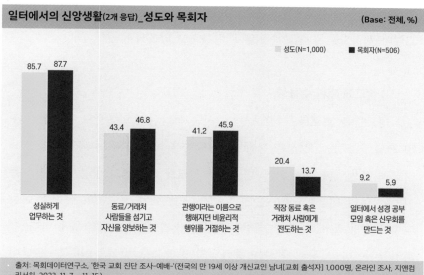

성도(N=1,000)   ■ 목회자(N=506)

	성실하게 업무하는 것	동료/거래처 사람들을 섬기고 자신을 양보하는 것	관행이라는 이름으로 행해지던 비윤리적 행위를 거절하는 것	직장 동료 혹은 거래처 사람에게 전도하는 것	일터에서 성경 공부 모임 혹은 신우회를 만드는 것
성도	85.7	43.4	41.2	20.4	9.2
목회자	87.7	46.8	45.9	13.7	5.9

- 출처: 목회데이터연구소, '한국 교회 진단 조사-예배-'(전국의 만 19세 이상 개신교인 남녀[교회 출석자] 1,000명, 온라인 조사, 지앤컴리서치, 2023. 11. 7. - 11. 15.)
- 출처: 목회데이터연구소, '한국 교회 진단 조사-목회자(1차)-'(전국의 담임목사 506명, 온라인 조사, 지앤컴리서치, 2023. 12. 20. - 2024. 1. 2.)

적 측면에서 일 자체의 중요성에 대한 공감대는 있는 것으로 보인다. 일을 뒤로 미루거나 게을리하면서 전도나 성경 공부 등을 더 중시하는 태도는 강하지 않다. 이는 한국 사회의 일터가 고도 성장의 산업화를 거쳐 지금도 치열한 경쟁 구도 속에 있기 때문일 수도 있다. 그렇다 하더라도, 일 자체의 가치를 중요하게 보는 한국의 그리스도인들에게 일터에서의 신앙과 소명이 예배와 설교를 통해서 함양될 가능성은 충분하다고 전망된다.

5. 설교는 어떻게 삶을 변화시키는가?

예수께서는 말씀을 듣고 행하는 자가 집을 반석 위에 지은 지혜로운 자라고 말씀하셨다(마 7:24). 기독교 예배에서 가장 큰 비중을 차지하는 설교는 듣기가 아니라 행함으로 이어져야(약 1:22) 올바른 기능을 하는 것이다. 그렇다면 성도들은 설교에 어떻게 반응하고 있을까?

1) 설교에 대한 수용성

성도들은 설교를 '나를 향해 주시는 하나님의 말씀으로 받아들인다'는 응답이 57.1%, '성경을 통해 삶의 방향을 제시해 주는 목회자의 메시지로 받아들인다'는 응답이 42.0%다. 설교를 하나님의 말씀으로 받아들이는 성도의 비율이 절반을 조금 넘는다는 것은 성도들의 설교에 대한 집중과 수용 그리고 실천 동력이 크지 않을 수 있음을 짐작하게 한다. 목회자들은 '나를 향해 주시는 하나님의 말씀으로 받아들인다'는 응답이 81.4%로 성도에 비해 24.3% 더 높았으며, '목회자의 메시지'로 받아들이는 비율이 15.7%인 것과 비교할 때 많은 차이를 보인다.

2) 좋은 설교 vs. 불편한 설교

설교의 내용과 관련한 성도와 목회자 간의 차이 또한 주목할 만하다. 전체적으로 성도들은 출석 교회 담임목사의 설교를 통해서 '그리스도인의 사회적 책임을 언급하는 설교를 들었다'(79.0%)고 응답했다. 이는 목회자 자신이 설교에서 사회적 책임을 언급한다고 한 비율(93.9%)과는 차이가 나지만, 거의 80%에 이르기 때문에 긍정적인 수치로 보인다. 설교의 내용에서 '타인이나 특정 그룹 혐오/비하'(20.4%), '정치적 편향성'(20.7%), '저속한 표현'(14.0%)을 들었다는 비율도 상대적으로 낮았다. 하지만 이는 설교를 하나님의 말씀으로 보는 전통적 신념에 비추어 볼 때 여전히 반성할 여지를 남긴다. 성도 다섯 명 가운데 한 명은 타인에 대한 혐오나 정

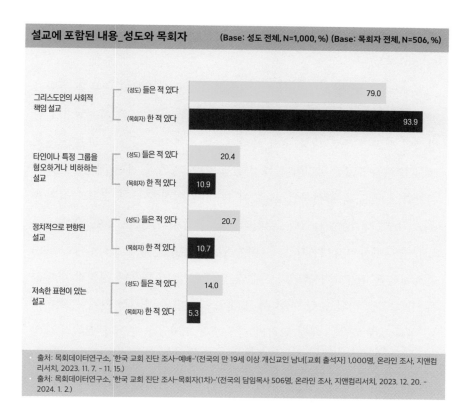

설교에 포함된 내용_성도와 목회자 (Base: 성도 전체, N=1,000, %) (Base: 목회자 전체, N=506, %)

그리스도인의 사회적 책임 설교
- (성도) 들은 적 있다: 79.0
- (목회자) 한 적 있다: 93.9

타인이나 특정 그룹을 혐오하거나 비하하는 설교
- (성도) 들은 적 있다: 20.4
- (목회자) 한 적 있다: 10.9

정치적으로 편향된 설교
- (성도) 들은 적 있다: 20.7
- (목회자) 한 적 있다: 10.7

저속한 표현이 있는 설교
- (성도) 들은 적 있다: 14.0
- (목회자) 한 적 있다: 5.3

- 출처: 목회데이터연구소, '한국 교회 진단 조사-예배-'(전국의 만 19세 이상 개신교인 남녀[교회 출석자] 1,000명, 온라인 조사, 지앤컴리서치, 2023. 11. 7. - 11. 15.)
- 출처: 목회데이터연구소, '한국 교회 진단 조사-목회자(1차)-'(전국의 담임목사 506명, 온라인 조사, 지앤컴리서치, 2023. 12. 20. - 2024. 1. 2.)

치적 편향성을 띠는 설교를 들었다는 의미이기 때문이다. 이에 반해, 목회자들 가운데 설교에서 '타인이나 특정 그룹 혐오/비하'(10.9%), '정치적 편향성'(10.7%), '저속한 표현'(5.3%)을 한 적이 있다는 이들은 적게 나왔다. 목회자들이 자신의 설교를 평가한 것이기 때문에 객관성이 떨어질 수 있다는 점을 감안하더라도 10%는 하나님의 말씀에 이러한 표현이 들어간다는 점을 무겁게 받아들여야 한다. 특히 목회자 자신은 타인에 대한 비하나 정치적 편향성, 저속함을 설교에 담지 않았다고 생각하지만 성도들은 전혀 다르게 들을 수도 있다. 만일 그렇다면 이러한 차이는 목회자들이 설교의 언어에서 타인에 대한 배려와 감수성을 더욱 개발할 필요가 있음을 보여 준다.

출석 교회의 규모에 따라 설교의 언어에서 부정적인 내용을 들었다는 응답률도 차이를 보인다. 근래에 사회적으로 문제가 된 저속하거나 편향적인 설교는 주로 대형 교회 목회자들에게서 비롯되었다. 하지만 실제 조사 결과를 보면, '타인이나 특정 그룹 혐오/비하'에 관한 내용은 100명 미만의 소형 교회 출석자들(24.9%)이 1,000명 이상의 대형 교회 출석자들(13.6%)보다 더 많이 들었다. '정치적 편향성'을 띤 설교도 소형 교회(100명 미만) 출석자들의 27.1%가 들은 적이 있는 데 비해 대형 교회(1,000명 이상) 출석자들은 16.7%가 들었다고 했다. 따라서 타인 혐오나 정치적 편향성을 띤 설교는 비단 논란이 된 특정 대형 교회만의 문제가 아니다. 언론에는 대체로 주목받는 대형 교회의 경우만 보도되었을 뿐이다. 오히려 대형 교회는 다양한 사람들이 모여 있기 때문에 상대적으로 목회자가 편향적인 설교를 하지 않도록 주의할 수 있다. 이번 조사 결과는 기사화가 되지 않았을 뿐, 평범한 소형 교회에서도 성도들이 불편함을 느끼는 문제적 발언들이 적잖이 등장할 수 있음을 보여 준다.

설교 평가를 보면 담임목사 설교 만족도를 포함하여 모든 평가 항목에서 성도들은 60%대의 만족도를 보였다. 성도와 목회자 간 차이는 두드러지지 않았다. '설교에 대한 만족도'에서 성도의 67.4%, 목회자의 68.6%가 비슷한 긍정률을 보였다. 그러나 '설교 주제의 다양성'(성도: 64.8%, 목회자: 59.1%), '타인에게 추천할 의향'(성도: 62.2%, 목회자: 57.1%)에서는 성도들이 상대적으로 더욱 만족했다. '설교 시간의 적정성'(성도: 66.0% vs. 목회자: 49.0%)에서는 목회자들 쪽에서 더 많은 아쉬움을 표했다. 출석 교회 담임

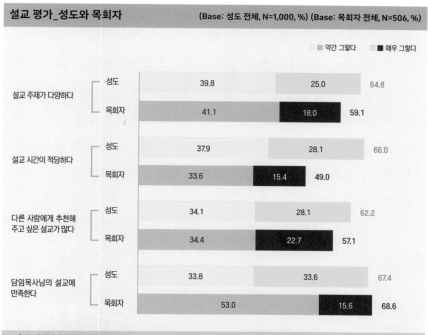

설교 평가_성도와 목회자 (Base: 성도 전체, N=1,000, %) (Base: 목회자 전체, N=506, %)

■ 약간 그렇다 ■ 매우 그렇다

		약간 그렇다	매우 그렇다	합계
설교 주제가 다양하다	성도	39.8	25.0	64.8
	목회자	41.1	18.0	59.1
설교 시간이 적당하다	성도	37.9	28.1	66.0
	목회자	33.6	15.4	49.0
다른 사람에게 추천해 주고 싶은 설교가 많다	성도	34.1	28.1	62.2
	목회자	34.4	22.7	57.1
담임목사님의 설교에 만족한다	성도	33.8	33.6	67.4
	목회자	53.0	15.6	68.6

· 출처: 목회데이터연구소, '한국 교회 진단 조사-예배-'(전국의 만 19세 이상 개신교인 남녀[교회 출석자] 1,000명, 온라인 조사, 지앤컴리서치, 2023. 11. 7. - 11. 15.)
· 출처: 목회데이터연구소, '한국 교회 진단 조사-목회자(1차)-'(전국의 담임목사 506명, 온라인 조사, 지앤컴리서치, 2023. 12. 20. - 2024. 1. 2.)

목사의 설교에 대한 성도들의 긍정 평가는 대체로 60% 중반 즈음에 있는데, 이는 목회자 설교에서 상당한 개선의 여지가 있다는 것을 의미한다. 또한 목회자들 자신의 설교에 대한 평가가 성도의 그것보다 더 낮다는 것은 목회자 스스로 설교의 비중과 설교 개선의 과제를 민감하게 여기기 때문일 것이다.

3) 설교를 통한 인식의 변화

아래와 같이 일곱 가지 항목에서 성도들이 설교를 통해 인식의 변화를 경험했는지를 물었다. 긍정적인 응답률이 높은 항목은 '성경과 교리를 더 잘 알게 됨'(68.6%), '삶의 지침을 얻음'(67.5%), '신앙의 성장'(67.1%), '깊은 은혜의 경험'(65.2%)이다. 60% 중반대의 긍정 응답률은 앞선 설교 전반에 대한 만족도와도 비슷한 수치다. 그리고 상대적으로 낮은 긍정 응답률을 보인 항목은 '이웃 섬김의 결심'(58.9%), '사회 정의에 대한 관심'(43.0%), '환경 문제에 대한 관심'(35.5%)이다. 긍정이 높게 나온 네 개의 항목은 설교가 개인의 내면적, 지식적 측면에 영향을 주는 것과 관련된다면, 긍정이 상대적으로 낮게 나온 세 개의 항목은 사회적이고 공적인 영향력과 관련

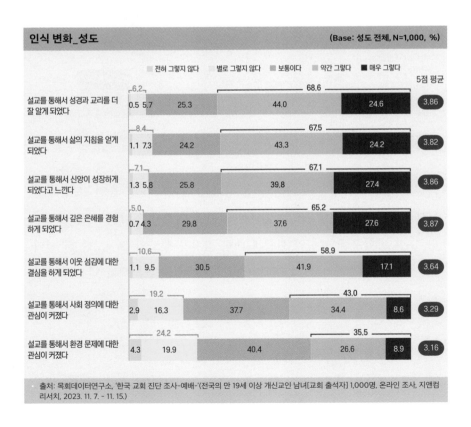

된다. 이는 현재 한국 교회의 일반적인 설교가 성도들로 하여금 개인의 삶을 영위하는 데에는 어느 정도 도움을 주지만, 더 큰 세상에서의 책임 있는 삶에 대한 각성을 얻기에는 다소 미흡함을 보여 준다.

설교를 통한 인식 변화에서 20대들의 반응은 다른 연령대에 비교해서 눈여겨볼 필요가 있다. 전체적으로 설교를 통해 개인적, 영적, 지식적 도움을 더 받았다고 응답한 집단은 여성과 고연령대로 나타난다. 그러나 이웃 섬김, 사회 정의, 환경 문제에 대한 관심이 더욱 높아졌다는 응답은 20대에서 두드러진다. 20대는 앞선 개인적 신앙의 영역에서는 다른 연령대에 비해서 다소 낮은 편이었으나, '설교를 통해서 이웃 섬김에 대한 결심을 하게 되었다'는 응답에서는 58.4%가 나와서 30대(53.8%)와 40대(55.1%)보다 약간 높다. '설교를 통해서 사회 정의에 대한 관심이 커졌다'는 응답은 전 연령대를 통틀어 20대가 가장 높다. 전 세대 평균 긍정 응답률이 43.0%인데, 20대의 긍정 응답률은 51.0%가 나왔다. '설교를 통해서 환경 문제에 대한 관심이 커졌다'는 20대의 긍정 응답률(41.3%) 역시 평균(35.5%)은 물론, 모든 다른 연령대보다 높다. 앞서 설교를 통한 개인적 신앙의 성장과 유익을 묻는 항목들에서도 20대는 대체로 50% 중후반대의 긍정 응답률을 보였다. 그렇다면 젊은 세대는 개인적 복음뿐 아니라 복음의 공공성에도 동등한 관심과 기대를 갖는다고 유추할 수 있을 것이다.

4) 설교를 통한 삶의 변화

설교를 듣고 성도들의 삶에서 일어나는 태도와 노력의 변화에는 주목할 만한 결과가 있다. '예배와 설교를 통해 변화된 삶을 살겠다고 다짐한 적이 있다'는 항목에 대한 긍정(가끔+자주)은 88.8%였고, '예배에서 깨

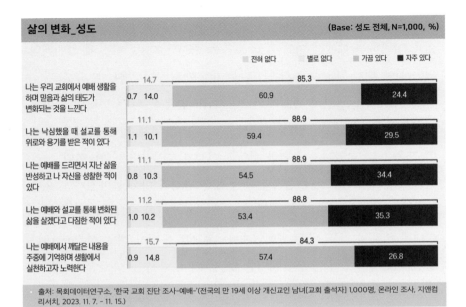

삶의 변화_성도 (Base: 성도 전체, N=1,000, %)

□ 전혀 없다 □ 별로 없다 ▨ 가끔 있다 ■ 자주 있다

나는 우리 교회에서 예배 생활을 하며 믿음과 삶의 태도가 변화되는 것을 느낀다
14.7 / 85.3
0.7 | 14.0 | 60.9 | 24.4

나는 낙심했을 때 설교를 통해 위로와 용기를 받은 적이 있다
11.1 / 88.9
1.1 | 10.1 | 59.4 | 29.5

나는 예배를 드리면서 지난 삶을 반성하고 나 자신을 성찰한 적이 있다
11.1 / 88.9
0.8 | 10.3 | 54.5 | 34.4

나는 예배와 설교를 통해 변화된 삶을 살겠다고 다짐한 적이 있다
11.2 / 88.8
1.0 | 10.2 | 53.4 | 35.3

나는 예배에서 깨달은 내용을 주중에 기억하며 생활에서 실천하고자 노력한다
15.7 / 84.3
0.9 | 14.8 | 57.4 | 26.8

• 출처: 목회데이터연구소, '한국 교회 진단 조사-예배-'(전국의 만 19세 이상 개신교인 남녀[교회 출석자] 1,000명, 온라인 조사, 지앤컴리서치, 2023. 11. 7. – 11. 15.)

달은 내용을 주중에 기억하며 생활에서 실천하고자 노력한다'에 대한 긍정은 84.3%로 모두 높게 나왔다. '예배를 드리면서 지난 삶을 반성하고 나 자신을 성찰한 적이 있다'에 대해 강한 긍정을 보인 성도도 88.9%나 된다. 인식의 변화에서 사회적 실천의 구체적 영역에 대한 관심이 높아졌는지를 묻는 질문에서보다 변화된 삶의 다짐과 실천 노력에서 더 높은 긍정이 나온 것이다.

　이러한 차이는 무엇을 의미할까? 앞서 설교를 통한 인식의 변화에서 전반적으로 성도들이 사회적, 공적 문제에 관심을 갖기에 미흡하다는 지적이 나왔다. 그럼에도 성도들의 예배와 설교를 통해 변화된 삶을 추구하려는 의향은 상당하다. 이들은 예배에 진지하게 임할 뿐 아니라, 설교를 통해 자신을 변화시키려는 적극적인 의지를 지녔다고 볼 수 있다. 그렇다면 목회자들은 개인적 위로와 은혜에 만족하는 설교가 아니라, 이웃과 사회를 비롯한 더 큰 세계에서 말씀을 실천하고 청지기적인 삶을 살 수 있도록 인도하는 말씀 사역자로서 응답해야 한다. 목회자들이 예배를 인도하고 말씀을 전할 때, 성도들에게 신앙의 실천은 사회 정의 및 환경에 대한 책임을 포함한다는 것을 명확하게 알려 주고 격려해야 한다.

삶의 변화를 묻는 조사에서 나온 것처럼, 적지 않은 성도가 구체적으로 변화된 삶을 살겠다고 다짐하고 노력한다. 그렇다면 그들에게 신앙이 사회적, 공적 영역에서도 실천되고 증명되어야 함을 알려 주는 것은 목회자가 할 일이다.

III. 10대 핵심 발견

1. 예배는 성도의 신앙생활과 교회의 사역에서 가장 중요한 위치에 있다. 성도들은 삶으로서의 예배를 중시하고, 목회자들은 교회 의례로서의 예배를 더 중시한다.

2. 성도들은 목회자의 설교에서 일상생활에 대한 강조가 상대적으로 약하다고 느낀다.

3. 성도들은 예배를 통해 하나님의 임재와 감사, 평안 등의 영적이고 내적인 경험들을 기대하지만, 현실 문제 해결과 기복적 기대라는 예배의 도구화 경향도 나타난다.

4. 현재 한국 교회의 예배에서 성도들은 일상생활과 사회적 책임을 수

행하기 위해 충분한 동기 부여를 받지 못한다.

5. 현장 예배와 비대면 예배를 비교할 때 바른 예배를 위한 준비라는 차원에서 현장 예배가 더욱 적합하다.

6. 전통적 예배는 예배의 경건함에, 현대적 예배는 예배에서의 감동과 결단에 더욱 효과가 있다. 예배에 대한 몰입도에서는 큰 차이가 없다.

7. 예배 가운데 설교를 제외하고 영적으로 가장 도움이 되는 순서는 찬양과 성경 봉독 순이었으며, 가장 도움이 되지 않는 순서는 광고와 헌금 순이었다.

8. 목회자의 대다수는 설교를 하나님의 말씀으로 보지만, 성도들의 경우에는 절반 이상 정도만이 설교를 하나님의 말씀으로 본다.

9. 목회자들의 생각보다 더 많은 성도가 설교에서 저속하거나 편향적인 언어를 들었다.

10. 성도들은 설교를 통해 개인의 신앙과 생활에서는 유익을 얻지만, 사회적이고 공적인 책임 의식을 갖기에는 미흡하다.

IV. 시사점
- 세상으로 나아가는 예배

기독교 예배의 지향점은 분명하다. 하나님의 은혜에 응답하며 그 기준에 근거를 두어 우리 몸을 산제사로 드리는 일상의 예배로 나아가는 것이다.

이렇듯 예배는 단순히 구원의 복음을 듣고 은혜를 만끽하는 것에 국한되지 않고 이웃과 세상을 향해 열려 있음을 기억해야 한다. 예배는 단순한 개인적 경험이 아니라, 하나님과는 거룩하고 전인적인 수직적 관계를 형성하고, 이웃과 세계를 향해서는 수평적 관계를 지향한다는 사실을 반드시 잊지 말아야 할 것이다. 따라서 온전한 예배는 발전적이다. 교회에서 공적으로 드린 예배는 개인의 삶에서 변화된 인식과 삶의 태도로 발전되어야 하고, 이러한 변화는 예배자가 속한 공적인 영역에 대한 책임에까지 발전되어야 한다.

1. 개인적 감동, 그 이상의 예배

이번 조사에 의하면, 한국 교회 성도들의 예배는 하나님과 수직적 만남을 갖는 경험의 신비와 경외보다는 개인적인 위로나 은혜의 경험에 치중되어 있다. 예배를 통한 하나님 임재의 경험이 예상보다 낮은 응답률을 보인다. 예배를 드리며 얻는 감사와 마음의 평안 그리고 하나님을 기쁘시게 한다는 기대는 물론 필요하며 조사에서도 분명히 드러난다. 예배함으로써 하나님을 만나고자 하는 열망이 있음을 보여 준다. 다만 성도들의 예배에 대한 기대와 경험은 경외나 신비보다 기복으로 읽힌다. 예배를 기능적, 감성적으로 이해하는 것은 바람직하지 않다. 예배가 '제공하는 것'과 예배를 통해 '보상을 받는 것'에 치중할 것이 아니라, 예배를 통해 '거룩한 만남'을 가지도록 준비해야겠다. 물질적인 복을 기대하는 것도 비성경적이라고 단정할 수는 없다. 그러나 그러한 신앙의 한계와 위험은 반드시 주목하고 대안을 제시해야 할 부분이다.

예배는 하나님의 현존을 마주하여 그분의 주권을 인정하고 그분의 은혜를 맛보는 신비로운 영적 경험이다. 그렇다면 과연 예배를 통해 삼위일체 하나님과 그분의 백성이라는 기본적인 관계가 형성되고 있는가를 물어야 할 것이다.

2. 이웃과 세계를 향한 예배의 사회적 차원 회복

제임스 스미스(James K. A. Smith)의 표현을 빌리면 교회에 정기적으로 출석하는 일, 기도하기 위해 손을 모으거나 무릎을 꿇는 행위, 기도문을 읽거나 찬송가를 부르는 일, 말씀을 듣고 성찬식에 참예하는 일련의 행위들이 유의미하다. 스미스는 그리스도인들이 반복적으로 하는 일들이 그들의 '욕망'을 변화시키고 삶의 양식과 행동 방식에 지대한 영향을 미친다고 주장한다.[8] 그렇다면 예배 순서가 갖는 영향력에 주목하여 예배가 성도의 영성을 아름답고 거룩하게 형성하도록 최선을 다해 준비할 필요가 있을 것이다.

예배가 구체적인 삶으로 이어져야 한다는 응답은 예상보다 많지만, 예배 순서에 이러한 윤리적 내용이 담겨 있다는 응답은 매우 낮으며 사회 윤리적 소명으로 자연스럽게 연결되지도 않는다. 일상과 격리된 예배에 대한 냉철한 반성이 요구된다. 예배 참석을 강조함과 더불어 일상에서의 예배, 일터에서의 거룩하고 성실한 삶이 일관되도록 생활 신앙을 위한 안내와 실천이 반드시 필요하다. 고무적인 것은, 과거에 비해 많은 교회가 사회 윤리적 이슈에 깊은 관심을 가지고 구체적인 실천 방안을 제시한다는 사실이다. 앞서 언급한 로마서 12장 1-2절의 말씀처럼 우리 몸을 산제

사로 드리는 것이 바람직한(right) 예배다. 삶의 모든 국면과 일상의 모든 경험에서 예배자의 거룩한 고백이 정확하게 번역되어 나타나야 한다. 예배 행위와 내면의 변화 그리고 일상에서의 삶의 방식과 내용 사이의 선순환이 이루어져야 한다는 의미다.[9]

매 주일 유사하게 이루어지는 순서에도 얼마든지 세상에서의 삶을 위한 메시지를 담을 수 있다. 이번 조사에서도 참회 기도의 영적인 영향력에 대한 긍정적인 응답이 나왔다. 참회 기도는 예배자로 하여금 자신의 지나간 삶을 하나님의 임재 앞에서 돌아보게 한다. 그리고 회개와 사죄 선언을 통해 새로운 존재로 살도록 결심하게 한다. 광고에 대한 거부 반응은 익히 예상되는 것이었는데, 이 시간에 교회에서 일어나는 모든 일이 하나님의 인도하심 가운데 있음을 상기하고 그분의 역사를 기대하는 의미를 살릴 필요가 있다. 고대 교회가 성도의 교제에서 했던 '평화의 인사'는 회중 안에서의 평화만이 아니라 성도가 세상에서 평화를 실천하는 자로 살아야 할 사명을 일깨우는 시간이었다. 축도에 설교의 내용과 설교에서 기대하는 실천 내용을 포함하는 것도 하나의 방법이다. 이 경우 설교는 개인적 위로와 은혜뿐 아니라, 일터와 세속 사회에 임하는 하나님 나라를 선포해야 한다. 축도는 파송의 의미를 담고 있다. 성도는 예배에서 받은 은혜로 세상에서 제자로 살도록 파송 받는 것이다.

교회의 표지로서의 가치와 영성 형성에 미치는 영향을 고려한다면 성찬은 한국 개신교회에서 지속적으로 경시되어 온 것이 사실이다. 우선 성찬식의 다양하고 풍성한 의미에 대한 나눔이 필요하다. 성찬은 구원에 대한 감사의 예식이며, 주님의 사랑과 희생을 생생하게 기억하는 시간이다. 또한 성령의 임재를 공동체가 함께 경험하며 천국의 잔치를 미리 맛보는 현장이다. 성찬을 통해 성도들은 하나 됨을 확인할 뿐만 아니라 일상에서도 자신을 내어 주는 성례전적 삶을 살도록 초청받고 결단한다.[10] 성찬이 내포한 풍성한 의미를 공유하지 않고는 성례전의 효과를 경험하기 힘들다. 성찬식의 의미에 대한 교육이 미흡하거나 집례 방식이 고루하고 딱딱한 것은 아닌지, 예문이 마음에 와닿지 않는 것은 아닌지 점검이 필요하다.

3. 예배의 언어가 삶의 언어로

예배의 순서는 하나님과의 만남을 통해 성도들을 영적인 세계로 인도한다. 기도문을 읽고 찬송을 부르고 설교를 듣고 세례와 성찬에 참여하는 일련의 행위들을 통해 성도들의 영혼과 삶이 영적인 영향을 받게 되는 것이다. 그렇다면 예배에서 사용하는 언어와 행위에 대한 면밀한 고찰이 요구된다. 거룩하고 아름다운 예배 언어를 사용해야 한다. 정성스럽게 고른 기도문의 한 문장이, 마음을 모아 부르는 찬송가의 한 소절이, 회개를 위해 머리 숙인 고요한 참회의 순간이 누군가에게는 하늘이 열리는 계기가 된다. 예배에서 사용하는 언어나 행동이나 상징이 일방적이고 강요하는 방식은 아닌지, 심지어 저속하거나 편파적이거나 폭력적이지는 않은지 치열한 고민과 세밀한 성찰이 있어야 한다. 선동의 언어는 우리의 귀와 마음을 혼란스럽게 만들고, 삶으로 번역되지 않은 빈껍데기 영성은 강단의 권위와 진실성을 훼손한다.

예배를 준비하고 인도하는 이들은 영적인 언어가 갖는 중요성을 인식하고 주의를 기울여 사용해야 한다. 예배는 삶에서 고백하는 언어의 결집이 되어야 하고, 우리가 기도하는 내용은 일상의 대화에서 사용될 때 생명력을 갖기 때문이다. 심지어 예배 순서도 세밀하게 검토하고 수정, 보완해야 한다. 예전을 중시하는 고교회 전통을 기준으로 삼자는 이야기가 아니다. 영성을 고양하도록 기도하며 최선을 다해 예배를 준비하자는 제언이다. 시대에 뒤떨어진 권위적 언어는 없는지, 공감을 불러일으키지 못하는 표현은 없는지 살펴보아야겠다. 진지하되 고루하지 않고 신선하되 난해하지 않은, 깊이와 넓이를 갖춘 예배를 기대한다.

4. 복음을 선포하는 설교

복음을 선포하는 설교가 절실하다. 설교는 하나님의 구원의 은혜를 드러내는 거룩한 사명이다. 토마스 롱(Thomas G. Long)은 설교의 요소를 청중, 설교자(들), 설교문 그리고 그리스도의 현존이라고 정의한다. 여기서 그리스도의 현존이란 주님의 은혜가 사람들의 마음을 감화시킬 것이라는 겸손한 기대를 포함한다. 즉 설교자는 최선을 다해 설교를 준비하나 결국 예수 그리스도가 드러나야 하고, 그분이 설교의 주체가 되어야 한다는 의미다. 예수 그리스도는 개인의 영혼 구원뿐 아니라 하나님 나라의 도래를 이루신 분이다. 상처 입은 영혼을 어루만지고 구원의 은혜를 베푸시는 분, 역사를 변화시키고 궁극적 소망이 되시는 그리스도를 바로 알고, 바로 배우고, 효과적으로 전하기 위해 최선을 다하며 말씀의 증인으로 사는 것이 바로 설교자의 사명이다.

　이를 위하여 설교에서 사용하는 표현에 주의하라. '설교자의 부적절한 언어와 내용', '설교자와 청중 간 기대의 차이'에 대한 지적은 한국 교회가 진지하게 고민하고 해결해야 할 부분이다. 목회자가 설교와 일상에서 사용하는 언어가 그들의 생각보다 수준이 떨어지거나 배려가 부족한, 무례한 언어일 가능성이 있다는 의미이기 때문이다. 이에 대한 면밀한 성찰과 해결을 위한 진지한 노력이 시급하다. 독서와 글쓰기, 인문학적 소양의 함양과 같은 구체적인 실천을 제안한다. 또한 정치적으로 지나친 편향성을 띠는 표현이나 노골적으로 특정 정당을 폄하하거나 비호하는 일은 가급적 삼가라. 정치가 공공의 삶에 관한 것이라 할 때 기독교 복음과 무관할 수 없다. 설교에서 복음이 가리키는 사회적, 공적 가치를 언급하는 것도 자연스럽다. 그러나 성도들에게 불편을 안겨 주는 무례한 언어를 사용하지 않도록 주의해야 한다. 성도는 특정 정파에 대한 지지가 아닌, 예수 그리스도의 주되심을 따르고 그분의 주권에 충성하도록 말씀을 통해서 도전받아야 한다.

그런 면에서 설교를 통해 복음과 사회적 책임을 연결하는 노력이 필요하다. 그리스도인의 사회 윤리적 책임에 대한 내용을 설교하느냐는 질문에 대해서 목회자들은 대단히 높은 비율로 긍정적인 응답을 했다. 그런데 안타깝게도 성도들 가운데 사회의 문제를 구체적으로 다루는 설교를 들었다는 응답은 비교적 낮았다. 이러한 괴리가 발생한 이유에 대해서는 몇 가지 추측이 가능하다. 우선 설교에서 나타나는 사회 윤리적 책임에 대한 내용의 질과 양은 설교자들의 생각보다 현저히 적다. 목회자들은 사회 윤리적 책임에 대한 설교를 자주 하지만, 실제 성도들의 수용률은 매우 낮으며 그들의 삶과의 연계성도 부족해 보인다. 교리적인 지식의 습득도 중요하고 개인적인 위로도 중요하지만, 삶 속에서 구체적으로 실천할 수 있는 대안을 제시하고 나누는 것도 설교의 중요한 역할이며 의무다.

교회와 예배의 정체성과 소명은 시대를 관통하여 여전히 변함이 없다. 그것은 주님의 명령을 따라 복음을 선포하며 복음대로 사는 것이고, 그러한 삶을 지향하는 공동체와 더불어 예배하는 것이다. 복음으로 돌아가서 복음을 나누는 예배, 복음의 원칙대로 준비하는 예배, 복음의 기준으로 살아가는 삶을 포괄하는 예배가 되어야 할 것이다. 예배는 배려와 환대를 통해 이 땅에 하늘의 삶을 구현하려는 종말론적 삶의 구체적 실체다. 예배와 삶이 무람없이 소통하는 참된 예배자의 삶이야말로 한국 교회의 소망이며 목표가 되어야 할 것이다.

V. 적용을 위한 토론 질문

1. 당신이 소속된 교회의 예배는 현대적 예배인가, 전통적 예배인가, 아니면 전통과 현대를 조합하는 형태인가?

2. 경건함-감동-결단-몰입도라는 측면에서 당신이 소속된 교회의 예배를 어떻게 평가하겠는가? 당신이 소속된 교회의 예배는 이 중 어느 부분에서 강하고, 어느 부분에서 보완이 필요한가?

3. 당신이 소속된 교회의 예배 가운데 가장 유익한 순서와 가장 유익이 되지 않는 순서는 무엇인가? 각각의 이유는 무엇이라고 생각하는가? 어떤 식으로 개선할 수 있겠는가?

4. 조사에 의하면, 한국 교회의 예배가 개인적이고 영적인 감동과 은혜를 주는 역할은 비교적 잘 감당하지만, 사회적 책임과 공적 의식을 일깨우는 데는 미흡하다고 한다. 당신이 소속된 교회에서도 비슷한 경험을 하는가? 만약 그렇다면 (개인적으로나 교회 차원에서) 어떠한 개선이 필요하겠는가?

5. 당신은 주중에 일상에서 삶으로 예배를 드린다는 생각을 해 본 적이 있는 가? 그리고 삶을 예배로 드리려는 시도를 해 보았는가? 당신이 예배화된 삶 을 살기 위해 교회가 어떻게 도와주면 좋겠는가?

6. 당신이 소속된 교회에서 비대면으로 예배를 참석하는 이들의 비율은 얼마 나 되는가? 그들이 예배를 통해서 같은 공동체에 소속되었음을 느끼게 하 려면 어떠한 노력이 필요하겠는가?

2

변화된 삶을 위한 양식,
교육을 진단하다

교회는 예수님을 따르며 교회의 차세대 리더가 될 믿음의
세대를 준비하고 세우는 사역을 신실히 감당해야 한다.
그러나 하나님께서 그러한 믿음의 다음 세대를 양육하는
데 우선적 책임을 부여하신 대상은 바로 '부모'다.
/ 조지 바나(George Barna)

주일학교는 그 부모의 가르치는 것을 보충하는
것이니 부모가 그 책임을 내려놓고 그 선생이
다 할 수 없느니라.
/ 찰스 알렌 클라크(Charles Allen Clark, 곽안련)

자녀들이 신앙을 거부하는 이유는 너무 많은
가르침을 주기 때문이 아니라 우리가 실천하지
않기 때문이다.   / 샘 루스(Sam Luce)

주차된 차의 운전대를 조종하기는 어렵다.
차를 움직여야 운전할 수 있다.
/ 헨리에타 미어즈(Henrietta Mears)

I. 여는 글
- 교육과의 대면

1. 성경이 말하는 교회 교육

교회 교육은 하나님의 창조와 구원, 성화와 영화의 역사하심에 응답하여 하나님의 백성이 그들의 모든 삶에서 예수 그리스도의 복음 전파와 하나님 나라 구현에 전인적이고 전 생애적이며 변혁적으로 참여할 수 있도록 의도적으로 돕는 신앙 공동체적 과정이다. 예수께서는 모든 민족을 제자로 삼아 세례를 주고 "내가 너희에게 분부한 모든 것을 가르쳐 지키게 하라"(마 28:20)고 하셨다. 따라서 교회 교육은 하나님의 말씀에 근거해야 하며, 이 말씀은 "하나님의 사람으로 온전하게 하며 모든 선한 일을 행할 능력을 갖추게 하려"(딤후 3:17) 하기 위함이다. 즉 지식을 위한 교육이 아니라, 하나님께서 원하시는 성품과 선행을 함양하여 삶을 변화시키기 위한 교육인 것이다.

이러한 교회 교육의 주체는 삼위일체 하나님 당신이시며, 교회 교육의 장은 하나님의 백성이 매일 살아가는 모든 영역을 포함한다. 성경은 여호와의 명령을 "집에 앉았을 때에든지 길을 갈 때에든지 누워 있을 때에든지 일어날 때에든지"(신 6:7) 부지런히 가르치라고 말한다. 따라서 교회 교육은 가정, 학교, 사회, 자연, 심지어 가상 공간까지 포함한다. 시편 기자는 "하나님이여 나를 어려서부터 교훈하셨으므로 … 내가 늙어 백발이 될 때에도 나를 버리지 마시며"(시 71:17-18)라고 간구한다. 교회 교육은 하나님의 백성의 전 생애에 걸쳐서 지속적으로 일어나는 신앙 형성적 사건이며, 이를 위해 교회 교육의 현장에는 하나님의 백성의 연령 발달, 영적 발달, 사회 발달, 생애 주기를 고려한 다양하고 창의적인 양육과 목양이 요청된다.

2. 문제 제기와 논의 방향

한국 교회가 직면한 가장 큰 위기 중 하나는 다음 세대로의 신앙 전수다. 목회데이터연구소의 2023년 종교 현황 조사에 따르면 20대 전체 인구 가운데 그리스도인(기독교인을 의미함) 인구는 2012년 19%에서 2023년 9%로 10%p 크게 떨어졌으며, 중고등학생 그리스도인의 비율도 14.0%로서 성인 그리스도인의 비율보다 낮아지고 있다.[1] 그러나 한국 교회의 위기는 다음 세대의 신앙 이탈만이 아니라, 그들을 양육하는 부모 세대의 신앙 헌신과 소속감도 저하되고 있다는 현실이다. 물론 교회 안에 다음 세대의 숫자가 줄어들고 있는 원인에는 출산율 저하, 학령 인구 급감, 비종교화와 같은 사회·문화적인 영향도 있다. 하지만 이러한 위기를 교회 밖의 외부적인 요인 때문으로만 설명할 수는 없을 것이다. 우리 자신으로부터 문제의 원인을 찾는 자기 성찰이 필요하지 않을까?

교회 교육은 교회를 통하여 하나님의 백성에게 기독교 교육의 목적과 내용과 방법이 합당하게 구현되도록 실천하는 목회 현장이다. 이러한 관점에서 교회가 성경적 교회 교육의 부르심을 합당하게 구현하고 있는지에 대하여 다음의 네 가지 이슈에 관해 진단하고자 한다.

> 1. 교회 교육은 무엇을 가르치는가?
> 2. 교회학교는 잘 운영되는가?
> 3. 세대 간 신앙 전수가 잘 이루어지는가?
> 4. 우리의 신앙은 전 생애를 통해 성장하고 있는가?

II. 진단

1. 교회 교육은 무엇을 가르치는가?

교회 교육은 성도들에게 교회의 핵심 사역인 예배(요 4:24), 성경(딤후 3:16), 교제(행 2:42), 봉사(엡 4:12), 선교(마 28:19), 전도(딤후 4:5)에 대한 합당한 교육을 실천해야 한다.[2] 성도들은 교회 교육을 통해 교회의 사명과 핵심 사역에 대하여 어떤 내용을 배우고 있으며, 교회뿐 아니라 세상에서의 실천을 위한 교육을 합당하게 제공받고 있는지 살펴보자.

1) 성도들과 선명히 공유되지 않은 교회의 사명과 비전

교회 교육의 첫 번째 과제는 목회자와 성도가 교회의 사명과 비전을 함께 인식하고 실천하게 하는 것이다. 이번 조사에 따르면 목회자 중에 88.2%는 자신이 섬기는 교회만의 사명과 비전이 '필요하다'고 응답했고, 4.5%만 '필요하지 않다'고 응답했다. 자기 교회가 사명과 비전을 가지고 있는지에 대한 질문에 목회자는 86.8%가, 성도는 그보다 못 미치는 79.5%만이 '가지고 있다'고 응답했다. 교회의 사명과 비전을 회중에게 공유하고 알리는 교육을 하고 있는지에 대한 질문에 비전이 있는 교회 목회자는 83.5%가, 성도는 67.9%만이 '있다'고 대답했다.

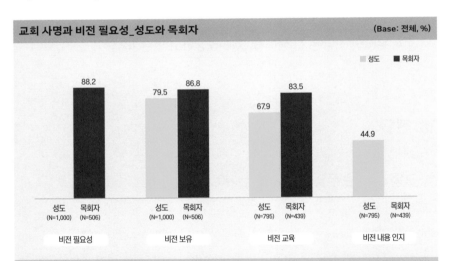

출처: 목회데이터연구소, '한국 교회 진단 조사-교육-'(전국의 만 19세 이상 개신교인 남녀[교회 출석자] 1,000명, 모바일 조사, 지앤컴리서치, 2023. 11. 14. - 11. 21.)
출처: 목회데이터연구소, '한국 교회 진단 조사-목회자(1차)-'(전국의 담임목사 506명, 온라인 조사, 지앤컴리서치, 2023. 12. 20. - 2024. 1. 2.)
* '비전 필요성'은 목회자에게만, '비전 내용 인지'는 성도에게만 질문함
** '비전 필요성'과 '비전 보유'는 성도/목회자 모두 전체 응답자, '비전 교육'과 '비전 내용 인지'는 사명/비전 있는 교회의 성도/목회자 응답 결과임

교회의 사명과 비전은 하나님께서 이 땅에 교회를 세우고 존재하게 하시는 목적과 이유가 된다. 그러기에 교회의 사명과 비전은 마땅히 교회 안에서 분별되고 공유되어야 하지만, 현재 교회 현장은 그렇지 못한 모습을 보여 주고 있다. 90%에 가까운 목회자가 비전의 필요성을 인정하고 또한 실제로 갖고 있다고 응답했다. 하지만 그에 반해 자신이 섬기는 교회의 사명과 비전에 대하여 '잘 알고 있다'고 응답한 성도는 절반이 채 되지 않는다(44.9%). 교회를 세우신 하나님 안에서 교회는 같은 사명과 비전을 지닌 공동체가 되어야 하지만, 적지 않은 교회 현장에서 목회자와 성도들이 교회의 사명과 비전을 공유하지 못하고 있다. 더 나아가, 이를 위한 교육도 합당하게 이루어지지 않는 것으로 나타났다.

이는 목회자들이 자신의 언급과 달리 교회 비전의 중요성과 필요성을 충분히 소통하지 못했다고 볼 수 있다. 소통의 실패는 리더십의 실패이기도 하다. 목회자들은 성도들이 명료하게 이해하고 기억할 수 있는 방식으로 목회의 철학과 방향성을 전달해야 한다. 교회의 비전과 사명이 더 많은 성도와 공유되지 못하면, 그것은 결국 동력을 얻지 못한 사역이 될 것이다.

2) 교회 교육의 불균형: 지식 교육은 높고 실천 교육은 낮다

일반적으로 교회는 여러 주제의 교육 프로그램을 실행한다. '설교 외에 어떤 교육이 있느냐'는 질문에 성도들은 자신의 교회에서 제공하는 교육의 주제들을 '성경'(88.5%), '교리'(77.5%), '선교와 전도'(77.2%), 그다음으로 '봉사와 섬김'(74.0%), '예배'(71.9%) 등의 순으로 꼽았다. 70% 이상의 높은 응답률을 보인 주제들은 주로 교회 안에서의 생활을 위한 교육에 속한다.

반면, '세상 속의 그리스도인 생활'(66.5%), '그리스도인 가정 생활'(63.3%), '그리스도인 일터 생활'(45.9%) 등과 같이 교회 밖에서 그리스도인으로 살아가는 삶을 위한 교육이 있다는 응답은 상대적으로 낮았다.

교육의 유무와 달리 실제 교육을 받은 이후에 어느 정도 도움이 되었는지를 살펴보자. 참여했던 교육 가운데 가장 도움이 된 교육 세 가지를 꼽으라고 하자 성도들은 '성경'(49.7%)과 '교리'(30.5%)를 가장 많이 꼽았고, '봉사와 섬김'(18.4%), '선교와 전도'(17.3%), '교제'(13.0%)에는 상대적으로 낮은 응답률을 보였다. 특히 '그리스도인 가정 생활 교육'(11.4%), '그리스도인 일터 생활 교육'(5.5%)을 가장 낮게 응답했다. 이는 교회 교육이 성경, 교리 교육과 같이 지식 중심의 교육에는 효과가 있으나 봉사, 선교, 교제와 같은 실천적 교육과 가정 생활 및 일터 생활과 같은 생활 교육은 효과

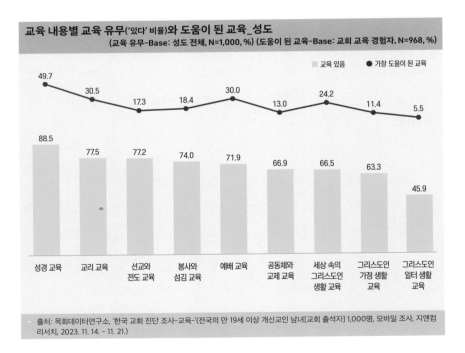

교육 내용별 교육 유무('있다' 비율)와 도움이 된 교육_성도
(교육 유무-Base: 성도 전체, N=1,000, %) (도움이 된 교육-Base: 교회 교육 경험자, N=968, %)

■ 교육 있음　　● 가장 도움이 된 교육

	성경 교육	교리 교육	선교와 전도 교육	봉사와 섬김 교육	예배 교육	공동체와 교제 교육	세상 속의 그리스도인 생활 교육	그리스도인 가정 생활 교육	그리스도인 일터 생활 교육
가장 도움이 된 교육	49.7	30.5	17.3	18.4	30.0	13.0	24.2	11.4	5.5
교육 있음	88.5	77.5	77.2	74.0	71.9	66.9	66.5	63.3	45.9

• 출처: 목회데이터연구소, '한국 교회 진단 조사-교육-'(전국의 만 19세 이상 개신교인 남녀[교회 출석자] 1,000명, 모바일 조사, 지앤컴리서치, 2023. 11. 14. - 11. 21.)

적으로 이루어지지 않거나 그 중요성이 제대로 전달되지 않고 있음을 보여 준다. 교회 교육은 하나님의 백성의 변화된 삶을 위한 의도적인 행위다. 교회가 시대와 사회 앞에 보다 신뢰할 만하며 선한 공적 공동체로서 세워지기 위해서는 봉사와 선교와 교제에 관한 교육의 중요성을 더욱 효과적으로 공유할 수 있는 계획이 필요하다.

3) 출석 교회 목사님의 설교, 성경과 교리를 배우는 핵심 통로!

성도들이 성경과 기독교 교리에 대하여 지식을 습득하는 경로 두 가지를 응답하게 했을 때 1위가 '출석 교회 목사님의 설교'(70.0%)였고, 그다음으로 '교회 내부 강의'(26.9%), '교회 소그룹 모임'(24.3%), '온라인/유튜브 영상'(23.9%), '책/서적'(23.1%)의 순으로 나왔다. 성경과 기독교 교리 지식을 '출석 교회 목사님의 설교'를 통해서 얻었을 때의 만족도가 84.1%로 가장 높았으며, '타 교회 목사님의 설교와 영상'을 통하는 것도 77.7%의 높은 만족도를 보였다. 이는 설교가 성도들에게 성경과 기독교 교리를 전하

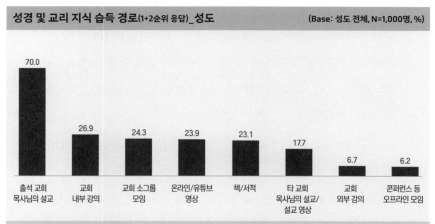

성경 및 교리 지식 습득 경로(1+2순위 응답)_성도   (Base: 성도 전체, N=1,000명, %)

출석 교회 목사님의 설교	교회 내부 강의	교회 소그룹 모임	온라인/유튜브 영상	책/서적	타 교회 목사님의 설교/설교 영상	교회 외부 강의	콘퍼런스 등 오프라인 모임
70.0	26.9	24.3	23.9	23.1	17.7	6.7	6.2

- 출처: 목회데이터연구소, '한국 교회 진단 조사-교육-'(전국의 만 19세 이상 개신교인 남녀[교회 출석자] 1,000명, 모바일 조사, 지앤컴리서치, 2023. 11. 14. - 11. 21.)

고 교육하는 매우 강력한 목회의 수단임을 나타낸다.

성경과 기독교 교리에 대한 배움의 경로로 '온라인'에 의존하는 비율이 높은 세대는 20대(19.7%)나 30대(17.8%)보다 40세 이상이 20%를 상회하는 비율로 20대와 30대보다 더 높은 것으로 나타났다. 특히 60세 이상도 26.3%가 '온라인'을 통해 성경과 기독교 교리 지식을 습득했다고 응답했다. 흔히 온라인을 젊은 세대의 전유물로 간주하는 경향이 있는데, 오히려 성경과 기독교 교리를 배울 때는 기성세대에게 더욱 친숙한 매개체다. 타 교회 목사님의 설교 영상을 통해서 영향을 받는다는 응답에서도 20대(16.1%)나 30대(15.1%)보다 60세 이상(21.0%)이 더 높은 것으로 나타났다. 여기서 두 가지 결론을 얻을 수 있는데, 첫째는, 교회 교육의 핵심인 성경과 기독교 교리를 학습하는 데 있어서 목회자의 설교가 가장 지대한 영향력을 발휘하고 있다는 점이다. 둘째는, 현장만이 아닌 온라인을 통한 설교와 영상 역시 연령과 관계없이 회중의 양육과 변화에 큰 영향을 주고 있다는 것이다.

4) 세상에서의 삶을 위한 교육: 높은 수요, 그러나 낮은 공급!

교회로부터 가장 받고 싶은 교육 두 가지를 질문했을 때 성도들은 1위로 '세상 속의 그리스도인 생활'(36.4%), 2위로 '성경'(34.8%), 3위로 '그리스도인 가정 생활'(22.3%), 4위로 '교리'(21.6%), 5위로 '그리스도인 일터 생활'(16.8%) 등을 선택했다. 이에 비해 목회자들은 필요한 교육 1위로 '세상 속의 그리스도인 생활'(56.6%), 2위로 '교리'(37.0%), 3위로 '성경'(33.4%), 4위로 '그리스도인 가정 생활'(17.9%), 5위로 '예배'(17.1%)라고 응답했다. 목회자와 성도 모두 '세상 속의 그리스도인 생활'을 가장 많이 선택했고, 성도들

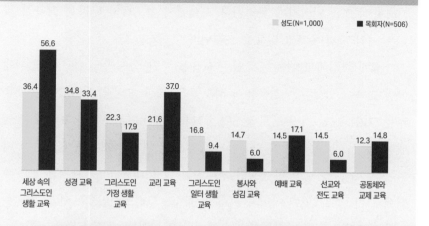

가장 받고 싶은 교육_성도 : 가장 필요한 교육_목회자(1+2순위 응답)　　　　　(Base: 전체, %)

■ 성도(N=1,000)　　■ 목회자(N=506)

세상 속의 그리스도인 생활 교육	성경 교육	그리스도인 가정 생활 교육	교리 교육	그리스도인 일터 생활 교육	봉사와 섬김 교육	예배 교육	선교와 전도 교육	공동체와 교제 교육
36.4 / 56.6	34.8 / 33.4	22.3 / 17.9	21.6 / 37.0	16.8 / 9.4	14.7 / 6.0	14.5 / 17.1	14.5 / 6.0	12.3 / 14.8

- 출처 : 목회데이터연구소, '한국 교회 진단 조사-교육-'(전국의 만 19세 이상 개신교인 남녀[교회 출석자] 1,000명, 모바일 조사, 지앤컴리서치, 2023. 11. 14. - 11. 21.)
- 출처 : 목회데이터연구소, '한국 교회 진단 조사-목회자(1차)-'(전국의 담임목사 506명, 온라인 조사, 지앤컴리서치, 2023. 12. 20. - 2024. 1. 2.)

은 '성경'을, 목회자들은 '교리'를 2위로 각각 선택했다. 성경에 대한 교육은 목회자들도 비슷한 비율로 3위로 꼽았다. 목회자들은 성도들에 비해 기독교 교리 교육을 좀 더 중요하게 보는 것으로 나타났다.

　　이 결과가 보여 주는 또 다른 흥미로운 점은, 성도들이 가장 받고 싶어 하는 교육 주제들은 전반적으로 고르게 분포되어 격차가 크지 않은 반면, 목회자들이 가장 필요하다고 생각하는 교육 주제들은 몇 개로 편중되어 격차가 크다는 점이다. 예를 들어, 성도들이 받고 싶어 하는 교육 주제들 가운데 10% 이하는 하나도 없으며, 가장 높은 응답률도 36.4%다. 하지만 목회자들이 필요하다는 주제들 가운데서는 10% 이하로 나온 것이 세 개('그리스도인 일터 생활', '봉사와 섬김', '선교와 전도')나 있고, 가장 높은 응답률은 '세상 속의 그리스도인 생활'로서 56.6%다. 이는 성도 가운데는 여러 분야의 다양한 교육을 받고 싶은 이들이 적지 않지만, 막상 목회자들은 그러한 수요를 인식하지 못하거나 교회에서 성도들의 다양한 교육적 필요를 채워 주지 못하고 있음을 드러낸다.

실제 교회에서 행해지고 있는 교육을 보면, 앞서 언급했던 설교 외에 어떤 교육이 있느냐는 질문에서 성도들은 '세상 속의 그리스도인 생활'을 7위, '그리스도인 가정 생활'을 8위, '그리스도인 일터 생활'을 10위로 응답했다. 즉 실천적인 영역의 교육이 상대적으로 미비한 것이다. 성도들이 바라는 것과 실제 교회 현장에서 행해지는 교육 내용에 큰 차이를 보였다. 최근 교회 내에서만이 아니라 교회 밖에서도 그리스도인으로서의 삶과 실천이 강조되고는 있으나 교회 교육의 현실은 이를 반영하지 못하고 있다.

5) 사회적 문제에 대한 낮은 인식

교회 안에서 사회 문제에 대한 교육이 시행되고 있는지에 대한 질문에 '사회적 정의에 대한 교육'(57.1%)을 제외하고는 '환경/생태 인식 교육'(47.8%), '저출산에 대한 교육'(42.9%), '젠더(성별)에 대한 교육'(38.1%) 모두 절반 이하의 교회만 교육을 시행하는 것으로 나타났다.

이러한 사회적 문제 교육에 대한 관심도에서 성도는 '사회적 정의'(60.1%), '환경/생태 인식'(56.5%), '저출산'(55.1%), '젠더'(37.4%) 순으로 관심이 있다고 응답했으며, 목회자는 '저출산'(63.8%), '사회적 정의'(60.0%), '젠더'(51.7%), '환경/생태 인식'(47.3%) 순으로 관심이 있다고 응답했다. 전체적으로 목회자와 성도 모두 사회 문제에 대한 관심도가 낮은 편이며, 그 가운데서도 목회자의 사회 인식 중에 '환경/생태' 부분(47.3%)이 가장 낮았다.

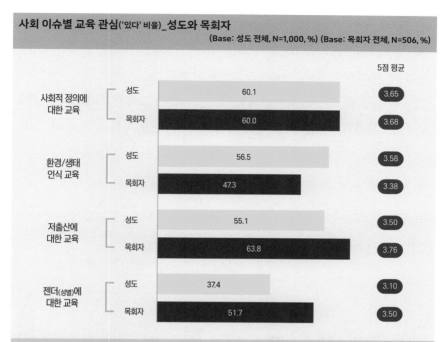

사회 이슈별 교육 관심('있다' 비율)_성도와 목회자

(Base: 성도 전체, N=1,000, %) (Base: 목회자 전체, N=506, %)

5점 평균

사회 이슈	구분	비율	5점 평균
사회적 정의에 대한 교육	성도	60.1	3.65
	목회자	60.0	3.68
환경/생태 인식 교육	성도	56.5	3.58
	목회자	47.3	3.38
저출산에 대한 교육	성도	55.1	3.50
	목회자	63.8	3.76
젠더(성별)에 대한 교육	성도	37.4	3.10
	목회자	51.7	3.50

- 출처: 목회데이터연구소, '한국 교회 진단 조사-교육-'(전국의 만 19세 이상 개신교인 남녀[교회 출석자] 1,000명, 모바일 조사, 지앤컴리서치, 2023. 11. 14. - 11. 21.)
- 출처: 목회데이터연구소, '한국 교회 진단 조사-목회자(1차)-'(전국의 담임목사 506명, 온라인 조사, 지앤컴리서치, 2023. 12. 20. - 2024. 1. 2.)

2. 교회학교는 잘 운영되는가?

교회 교육은 성도들의 연령 발달, 영적 단계, 삶의 정황을 고려한 양육과 목양을 실천해야 한다. 이를 위해 교회는 예배와 반 목회 그리고 교사 교육을 어떻게 실천하고 있는지 살펴보자.

1) 교회학교 성장을 위해 필요한 것: 성도와 목회자의 인식 공유

교회학교 성장을 위해 필요한 것이 무엇인지 두 가지를 응답하게 했을 때, 성도들은 '학교 생활에 도움이 되는 신앙적 말씀/교육'(26.6%)을 가장 많이 응답했고, 그다음으로 '목회자/교사의 멘토적 역할'(24.6%), '시대 흐름에 맞는 교육 방식'(24.0%), '마음을 나눌 수 있는 또래 친구들'(21.0%) 순으로 응답했다. 반면 목회자들은 같은 질문에 성도들이 10위로 응답했던 '부모 교육'(35.1%)을 가장 많이 응답했고, '학생과 목회자/교사 간의 친밀성'(28.4%), '마음을 나눌 수 있는 또래 친구들'(26.1%), '교회학교 내 소그룹 활동 및 모임'(25.5%) 순으로 응답했다.

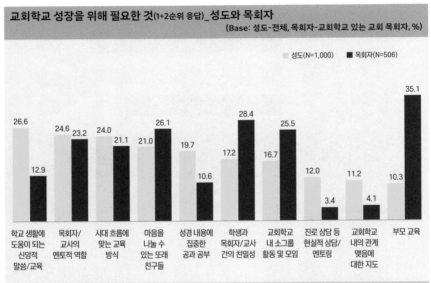

교회학교 성장을 위해 필요한 것(1+2순위 응답)_성도와 목회자
(Base: 성도-전체, 목회자-교회학교 있는 교회 목회자, %)

- 출처: 목회데이터연구소, '한국 교회 진단 조사-교육-'(전국의 만 19세 이상 개신교인 남녀[교회 출석자] 1,000명, 모바일 조사, 지앤컴리서치, 2023. 11. 14. - 11. 21.)
- 출처: 목회데이터연구소, '한국 교회 진단 조사-목회자(1차)-'(전국의 담임목사 506명, 온라인 조사, 지앤컴리서치, 2023. 12. 20. - 2024. 1. 2.)

여기서 성도와 목회자 간의 차이가 드러난다. 성도들은 자녀의 학교 생활과 시대 흐름에 맞는 교육 방식이 중요하다고 응답한 반면, 목회자는 부모 교육 및 학생과 목회자/교사 간의 친밀성 그리고 또래 친구들이 중요하다고 응답한 것이다. 이러한 응답 양상을 좀 더 자세히 들여다보면, 성도들은 교회 주도의 교육 프로그램을 중요하게 여기고, 목회자들은 가정과 관계를 좀 더 중시한다는 것을 알 수 있다. 성도들이 주로 선택한 항목은 '말씀 교육', '멘토 역할', '흐름에 맞는 교육 방식'인데, 이는 모두 교회에서 책임을 갖고 제공해야 할 교육 프로그램이라 할 수 있다. 반면 목회자들은 '부모', '친밀성', '또래 친구' 등을 선택했는데, 이는 비공식적인 관계 영역이라 할 수 있다. 이는 성도와 목회자가 서로에게 더 중요한 책임을 부여하는 것으로 볼 수도 있다. 그러나 성도들은 직접적인 교육의 중요성을 인식하고, 목회자들은 그러한 교육을 지원하는 배경으로서의 좋은 관계까지 중시한다고 볼 수 있다. 목회자에게 신앙을 지도해야 할 책임이 있는 것은 사실이지만, 성도들 또한 자녀를 위한 신앙 양육의 일차적 책임을 적극적으로 고민하기보다 교회에 맡기려는 소비주의적 태도를 보이는 것은 아닌지 성찰할 필요가 있다. 성도들이 요구하는 효과적인 교육 프로그램과 목회자가 중시하는 부모 교육 및 신앙 공동체 강화는 양자택일의 과제가 아니라, 더욱 나은 교회학교 성장을 위한 상호 보완적 관계로 수용하여 교육 현장에 적용되어야 할 것이다.

2) 중고등부 예배 및 활동에서 기대하는 것: 또래 친구들과의 교제와 찬양!

현재 교회학교에 나오는 청소년들에게 '중고등부 예배 및 활동에 무엇을 기대하는가'를 묻자 1위는 '친구/선후배와의 만남과 교제'(29.7%), 2위는 '찬양'(27.5%), 3위는 '설교'(14.1%) 순이었다. 이는 또래 친구들과 함께하는 경험이 청소년들의 교회 생활에서 매우 중요하며, 신앙 공동체 안에서 경험하는 찬양과 설교가 기대하는 신앙생활의 양상임을 알려 준다. 반면

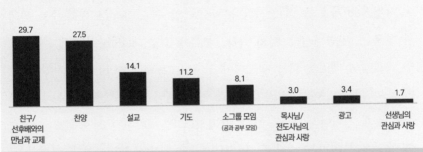

중고등부 예배 및 활동에 기대하는 것_중고등학생 (Base: 중고등부 예배드리는 학생, N=362, %)

친구/선후배와의 만남과 교제	찬양	설교	기도	소그룹 모임 (공과 공부 모임)	목사님/전도사님의 관심과 사랑	광고	선생님의 관심과 사랑
29.7	27.5	14.1	11.2	8.1	3.0	3.4	1.7

• 출처: 목회데이터연구소, '한국 교회 진단 조사-중고등학생-'(전국의 교회 출석 중고등학생, 500명, 모바일 조사, 지앤컴리서치, 2024. 1. 5. - 1. 11.)

에 청소년들이 '목회자와 선생님의 관심과 사랑'을 기대한다는 응답은 각각 3.0%와 1.7%여서 청소년들은 목회자 및 선생님과의 관계에 크게 비중을 두지 않는 것으로 나타났다. 이 시기는 관계, 만남 등의 정서적 경험을 통해 자신의 신앙 정체성을 찾으려는 때다. 교회에서 소속감을 통해 안정감을 느끼며 정체성을 찾아가는 청소년기에 중고등부 담당 교역자와 교사에게 거는 기대감이 낮다는 의미가 무엇인지를 고민할 필요가 있다.

3) 예배와 설교를 통한 기독 청소년의 정체성 확립과 실천은 여전히 부족!

중고등학생들은 설교를 통하여 신앙적 인식에서 어떤 변화가 있었는지에 대해 '성경과 교리를 더 잘 알게 되었다'(57.3%), '신앙이 성장한다고 느꼈다'(52.3%), '삶의 지침을 얻었다'(47.9%), '깊은 은혜를 경험했다'(45.1%), '이웃 섬김에 대한 결심을 하게 되었다'(44.8%), '사회 정의에 대한 관심이 커졌다'(38.2%), '환경 문제에 대한 관심이 커졌다'(33.3%)의 순으로 응답했다. 일곱 가지 항목 모두에서 응답자의 절반 혹은 그 이하만 인식이 변화

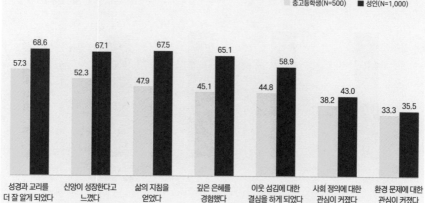

설교를 통한 인식의 변화_'그렇다'(매우+약간) 비율_중고등학생과 성인 성도 (Base: 전체, %)

중고등학생(N=500) ■ 성인(N=1,000)

항목	중고등학생	성인
성경과 교리를 더 잘 알게 되었다	57.3	68.6
신앙이 성장한다고 느꼈다	52.3	67.1
삶의 지침을 얻었다	47.9	67.5
깊은 은혜를 경험했다	45.1	65.1
이웃 섬김에 대한 결심을 하게 되었다	44.8	58.9
사회 정의에 대한 관심이 커졌다	38.2	43.0
환경 문제에 대한 관심이 커졌다	33.3	35.5

• 출처: 목회데이터연구소, '한국 교회 진단 조사-중고등학생-'(전국의 교회 출석 중고등학생, 500명, 모바일 조사, 지앤컴리서치, 2024. 1. 5. - 1. 11.)
• 출처: 목회데이터연구소, '한국 교회 진단 조사-예배-'(전국의 만 19세 이상 개신교인 남녀[교회 출석자] 1,000명, 온라인 조사, 지앤컴리서치, 2023. 11. 7. - 11. 15.)

되었다고 응답한 것이다. 이 일곱 가지 항목은 예배를 통하여 개인의 신앙적 정체성과 세상을 향한 기독교적 책임에 대한 인식이 어떻게 형성되었는지를 묻는 것이다. 같은 문항을 가지고 성인들을 대상으로 조사한 결과와 비교하면 중고등학생의 설교를 통한 긍정적 인식 변화 응답률은 전반적으로 10-20%가량 낮게 나온다. '깊은 은혜의 경험'이나 '삶의 지침을 얻었다'에서는 성인에 비해 현저히 낮은 응답률을 보였고, '사회 정의'와 '환경 문제'에 대한 관심의 증대에서는 성인과 별 차이가 없었다.

이번에는 예배를 통한 삶의 변화를 살펴보았다. '지난 삶에 대한 반성과 성찰'(78.1%)과 '변화된 삶에 대한 다짐'(76.0%) 그리고 '믿음과 삶의 태도 변화'(64.1%)에는 높은 비율로 긍정적인 답을 했지만, '예배의 깨달음을 생활에서 실천하고자 노력'에는 59.1%만이 '그렇다'고 응답했다. 성인

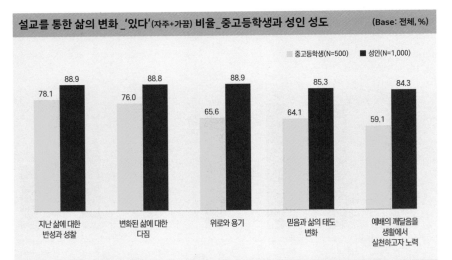

설교를 통한 삶의 변화 _'있다'(자주+가끔) 비율_중고등학생과 성인 성도 (Base: 전체, %)

중고등학생(N=500)　성인(N=1,000)

	지난 삶에 대한 반성과 성찰	변화된 삶에 대한 다짐	위로와 용기	믿음과 삶의 태도 변화	예배의 깨달음을 생활에서 실천하고자 노력
중고등학생	78.1	76.0	65.6	64.1	59.1
성인	88.9	88.8	88.9	85.3	84.3

• 출처: 목회데이터연구소, '한국 교회 진단 조사-중고등학생-'(전국의 교회 출석 중고등학생, 500명, 모바일 조사, 지앤컴리서치, 2024. 1. 5. - 1. 11.)
• 출처 : 목회데이터연구소, '한국 교회 진단 조사-예배-'(전국의 만 19세 이상 개신교인 남녀[교회 출석자] 1,000명, 온라인 조사, 지앤컴리서치, 2023. 11. 7. - 11. 15.)

과 비교했을 때도 주중 생활에서의 실천 노력이 가장 격차가 벌어지고 있었다. 예배와 설교를 통해 삶에 대한 성찰과 변화의 다짐은 하지만, 이를 실제로 실천하는 노력은 미흡한 것이다. 이러한 결과를 보면, 기독 청소년들에게 단순히 지식 주입을 통해서 삶의 변화가 일어나기를 기대하기보다는, 앞서 본 것처럼 신앙의 좋은 관계와 모범을 접함으로써 신앙의 성장을 꾀하도록 접근할 필요가 있다. 또한 앞선 사회 정의와 환경 문제에 대한 인식의 변화에서 중고등학생의 긍정 답변율이 다른 항목들과 달리 성인 성도보다 낮지 않다는 점은 신앙과 공적인 이슈들을 연결하는 노력이 필요함을 시사한다.

구체적으로 평소 일상에서 '친구 관계에서 양보한 적이 있다'에는 49.4%가, '더 성실하게 생활한다'에는 46.3%가, '소외된 이웃을 돕기 위한 실천을 한 적이 있다'에는 45.4%가, '하고 싶은 일을 자제한 적이 있다'에는 45.3%가, '주변 사람에게 화가 나도 참은 적이 있다'에는 45.1%가, '창조하신 자연을 돌보고 회복하는 것의 중요성을 인식하고 실천한 적이 있다'에는 43.0%가, '욕설을 하고 싶어도 참은 적이 있다'에는 42.7%가 '그렇다'고 응답했다. 실제 행동으로 들어가면 변화된 행동을 실천하는 비율이 절반이 되지 않는다.

그러나 예배를 통해 느끼는 변화된 삶을 향한 의식과 실제 삶에서 변화된 삶의 실천 사이에 격차가 있다고 해서 이들을 쉽게 판단하거나 질타하지 않도록 해야 한다. 중요한 사실은, 기독 청소년은 여전히 신앙 공동체 안에서 보호와 양육을 받아야 할 존재라는 것이다. 앞으로 계속 성장할 가능성을 지닌 이들이다. 의식과 실천의 차이는 교회에서 책임을 갖고 배려해야 할 교육적 과제다.

중고등학생들은 신앙에 대한 회의를 가졌던 경험이 있었는지에 대한 질문에 44.7%가 '그렇다', 55.3%가 '그렇지 않다'고 응답했다. 더 구체적으로 신앙적 고민과 갈등을 겪은 영역을 보면, '원수를 사랑하라, 재물을 탐하지 말라와 같은 성경 말씀이 옳지만 비현실적이라는 생각이 든다'에는 53.7%가, '하나님이 계신데 왜 이 세상에 악과 재난, 고통이 있는지 고민한 적이 있다'에는 53.4%가, '학교에서 배운 것이 기독교 신앙과 부딪혀 갈등을 겪은 적이 있다'에는 45.8%가, '학교에서 진화론을 배우면서 신앙에 의심이 든 적이 있다'에는 41.4%가 '그렇다'고 응답했다. 기독 청소년의 절반가량이 세상에서 기독교적 가치와 세계관을 지키며 살아가는 데 고민과 갈등을 겪고 있는 셈이다. 이 또한 기독 청소년의 의문과 갈등에 공감하며 친절히 대답하고 설명해 줄 교회의 과제다. 이들이 어리다고 해서

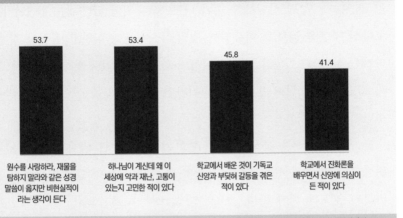

신앙적 고민과 갈등_'있다'(자주+가끔) 비율_중고등학생　　　　(Base: 중고등학생 전체, N=500, %)

53.7	53.4	45.8	41.4
원수를 사랑하라, 재물을 탐하지 말라와 같은 성경 말씀이 옳지만 비현실적이라는 생각이 든다	하나님이 계신데 왜 이 세상에 악과 재난, 고통이 있는지 고민한 적이 있다	학교에서 배운 것이 기독교 신앙과 부딪혀 갈등을 겪은 적이 있다	학교에서 진화론을 배우면서 신앙에 의심이 든 적이 있다

• 출처: 목회데이터연구소, '한국 교회 진단 조사-중고등학생-'(전국의 교회 출석 중고등학생, 500명, 모바일 조사, 지앤컴리서치, 2024. 1. 5. - 1. 11.)

아무 고민 없이 교회에 다니며 기독 청소년으로 살아가는 것이 아니다. 교회가 이들이 겪는 신앙 성장통을 이해하고 존중한다면, 고민과 갈등은 오히려 신앙 성장을 위한 기반이 될 수 있을 것이다.

4) 기독 청소년, 교회에 우선순위 두지 않는다!

'교회 친구들과 함께하는 것이 즐거운가'라는 질문에 기독 청소년의 54.9%만이 '예'라고 답했고, '교회 친구들로부터 신앙적 도움을 받는가'라는 질문에도 34.0%만이 '예'라고 응답했다. 중고등학생들에게 '비밀이나 속에 있는 말을 털어놓을 수 있는 친구가 학교와 교회 가운데 어디에 더 많은가'라는 질문에 '교회'(11.5%)보다 '학교'(65.6%)에 더 많다고 응답한 학생이 월등히 많았다.

중고등학생들의 주일 공과 공부 참여율은 65.7%로 나타났으며, 참여하지 않는 이유로는 '시간이 없어서/바빠서'(40.5%)를 가장 많이 응답했고,

그다음으로는 '마음이 생기지 않아서'(30.9%), '재미없어서'(10.7%), '신앙적 유익이 없어서'(6.7%) 순이었다. 중고등학생 중에 공과 공부가 즐겁다는 응답은 46.3%에 머물렀으며, 공과 공부가 즐겁다고 응답한 청소년들은 그 이유로 '좋은 친구가 있어서'(40.7%), '선생님이 좋아서'(23.6%), '신앙적 유익이 있어서'(19.9%), '재미있어서'(14.8%)의 순으로 응답했다.

교회학교의 어느 연령대보다 또래 친구들의 영향을 많이 받는 중고

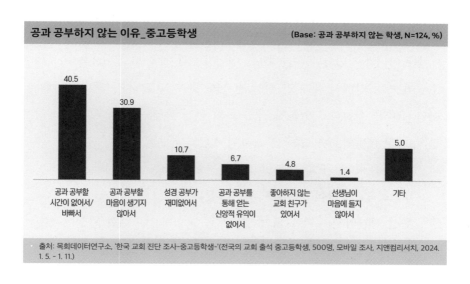

공과 공부하지 않는 이유_중고등학생 (Base: 공과 공부하지 않는 학생, N=124, %)

- 출처: 목회데이터연구소, '한국 교회 진단 조사-중고등학생-'(전국의 교회 출석 중고등학생, 500명, 모바일 조사, 지앤컴리서치, 2024. 1. 5. - 1. 11.)

등학생 가운데 적지 않은 아이들이 교회에 가거나 교회 친구들과 함께하는 것이 즐겁지 않다고 응답한 현실은 오늘날 청소년 사역에 경종을 준다. 청소년기는 자신이 속한 공동체에서 자아 정체성을 찾아가는 중요한 시기다. 그런데 기독 청소년들에게 교회와 교회에서 제공하는 신앙 공동체와 경험이 매력적이거나 긍정적이지 않다면, 그리스도인으로서의 정체성 확립에 암초가 될 수 있다. 교회학교가 어떻게 해야 교회에 나오는 청

소년들에게 그들을 이해하고 받아 주는 안전하고 환대하는 공동체의 경험을 제공할 수 있을지에 대한 연구는 한국 교회가 시급히 관심을 가져야 할 과제다.

3. 세대 간 신앙 전수가 잘 이루어지는가?

교회 교육은 부모 세대가 가정에서 세대 간 신앙 전수의 사명을 감당할 수 있도록 합당한 역량 교육을 실천해야 한다. 성경은 하나님의 말씀이 자녀들에게뿐 아니라 자녀의 후손들에게도 이어지게 할 것을 명한다(시 78:5-8). 성도들이 가정 안에서 세대 간 신앙 전수를 할 수 있도록 지속적이고 체계적인 교육을 실천하고 있는지 가정-교회 연계 사역, 부모와 자녀의 신앙 관계, 가정 예배와 부모 교육에 관하여 진단한다.

1) 교회학교에 관심 있는 성도, 절반에 불과!

우선 신앙의 전수가 잘되기 위해서는 교회학교에 대한 관심이 선행되어야 한다. 그러나 교회학교가 운영되는 교회의 성도들의 교회학교에 대한 관심도는 절반 수준(51.2%)에 머무른다. '교회학교를 위해 물질로 협력한다'에는 34.0%, '교회학교의 성장을 위한 아이디어를 생각해 본 적이 있다'에는 32.7%만이 동의하여 수치가 더 낮았다. 그런데 흥미롭게도 교회 규모별 응답 양상을 보면, 100명 미만의 교회 성도들은 59.0%가 교회학교에 대한 관심을 보인 반면, 1,000명 이상의 교회 성도들은 43.7%만이 관심을 보였다. '교회학교를 위해 물질로 협력한다'에도 100명 미만의 교회 성도들은 42.2%가 그렇다고 한 반면, 1,000명 이상의 교회 성도

교회학교에 대한 관심 정도_'그렇다' 비율(응답자 특성별)				(Base: 교회학교 있는 교회 성도, N=900, %)	
구분		사례 수 (명)	나는 교회학교에 대해 관심을 가지고 있다	나는 교회학교를 위해 물질로 협력한다	나는 교회학교의 성장을 위한 아이디어를 생각해 본 적이 있다
전체		(900)	51.2	34.0	32.7
출석 교회 규모	100명 미만	(165)	59.0	42.2	38.4
	100-499명	(317)	54.9	41.1	39.2
	500-999명	(123)	49.0	33.6	37.3
	1,000명 이상	(296)	43.7	21.9	20.7

출처: 목회데이터연구소, '한국 교회 진단 조사-교육-'(전국의 만 19세 이상 개신교인 남녀[교회 출석자] 1,000명, 모바일 조사, 지앤컴리서치, 2023. 11. 14. – 11. 21.)

들은 21.9%만이 그렇다고 응답했다. '교회학교의 성장을 위한 아이디어를 생각해 본 적이 있다'에서도 100명 미만의 교회 성도들은 38.4%가, 1,000명 이상의 교회 성도들은 20.7%가 동의하여 상당한 격차를 보였다. 이러한 차이는 교회학교를 운영하기에 어려운 작은 교회의 절실함을 반영하기도 하지만, 교회의 사역에 대한 관심과 노력에서 작은 교회의 교인들이 더욱 주체적이고 적극적이라는 점을 보여 준다는 면에서 주목할 만하다.

희망하는 교회학교 교육 방식으로 목회자들은 '가정-교회 연계 방식'을 91.7%, '교회학교 전담 방식'을 8.1%로 응답한 반면, 성도들은 '가정-교회 연계 방식'을 59.7%, '교회학교 전담 방식'을 39.3%로 응답했다. 교회학교 교육 방식에 대한 목회자와 부모들의 선호가 다른 이유는, 그동안 한국 교회가 가정-교회 연계 신앙 양육 방식보다는 교회학교 위탁형 신앙 양육 방식에 익숙한 다음 세대 교육을 해 왔기 때문이다. 우선, 믿음의 부모는 자녀의 신앙 양육을 교회의 사역자들에게 맡기는 것으로 책임

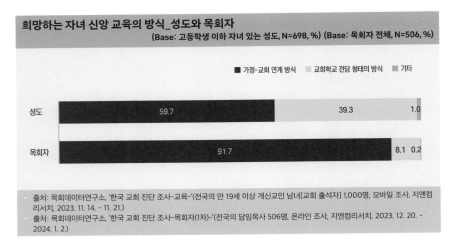

희망하는 자녀 신앙 교육의 방식_성도와 목회자
(Base: 고등학생 이하 자녀 있는 성도, N=698, %) (Base: 목회자 전체, N=506, %)

■ 가정-교회 연계 방식　■ 교회학교 전담 형태의 방식　■ 기타

	가정-교회 연계 방식	교회학교 전담 형태의 방식	기타
성도	59.7	39.3	1.0
목회자	91.7	8.1	0.2

- 출처: 목회데이터연구소, '한국 교회 진단 조사-교육-'(전국의 만 19세 이상 개신교인 남녀[교회 출석자] 1,000명, 모바일 조사, 지앤컴리서치, 2023. 11. 14. - 11. 21.)
- 출처: 목회데이터연구소, '한국 교회 진단 조사-목회자(1차)-'(전국의 담임목사 506명, 온라인 조사, 지앤컴리서치, 2023. 12. 20. - 2024. 1. 2.)

을 다했다는 의존적 태도를 지녔던 것은 아닌지 돌아볼 필요가 있다. 또한 교회에서는 부모가 자녀를 어떻게 신앙으로 양육해야 하며, 신앙 교사로서 부모의 역량을 개발할 수 있도록 충분한 지원을 제공했는지 점검해야 한다. 이는 교회와 가정이 서로 협력과 연대를 통해서 감당해야 할 과제다.

2) 자녀의 신앙에 가장 큰 영향을 주는 사람, 부모

중고등학생들은 자신의 신앙에 가장 큰 영향을 미치는 사람으로 '어머니'(30.2%)를 1위로 응답했고, 이어서 '지도 목사님/전도사님'(24.9%), '아버지'(14.2%), '교회 친구/선후배'(10.1%) 순으로 응답했다. 아버지의 비중이 낮은 것은 응답자 중에 어머니만 그리스도인인 경우가 많기 때문이기도 하지만, 부모 모두가 그리스도인이라 해도 '어머니'의 영향력(31.1%)이 '아버지'(19.6%)보다 훨씬 컸다. 따라서 신앙 양육에서 아버지의 역할을 제고할 수 있다면 영향력은 더욱 증대될 것이다. 부모가 모두 비그리스도인인 경우는 '지도 목사님/전도사님'(37.6%), '교회학교 선생님'(23.5%) 그리고 '교

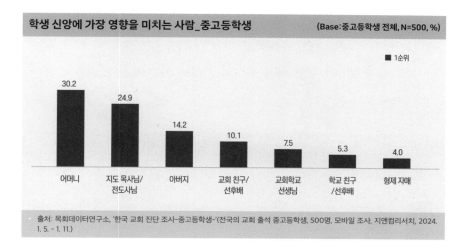

학생 신앙에 가장 영향을 미치는 사람_중고등학생 (Base:중고등학생 전체, N=500, %)

■ 1순위

- 어머니 30.2
- 지도 목사님/전도사님 24.9
- 아버지 14.2
- 교회 친구/선후배 10.1
- 교회학교 선생님 7.5
- 학교 친구/선후배 5.3
- 형제 자매 4.0

• 출처: 목회데이터연구소, '한국 교회 진단 조사-중고등학생-'(전국의 교회 출석 중고등학생, 500명, 모바일 조사, 지앤컴리서치, 2024. 1. 5. - 1. 11.)

회 친구/선후배'(13.2%) 등 관계와 교회 공동체의 영향력이 74.3%였다.

이 응답은 중고등부 학생들의 신앙 지도에 있어서 부모의 영향력이 절대적임을 나타내는 동시에, 믿음의 친구와 신앙 공동체가 매우 강력한 신앙 형성의 요인이 됨을 보여 준다. 이를 고려할 때 한국 교회의 청소년 사역이 정체 혹은 축소되는 데에는 현재 교회학교 중고등부 사역 안에 교사와 부모와의 연계, 혹은 믿음의 친구들과 신앙을 함께 나누고 경험하는 신앙 공동체 사역이 충분히 제공되지 못하기 때문이라는 추론이 가능하다.

3) 부모와 자녀와의 대화, 신앙 주제는 단 5.3%

고등학생 이하의 자녀를 가진 학부모들은 자녀와의 대화 주제에 대한 질문에 '자녀의 취미 생활'(34.1%), '친구 문제'(28.8%), '성적/진로 문제'(16.3%), '부모와의 관계'(6.6%), '성경에 대한 주제'(2.4%) 순으로 응답했다. 그 밖에 신앙에 관한 주제는 '신앙 상담'(1.5%), '교회에 관한 주제'(1.4%)

였다. 신앙을 가지고 있는 부모와 자녀의 대화지만, 실제로 일상의 대화에서 신앙적 주제를 가지고 대화를 나누는 비율은 5.3%밖에 되지 않는다. 교회의 중직자인 부모 역시 자녀와의 대화 가운데 신앙 관련 주제는 11.2%밖에 되지 않았다.

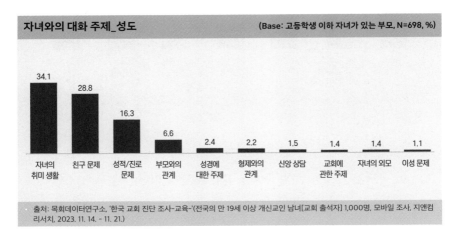

자녀와의 대화 주제_성도 (Base: 고등학생 이하 자녀가 있는 부모, N=698, %)

자녀의 취미 생활	친구 문제	성적/진로 문제	부모와의 관계	성경에 대한 주제	형제와의 관계	신앙 상담	교회에 관한 주제	자녀의 외모	이성 문제
34.1	28.8	16.3	6.6	2.4	2.2	1.5	1.4	1.4	1.1

- 출처: 목회데이터연구소, '한국 교회 진단 조사-교육-'(전국의 만 19세 이상 개신교인 남녀[교회 출석자] 1,000명, 모바일 조사, 지앤컴리서치, 2023. 11. 14. - 11. 21.)

또한 믿음의 부모가 자녀에게 신앙 활동(성경 읽기, 기도하기)을 보이는 편인지에 대한 질문에 60.9%는 '예'라고, 39.1%는 '아니오'라고 응답했다. 아니오 가운데 '전혀 아니오'라고 응답한 성도도 16.5%나 되었으며, 신앙 연수가 11-20년에 해당하는 성도(15.1%)와 20년 이상에 해당하는 성도(17.5%), 즉 신앙 연수가 긴 부모들에게서도 '전혀 아니오'라는 응답이 적지 않게 나왔다.

이렇듯 대표적인 신앙의 가정인 중직자 집안에서조차 부모와 자녀 사이에 신앙에 관한 대화가 부족하다는 것은 매우 불편한 현실이다. 믿음의 부모가 자녀의 신앙 교육을 맡는 것은 성경이 너무도 명확하게 가르치는 사실(신 6:6-9)임에도 불구하고, 실제로 믿음의 가정에서 부모와 자녀의 신앙 대화는 활발하지 못한 것이다. 최근 가정에서의 신앙 교육에 대한 여러 연구를 보아도, 믿음의 부모가 자녀의 신앙 교육에 관여하는 경우가 매우 적은 것으로 나타나고 있다.[3] 교회가 믿음의 부모들에게 가정의 신앙 교사로서의 정체성을 알려 주고, 이를 수행할 수 있도록 다양한 역량을 길러 주기 위한 교육을 실천해야 함은 너무나 중요한 교회 교육의 과제가 된다. 자녀와의 대화는 주로 식사 시간(46.6%), 잠자기 전(21.8%), 간식 시간(16.2%)에 하는 것으로 나타났다. 따라서 학부모와 자녀들의 평소 대화 시간을 의도적인 신앙 양육의 기회로 삼는 것도 효과적인 신앙 양육의 기회를 확보하는 방법이 될 수 있다.

4) 자녀 신앙 양육의 어려운 점, 시간이 없고 방법을 몰라서!

부모들은 자녀를 신앙으로 양육할 때 가장 어려운 점으로 '각자 시간이 없어서'(26.4%), '신앙 교육 방법을 몰라서'(16.4%), '부모인 내가 신앙이 확고하지 않아서'(15.5%), '자녀의 학업/일이 우선이어서'(13.5%) 순으로 응답했다. '신앙 교육 방법을 몰라서'라고 응답한 부모들을 직분별로 보면 중직자가 14.1%, 서리집사가 17.5%, 직분 없는 성도가 15.8%로 응답했다. 자녀 신앙 양육 방법을 모르는 것은 교회의 직분과 상관없이 공통으로 나타나는 어려움이라 할 수 있다. 주목할 만한 점은, '자녀의 학업/일이 우선이어서'라고 답한 부모 가운데 중직자는 20.6%, 서리집사는 12.4%, 직분 없는 성도는 12.7%로서, 중직자가 가장 높은 응답률을 보이고 있다는 것이다.

이렇듯 부모 자신이 자녀를 신앙으로 교육하는 방법을 모르고 있으며, 신앙적인 우선순위가 선명하지 않고, 가정 신앙 교사로서의 역량도 부족하다. 신앙 양육의 본을 보여야 할 교회의 중직자인 부모들도 별반 다르지 않다. 부모에게 신앙 교육의 가치를 인식시키고 그 역량을 개발하도록 도와주는 사역이 그동안 교회에서 중요하고 선명하게 제공되지 않았기 때문이다. 이렇게 발견된 문제들을 교회에서 진지하게 고려하여 부모 교육을 위한 사역에 반영한다면, 가정에서의 신앙 교육과 부모를 통한 세대 간의 신앙 전수가 보다 효율적이고 지속적으로 일어날 수 있을 것이다.

5) 기독 청소년, 63.5%만 어른이 된 후에도 교회 출석할 의향이 있음!

중고등학생들에게 '어른이 된 후에도 교회에 출석할 의향이 있는가'를 물었을 때 '계속 다닐 것 같다'는 응답이 63.5%였고, '그만 다닐 것 같다'는 응답이 15.8%였다. '그만 다닐 것 같다'고 응답한 청소년들에게 그 이유를 물었더니 1위가 '종교의 필요성을 못 느껴서'(58.2%)였고, '기독교가 내게 의미를 주지 못해서'(25.8%), '그리스도인들에게 실망이 커서'(3.5%), '교회와 목회자에게 실망이 커서'(2.3%)라는 응답이 이어졌다. 이는 현재 기독 청소년들에게 신앙이 그들의 삶에 큰 필요와 의미를 주지 못하고 있음을 보여 준다.

주목할 만한 것은, 자신이 어른이 되었을 때 교회를 '그만 다닐 것 같다'고 응답한 학생들을 부모의 종교별로 보았을 때, 부모가 모두 그리스도인인 경우(15.1%)와 부모가 모두 비그리스도인인 경우(17.8%)의 청소년 사이에 큰 차이가 나지 않고 있다는 것이다. 부모가 그리스도인임에도 불구하고 자녀가 신앙의 지속에 회의를 품는 비율이 부모가 그리스도인이 아닌 집안의 청소년과 유사한 것은 부모의 신앙적 영향력이 긍정적으로 작

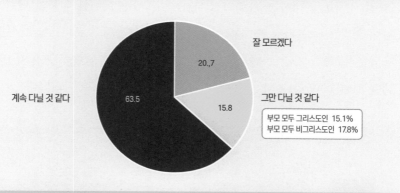

잘 모르겠다

20..7

계속 다닐 것 같다

63.5

그만 다닐 것 같다

15.8

부모 모두 그리스도인 15.1%
부모 모두 비그리스도인 17.8%

출처: 목회데이터연구소, '한국 교회 진단 조사-중고등학생-'(전국의 교회 출석 중고등학생, 500명, 모바일 조사, 지앤컴리서치, 2024.
1. 5. - 1. 11.)

용하지 않는 경우도 상당하다는 의미다. 앞서 살펴봤듯이, 부모의 신앙적
영향력은 크다. 그러나 그 영향력이 부정적으로 작용해서 청소년 자녀의
신앙 지속에 도움이 되지 않는 경우도 있다는 점은 우리에게 경종을 울
린다.

6) 가정 예배에 대한 목회자의 인식

목회자들은 '가정 예배가 성도들의 신앙에 어느 정도 영향을 미친다
고 생각하는가'에 대한 질문에 94.8%가 '영향을 미친다'고 응답했으며, 심
지어 그 가운데 58.3%는 '매우 영향을 준다'고 응답했다. 그런데 가정 예
배를 강조한다는 목회자는 49.2% 밖에 되지 않았다. 가정 예배의 중요성
에 대하여 매우 동의하지만, 실제로 교회에서 가정 예배를 그만큼 강조하
지 않는 모순된 상황이 벌어지고 있다. 성도들은 가정 예배를 드리지 않
는 이유로 '가족끼리 모여 예배드릴 시간이 없다'(39.8%)를 가장 많이 응

답했고, 그다음으로 '가정 예배를 드려야 한다고 생각하지 못했다'(23.2%), '가정 예배를 반대하는 가족이 있다'(17.2%), '가정 예배를 인도할 만한 사람이 없다'(8.5%), '가정 예배를 어떻게 드려야 하는지 모른다'(5.1%) 순으로 응답했다. 특히 가장 큰 이유인 '시간이 없다'라고 응답한 성도들의 연령대를 보면 20대(49.1%)와 30대(48.0%)가 가장 높은 것으로 나타났다.

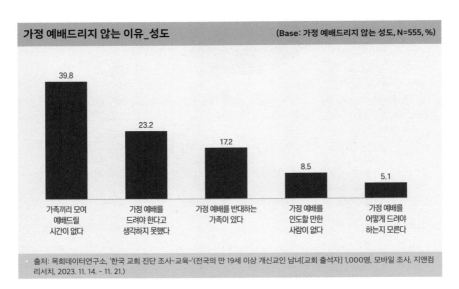

가정 예배드리지 않는 이유_성도 (Base: 가정 예배드리지 않는 성도, N=555, %)

- 39.8 — 가족끼리 모여 예배드릴 시간이 없다
- 23.2 — 가정 예배를 드려야 한다고 생각하지 못했다
- 17.2 — 가정 예배를 반대하는 가족이 있다
- 8.5 — 가정 예배를 인도할 만한 사람이 없다
- 5.1 — 가정 예배를 어떻게 드려야 하는지 모른다

• 출처: 목회데이터연구소, '한국 교회 진단 조사-교육-'(전국의 만 19세 이상 개신교인 남녀[교회 출석자] 1,000명, 모바일 조사, 지앤컴리서치, 2023. 11. 14. - 11. 21.)

가정 예배는 시간이 있을 때가 아니라 시간을 내서 해야 하는 하나님을 믿는 가정의 마땅한 도리다. 따라서 성도들의 가정 예배에 대한 성경적 인식 전환이 우선적으로 요구된다.[4] 교회는 성도들에게 가정 예배를 의무적으로 드리도록 권면하는 수준을 넘어서, 실제로 가족이 모일 수 있는 시간이 부족하고 성도들이 가정 예배를 드리는 방법을 잘 모르는 현실을 고려해 더욱 친절한 가이드를 제공해야 한다. 가정 예배의 성경적, 신학적, 예전적 의미를 이해시키고, 가족과 함께 드리는 예배 순서

와 구체적인 인도 방법을 가르치는 교육을 실시할 필요가 있다.[5]

7) 자녀 신앙 양육을 위한 교육, 87.3%의 부모가 참여할 의사 있어!

자녀를 위한 신앙 양육의 일차적 과제는 부모에게 있다. 자녀 신앙 양육 방법에 대하여 어느 정도 알고 있는지에 대한 질문에 부모 중 43.5%만이 '알고 있다'고 응답했으며, 56.5%는 '모른다'고 응답했다. 교회 내 부모 교육의 필요성에 대하여 묻는 질문에 성도(91.0%)와 목회자(98.5%) 모두 '필요하다'고 응답한 비율이 90%를 넘는다. 반면, 실제로 교회 안에서 부모 교육을 하고 있는가에 대한 질문에 목회자는 26.9%만 '하고 있다'고 응답했다. 교회 규모로 볼 때 출석 성도 30명 미만 교회는 14.3%, 30-99명은 25.9%, 100-499명은 31.2%, 500명 이상 교회는 62.5%가 실시하고 있는 것으로 나타났다. 부모 교육을 시행하는 교회의 성도 가운데 63.0%는 교육받은 경험이 있다고 응답했다. 향후 부모 교육을 시행할 의향이 있는 교회는 37.1% 정도였다. 주목할 만한 것은, 교회에서 부모 교육을 하면 참여할 의사가 있느냐는 질문에 성도 대부분(87.3%)이 참여할 의사가 있다고 응답했다는 점이다.

그동안 많은 교회가 교사 교육을 통해 교사의 부르심과 더불어 필요한 역량에 관한 교육들을 했으나, 가정의 신앙 교사로서 부모와 조부모에 관한 교육은 상대적으로 많이 부족했다. 다음 세대 신앙 전수가 위기를 겪는 현실에서 세대 간 신앙 전수의 사명이 중요해지고 있다. 이제 교회에서는 부모 교육뿐 아니라 조부모 교육까지 포함하는 체계적이고 장기적인 목양이 제공되어야 할 필요가 있다.

8) 부모 교육에서 우선적으로 다루어야 할 주제, 부모의 역할과 대화법!

부모 교육에서 우선적으로 다루어야 할 주제 두 가지를 묻는 질문에 성도는 '자녀와의 대화법'(43.5%), '부모 역할 교육'(35.6%), '자녀와 함께하는 신앙 프로그램'(32.3%), '자녀를 위한 기도'(32.2%) 순으로 응답했다. 같은 질문에 목회자는 1위로 '부모 역할 교육'(59.5%)을 응답했고, 2위는 부모 응답 3위인 '자녀와 함께하는 신앙 프로그램'(43.2%)이었으며, 3위는 부모 응답 1위인 '자녀와의 대화법'(37.0%)을 응답해서 부모들이 선택한 답과 달랐다.

이를 통해 성도와 목회자는 공통적으로 자녀와의 대화법이나 자녀와 함께하는 신앙 프로그램과 같이 실제로 적용할 수 있는 내용을 원하는 것으로 나타났다. 연령대별로 보면 30대(43.1%)는 '부모 역할 교육'을 우

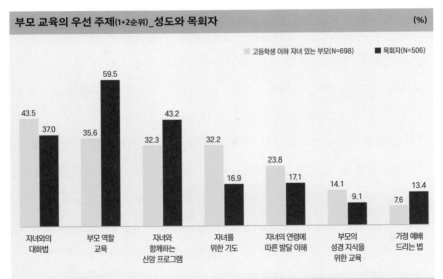

부모 교육의 우선 주제(1+2순위)_성도와 목회자 (%)

■ 고등학생 이하 자녀 있는 부모(N=698)   ■ 목회자(N=506)

	자녀와의 대화법	부모 역할 교육	자녀와 함께하는 신앙 프로그램	자녀를 위한 기도	자녀의 연령에 따른 발달 이해	부모의 성경 지식을 위한 교육	가정 예배 드리는 법
성도	43.5	35.6	32.3	32.2	23.8	14.1	7.6
목회자	37.0	59.5	43.2	16.9	17.1	9.1	13.4

- 출처: 목회데이터연구소, '한국 교회 진단 조사-교육-'(전국의 만 19세 이상 개신교인 남녀[교회 출석자] 1,000명, 모바일 조사, 지앤컴리서치, 2023. 11. 14. - 11. 21.)
- 출처: 목회데이터연구소, '한국 교회 진단 조사-목회자(1차)-'(전국의 담임목사 506명, 온라인 조사, 지앤컴리서치, 2023. 12. 20. - 2024. 1. 2.)

선으로 꼽았고, 40대(43.4%)와 50대(56.4%)와 60세 이상(61.9%)은 '자녀와의 대화법'을 우선적 과제로 꼽았다. 교회에서 부모 교육을 계획할 때 이와 같은 대상별, 연령대별로 차별화된 주제를 적용한다면 효율적이고 실질적으로 도움을 주는 교육이 될 것이다.

4. 우리의 신앙은 전 생애를 통해 성장하고 있는가?

교회는 성도들이 아동기로부터 노년기에 이르기까지(시 71:17-18) 범사에 그리스도 안에서 성장하도록(엡 4:15) 생애 주기와 연계된 신앙 교육을 실천해야 한다. 생애 주기(life cycle)란 한 사람이 출생에서부터 사망에 이를 때까지 개인적으로나 사회적으로 겪는 중요한 변화를 기준으로 단계를 구분하는 것이다. 본 조사에서는 아동기, 청소년기, 사회 초년기, 중장년기, 노년기의 단계로 생애 주기를 구분했다. 우리의 교회 교육이 이러한 생애 주기에 따라 육체적, 심리적, 영적 발달 단계에 적합한 교육 주제와 방법을 제공하는지 살펴본다.

1) 교회의 생애 주기별 교육, 전체적으로 절반 미만이 교육 제공!

교회에서 각 생애 주기의 특성에 맞는 교육을 제공하는지 묻는 질문에 목회자들은 '아동기 교육'을 47.2%, '청소년기 교육'을 50.4%, '사회 초년기 교육'을 40.3%, '중장년기 교육'을 51.8%, '노년기 교육'을 43.0%라고 응답했다. 이는 생애 주기별 교육이 전체적으로 교회의 절반 혹은 절반 미만이 제공하는 부족한 상황임을 보여 준다. 또한 성도 중에는 생애 주기별 교육이 있는지 모르겠다는 응답도 각 생애 주기별로 20-30%에 이른다. 목회자들의 응답을 보면 교회의 규모에 따른 생애 주기별 교육을 제공하는 비율이 확연히 달라진다. 각 생애 주기별 교육을 하는 교회의 비율이 30명 미만의 교회일 경우 적게는 28.6%(사회 초년기 교육)에서부터 많아야 55.1%(중장년기 교육) 수준이었다. 그러나 500명 이상의 교회에서는 적게는 67.5%(중장년기 교육)에서 많게는 95.0%(청소년기 교육)에 이르기까지 각 인생 주기에 따른 교육이 달리 제공되었다.

교회 규모에 따른 생애 주기별 교육을 실시하는 비율이 차이를 빚는 배경에는 교회의 규모가 클수록 교육을 실행하는 데 필요한 인적, 공간적, 재정적, 사역적 자원을 갖출 수 있는 능력이 더 크기 때문일 것이다. 교회별로 여건이 상이할 수 있으니, 생애 주기별로 요청되는 성경적 사명과 제자도에 관한 교육과 실천에 필요한 커리큘럼을 교회가 교단, 신학교, 연구소와 함께 연대하여 연구하고 개발하는 것도 필요할 것이다.

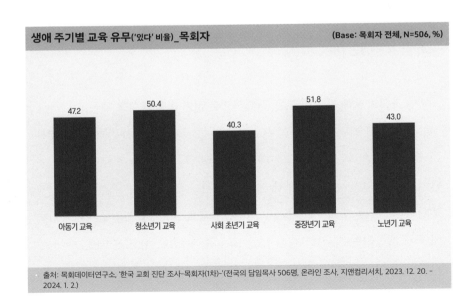

생애 주기별 교육 유무('있다' 비율)_목회자   (Base: 목회자 전체, N=506, %)

아동기 교육	청소년기 교육	사회 초년기 교육	중장년기 교육	노년기 교육
47.2	50.4	40.3	51.8	43.0

- 출처: 목회데이터연구소, '한국 교회 진단 조사-목회자(1차)-'(전국의 담임목사 506명, 온라인 조사, 지앤컴리서치, 2023. 12. 20. – 2024. 1. 2.)

2) 생애 주기별 사명과 실천, 성도들은 계속 배우며 성장하고자 함!

생애 주기별 교육이 제공되는 교회의 성도들에게 어떤 교육에 참여해 보았는지를 물었을 때 '중장년기'(62.9%), '사회 초년기'(54.3%), '청소년기'(53.0%), '아동기'(51.9%), '노년기'(48.0%)의 순으로 응답했다. 중장년기와 사회 초년기에 해당하는 성도들이 자신의 생애 주기적 사명과 교육에 대한 높은 응답성을 보였다. 교회의 규모에 따른 생애 주기별 참여율은 아동기부터 노년기까지 모든 인생 주기에서 유의미한 차이는 거의 없는 것으로 나타났다. 이는 교회의 규모와 상관없이 성도들은 자신의 생애 주기별 사명과 실천에 대해 더욱 알아 가고, 성장하고자 하는 바람이 있는 것으로 해석이 된다.

3) 생애 주기별 교육의 방식, 강의형과 대화형

생애 주기별 교육을 받은 성도들이 경험한 교육 방식은 강의형과 대화 및 토론형이 혼재되었다. '아동기 교육'에서는 강의형이 85.6%, 대화 및 토론형이 14.4%로 강의형이 압도적으로 높았다. '청소년기 교육'에서는 강의형이 76.5%, 대화 및 토론형이 23.5%였다. '사회 초년기 교육'에서는 강의형이 70.1%, 대화 및 토론형이 29.9%, '중장년기 교육'에서는 강의형이 73.2%, 대화 및 토론형이 26.8% 그리고 '노년기 교육'에서는 강의형이 68.9%, 대화 및 토론형이 31.1%로 이루어졌다. 전체적으로도 강의형이 높은 비율을 차지하지만, 아동기로 갈수록 지식 전달 위주의 강의형이 압도적이며, 노년기로 갈수록 대화 및 토론형의 비중이 늘어난다. 이는 아동기와 청소년기 교육에서는 새로운 지식의 학습 요소가 크기 때문일 것이다.

교육 방식은 내용과 상황에 따라 적합한 방식이 달라질 수 있다. 그

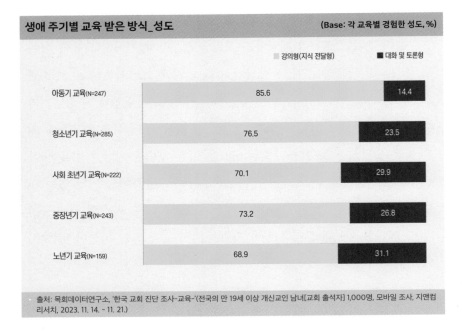

생애 주기별 교육 받은 방식_성도   (Base: 각 교육별 경험한 성도, %)

	강의형(지식 전달형)	대화 및 토론형
아동기 교육(N=247)	85.6	14.4
청소년기 교육(N=285)	76.5	23.5
사회 초년기 교육(N=222)	70.1	29.9
중장년기 교육(N=243)	73.2	26.8
노년기 교육(N=159)	68.9	31.1

• 출처: 목회데이터연구소, '한국 교회 진단 조사-교육-'(전국의 만 19세 이상 개신교인 남녀[교회 출석자] 1,000명, 모바일 조사, 지앤컴리서치, 2023. 11. 14. - 11. 21.)

러나 생애 주기별 교육은 연령대에 따른 특별한 상황을 이해하고 개인적으로 진단하며, 상응하는 신앙의 과제를 적용하는 과정이 필요할 것이다. 그렇다면 지식 전달 일변도의 강의형 방식은 개인적 적용과 변화를 도모하는 데 한계를 지닐 수 있다. 앞서 언급했듯이, 중고등학생도 교회에서 관계와 만남을 중시하는 결과가 나왔다. 따라서 토론 및 대화형 방식을 좀 더 절충하는 방안을 고려해야 할 것이다.

4) 생애 주기별 교육 과정, 청소년기와 아동기도 중요하지만 다른 인생 주기도 중요함!

성도들은 가장 필요한 인생 단계별 교육 두 가지를 묻는 질문에 '청소년기'(75.6%), '아동기'(43.9%), '사회 초년기'(35.9%), '중장년기'(24.3%), '노년기'(20.3%)라고 응답했고, 동일한 질문에 목회자들은 '청소년기'(60.1%), '아동기'(50.5%), '중장년기'(33.2%), '노년기'(31.8%), '사회 초년기'(24.3%) 순으로 응답했다.

이는 성도와 목회자가 공통으로 청소년기와 아동기를 생애 주기별 교육 과정이 가장 필요한 시기로 보았음을 나타내고 있다. 이와 동시에 주목할 만한 것은, 성도들은 사회 초년기를 청소년기와 아동기 이후에 교육이 가장 우선적으로 필요한 시기로 응답한 반면, 목회자들은 전체 인생 주기 중에서 가장 낮은 순위로 응답했다는 것이다. 즉, 성도들은 사회 초년기를 청소년기와 아동기와 함께 우선적으로 요청되는 인생 주기별 교육의 시기라고 보고 있으나, 목회자들은 사회 초년기보다 중장년기와 노년기를 더욱 우선적으로 보고 있음을 나타낸다. 이는 교회 교육이 제공해야 할 생애 주기별 교육에 있어서 청소년기와 아동기도 중요하지만 다른

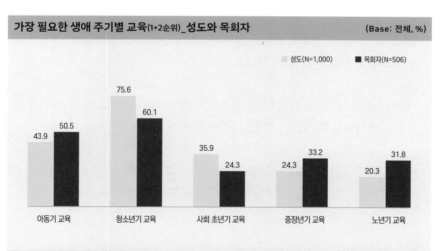

가장 필요한 생애 주기별 교육(1+2순위)_성도와 목회자   (Base: 전체, %)

성도(N=1,000)　■ 목회자(N=506)

	아동기 교육	청소년기 교육	사회 초년기 교육	중장년기 교육	노년기 교육
성도	43.9	75.6	35.9	24.3	20.3
목회자	50.5	60.1	24.3	33.2	31.8

- 출처 : 목회데이터연구소, '한국 교회 진단 조사-교육-'(전국의 만 19세 이상 개신교인 남녀[교회 출석자] 1,000명, 모바일 조사, 지앤컴리서치, 2023. 11. 14. ~ 11. 21.)
- 출처 : 목회데이터연구소, '한국 교회 진단 조사-목회자(1차)-'(전국의 담임목사 506명, 온라인 조사, 지앤컴리서치, 2023. 12. 20. ~ 2024. 1. 2.)

인생 주기도 여전히 중요함을 나타내며, 한국 교회가 갱신해야 할 중요한 과제 안에 전 생애 주기를 위한 교육 과정도 포함되어야 함을 의미한다.

III. 10대 핵심 발견

1. 교회의 사명과 비전이 성도들과 선명히 공유되지 않고 있다. 심지어 성도의 절반에 가까운 수가 교회의 사명과 비전을 인지하지 못한다.

2. 성도들은 세상에서 제자로 살아가는 데 도움을 받기 원한다. 그러나 교회 교육의 현실은 이러한 높은 요청에 미치지 못한다.

3. 청소년들은 교회에서 설교나 지식보다는 친구/선후배 만남과 찬양이라는 관계적, 정서적 경험을 더욱 기대한다.

4. 중고등부 예배와 설교를 통해 청소년들이 그리스도인으로서의 정체성을 확립하고 일상에서 말씀을 실천하며 살기에는 부족하다.

5. 청소년들의 교회에 대한 소속감은 학교보다 낮고, 교회 생활의 행복감에서도 적신호가 켜졌다고 볼 수 있다.

6. 성도들은 자녀의 신앙 교육에서 교회에 더욱 의존하려는 성향을 보인다. 자녀를 교회에 보내는 부모 중 교회학교에 관심을 갖는 이는 절반에 불과하다.

7. 목회자들은 신앙 교육에서 가정-교회 연계 방식을 압도적으로 선호(91.7%)하는 반면, 부모는 교회학교 전담 방식을 목회자들에 비해 상

대적으로 더욱 선호한다(39.3% vs. 8.1%).

8. 신앙 교육에 있어서 자녀의 신앙 형성에 가장 큰 영향을 미치는 사람은 부모다. 또한 교회에서 자녀 신앙 양육을 위한 부모 교육을 제공할 경우 대부분의 학부모가 참여할 의사가 있다고 한다.

9. 믿음이 있는 가정의 부모와 자녀 간 대화에서 신앙적 주제를 다루는 비율은 극히 낮다(5.3%).

10. 성도들은 생애 주기에 따라 실제적인 신앙 교육을 받고 싶어 한다. 하지만 많은 교회가 생애 주기에 따른 지속적, 실제적, 체계적 교육을 제공하지 못한다.

IV. 시사점:
세상의 변혁을 위한 교회 교육으로 전환하라!

필자는 교회 교육을 하나님의 창조와 구원, 성화와 영화의 역사하심에 응답하여 하나님의 백성이 그들의 모든 삶에서 예수 그리스도의 복음 전파와 하나님 나라 구현에 전인적이고 변혁적으로 참여할 수 있도록 의도적으로 돕는 신앙 공동체적 과정으로 정의했다. 즉 교회 교육은 성경과 교리에 관한 지식 증진 자체가 아니라, 그러한 배움을 통해서 성도들이 하나님 나라의 변혁적 삶에 참여하게 하는 것을 목적으로 한다. 따라서 교회 교육에 대한 평가는 이러한 목적에 얼마나 충실한지에 따라 이루어져야 한다. 이를 위해 교회는 각자가 처한 상황과 역사 속에서 하나님이 주신 비전과 사명을 정립하여 성도들과 명료하게 공유하며, 교회의 다른 사역들이 일관성을 갖고 이루어질 수 있도록 교육 체계를 갖추어야 한다.

이번 조사에서 드러난 한국 교회의 교육이 안고 있는 가장 화급한 과제는 삶의 변화를 위한 실천적 교육이 되지 못한다는 것이라 할 수 있다. 목회자와 성도 모두가 좋은 그리스도인은 일상에서 하나님의 뜻과 그분의 나라를 실천하는 사람이라고 한다. 또한 교회 교육에서 가장 중요한 주제는 세상에서 그리스도의 제자로 살아가는 법이라는 데 동의한다. 하지만 교회 교육의 실상은 성도들로 하여금 사회 속에서 그리스도의 제자이자 하나님 나라의 일꾼으로 살아갈 수 있도록 지원하는 데 미흡한 측면을 보였다. 이번 조사에서 드러난 주목하고 대응해야 할 과제들로는 첫째, 실천적 커리큘럼의 강화, 둘째, 삶의 현장과 연계된 교회 교육, 셋째, 경험과 참여 중심적 교육 방식이라 할 수 있다.

1. 실천적 커리큘럼의 강화

첫째, 교회 교육의 내용은 '성경과 교리와 전통'을 넘어 끊임없이 변화하는 세상에서 살아가는 '회중의 삶의 이슈들에 대한 복음적 해석과 실천'(마 5:14-15; 롬 10:17, 12:1-2; 약 2:17)까지 포괄해야 한다. 성도는 오늘도 이 땅에서 당신의 나라를 이루어 가시는 하나님의 백성으로 살아가도록 부름 받은 존재다. 이를 위해 이들은 교회에서뿐 아니라 세상에서 온전한 제자와 건전한 시민으로 살아가야 할 책임을 지닌다. 그러나 교회 현장에서 진행되는 교육의 내용은 성경, 교리, 전통 중심으로 이루어지고 있다. 성경과 교리를 잘 배우는 것은 교회 교육에서 가장 우선적인 과제인 것이 사실이다. 그러나 세상에서 제자로 부름 받은 성도들은 그들이 매일 마주하는 모든 개인적, 교회적, 공동체적, 사회적 이슈들을 복음적으로 해석하고 실천적인 응답을 하는 데 필요한 교육을 충분히 받지 못하고 있다. 우선은 성도 개개인이 날마다 마주하는 일상의 영역인 가정, 일터, 학교, 이웃 등에서 어떻게 성경적인 지침을 갖고 살아가느냐 하는 문제다. 더 나아가 공적 영역인 환경/생태 인식, 사회 정의, 생명 윤리, 저출산 현상 등과 같은 첨예한 사회적 이슈들에 대한 기독교적 인식 교육도 저조하다.

기독교 신앙은 말씀과 신념에 대한 동의와 결단만이 아니라, 그로 인한 변화된 삶과 실천을 포함(약 2:22)한다.[6] 다음 세대와 성인 세대를 대상으로 하는 교회 교육의 커리큘럼과 내용은 성경, 교리, 전통에 대한 단순 학습을 넘어서 회중이 지금, 여기서 마주하는 다양한 삶의 이슈에 대한 성경적이며 신앙 공동체적인 해석과 실천을 균형 있고 유기적으로 포함해야 한다. 이러한 교육 목회의 변화와 실천 안에서 한국 교회가 목도하는 신앙과 삶, 교회와 세상, 성도와 시민의 분리 현상을 극복하여 "믿는 것과 아는 일에 하나가 되어"(엡 4:13) 성경적으로 성장하는 걸음으로 나아갈 수 있을 것이다.

2. 가정 주도의 신앙 교육

둘째, 교회 교육은 교회 안에서만 이루어지는 것이 아니라, 삶의 현장을 중심으로 이루어지는 교육이어야 한다. 믿음의 가정에서 부모들이 자녀의 신앙 교육을 교회에 전담시키려는 경향이 있는 것은 마치 학교나 학원에 자녀의 교육을 맡기는 습관이 신앙 교육의 외주화로 연장된 양상이다.

교회 교육은 교회당 안에서만 이루어지는 것이 아니라, 실제 삶에서 경험되는 것이다. 자녀를 위한 일차적 신앙 교육 현장은 가정이다. 부모는 자녀에게 하나님의 말씀을 부지런히 가르치며 항상 기억시켜야 할 책임을 지니고 있다(신 6:7). 신앙 전수의 사명은 부모에서 자녀로, 또한 그 자녀의 후손으로 대대에 걸쳐 이루어져야 한다(시 78:5-8). 따라서 교회는 믿음의 부모에게 가정 신앙 교사로서의 정체성을 알려 주고 그에 합당한 역량을 길러 주는 교육 목회를 실천해야 한다. 코로나 팬데믹 이후 한국 교회가 처해 있는 가장 큰 위기로서 다음 세대 신앙 전수의 어려움이라는 조사 결과가 있다.[7] 다음 세대로의 신앙 전수에서 가장 중요한 역할은 다름 아닌 믿음의 부모가 맡고 있다. 따라서 한국 교회는 다음 세대 신앙 전수를 위한 기본 방향을 교회학교 위탁형이 아닌 가정-교회 연계형으로 전환해야 한다. 이러한 패러다임의 변화는 자칫 기독교 가정의 부모가 자녀의 신앙 양육 책임을 교회 사역자들에게 맡기려는 소비주의적 태도를 극복하기 위함이다. 한국 교회의 중차대한 과제인 신앙의 전수는 이처럼 부모와 교회가 신앙 교육의 주체자로서 협력적 역할을 공유할 때 더욱 전망이 밝을 것이다.

그동안 한국 교회는 다양한 가정의 달 행사, 부모와 함께하는 캠프, 가족이 함께하는 성탄절 행사 등과 같이 가족이 참여하는 많은 프로그램을 제공했다. 가정-교회 연계형 교육 목회란 교회가 프로그램과 이벤트를 제공하는 것을 넘어서, 믿음의 부모에게 가정 신앙 교사로서의 성경적 정체성과 그에 요청되는 역량을 길러 주는 교육을 제공하는 것이다. 그렇다면 불신자 가정의 다음 세대 아이들에게는 신앙 교육을 어떻게 해야 할 것인가? 이 질문과 관련해서 성경에 나타나는 기독교 가정의 다섯 가지 모델을 참고할 수 있다. 첫째는, 아브라함-이삭-야곱과 같은 3세대 신앙 가정이고, 둘째는, 믿음의 첫 세대인 베드로와 같은 1세대 신앙 가정이며, 셋째는, 삼촌 모르드개와 조카 에스더 관계와 같은 확대된 신앙 가정이다. 넷째는, 아버지에 대하여는 '헬라인'이라는 언급밖에 없지만 어머니 유니게와 외조모 로이스를 통해 신앙을 전수받은 디모데 가정과 같은 한 부모 신앙 가정이다. 다섯째는, 혈연적 부모와 자녀의 관계는 아니지만 디모데와 디도를 참 아들이라고 고백했던 사도 바울의 관계와 같은 영적 신앙 가정이 있다. 이러한 관점에서 보면 불신자 가정의 다음 세대들도 교회 안의 부서에 소속되어 있다면 마땅히 그들에게는 영적 가정이 있으며, 교회학교 교사나 교역자에게 영적 부모의 역할이 부여된다.

3. 신앙은 경험과 관계 속에서 자란다!

셋째, 지식 중심의 교육 방식은 더욱 생동감 있는 경험과 참여의 교육 방식으로 바뀌어야 한다. 특히 기독 청소년들은 더욱 실제적이고 참여적인 방식의 교육이 필요하다. 이들은 자신에게 의미 있는 교회 교육 경험으로서 설교나 공과 공부와 같은 지식 학습보다는 또래 및 선후배 간의 좋은 관계와 찬양 시간과 같은 정서적 측면을 꼽았다. 물론 기독 청소년들은 그들을 향한 살아 계신 하나님의 복음을 들어야 한다. 그러나 이들이 복음을 접하고 신앙을 탐구하는 통로는 학교나 학원에서처럼 수동적으로 지식을 배우는 방식의 교육만이 아니라 살아 있는 경험이어야 한다는 것이다. 선포된 말씀을 신앙 공동체의 관계 속에서 더욱 생생히 확인하고 나눌 수 있어야 한다. 머리로만 배우는 말씀이 아니라, 가슴과 손발로 전달되어 움직이게 하는 신앙을 배우고 싶어 한다는 것이다. 이를 위해서는 청소년들에게 좋은 신앙의 관계와 그들에게 안전감과 신뢰를 주는 공동체가 필요하다. 신앙은 관계와 경험을 통해서 자라기 때문이다. 교회 교육의 이러한 전환은 비단 청소년뿐 아니라 전 연령대에 적용될 수 있다.

4. 참여적 생애 주기 신앙 교육

교회 교육은 모든 성도가 자신의 생애 주기를 따라 지속적으로 신앙의 성장을 이룰 수 있도록 도와주어야 한다. 성도들은 그들의 삶 전체에 걸쳐 일어나는 각 생애 주기와 연계되는 신앙의 질문과 소명을 안고 있으며, 이 과정에서 신앙이 강화되기도 하고 약화되기도 한다. 교회는 성도의 연령별, 신앙 단계별, 생애 주기별 경험에 따른 소명과 실천을 가르치고 양육해야 한다. 오늘날 많은 교회에서 청년 세대를 포함한 다음 세대 교육까지는 연령과 생애 주기를 고려한 교육을 제공하고 있으나, 성인기와 노년기에는 생애 주기가 반영된 지속적이고 연계적인 신앙 교육이 충분히 제공되지 못하고 있다. 상대적으로 교회의 규모가 클수록 생애 주기별 교육 제공 비율이 높기는 하지만, 한국 교회 전체로 볼 때 생애 주기별 교육의 실천은 절반 혹은 그에 미치지 못하고 있다. 이와 관련하여 본 연구는 매우 긍정적인 가능성을 발견했는데, 그것은 바로 성도들이 아동기부터 노년기에 이르기까지 생애 주기별 사명과 실천에 대해 지속적으로 배우며 성장하고자 하는 의지가 강하다는 것이다. 특히 성인 세대는 자기계발과 영적인 성장에 있어 교회로부터 도움을 받고 싶어 한다. 또한 노년 세대도 과거와 달리 건강과 재정의 여건이 좋아져서 자신의 생애 주기에 따른 성경적 사명을 분별하고 실천하기 원한다. 이러한 이들을 위한 생애 주기별 교회 교육은 매우 효과적인 영적 성장의 기회가 될 것이다. 아울러 생애 주기별 교육 방식에서도 지식 중심이 아닌, 성도들이 실제적인 경험과 고민을 나누고 토론하는 참여적 방식으로의 전환이 요청된다.

현재 한국 교회의 위기는 하나님께서 허락하신 영적 작전 타임일 수 있다. 우리는 중요한 경기일수록 작전 타임을 통해 지고 있던 경기가 역전되기도 하고, 팽팽하던 경기의 흐름이 한쪽 팀의 승리로 넘어가기도 하는 것을 보아 왔다. 경기에 집중하느라 보거나 듣지 못했던 감독의 지시를 들은 선수들이 작전 타임 이후로는 자신의 실력만큼이 아니라 감독의 안목만큼 경기에 임할 수 있기 때문이다. 다음 세대의 신앙 교육과 신앙 전수의 위기는 한국 교회가 반드시 점검했어야 하는 성경적인 목회와 교회 교육에 반성과 갱신의 기회를 가져다주는 영적 작전 타임일 것이다.

한국 교회는 위기를 초래한 외부 상황을 탓하기에 앞서 하나님의 말씀과 바른 목회에 집중하여 신앙 교육의 변화와 회복을 추구해야 한다. 그런 의미에서 에드 스테처(Ed Stetzer)와 톰 레이너(Thom S. Rainer)의 말은 더욱 큰 의미로 다가온다.

"변할 때 받을 고통보다 변하지 않을 때 받게 될 고통이 더 클 때, 우리는 그때 변한다."[8]

V. 적용을 위한 토론 질문

1. 당신은 소속된 교회의 사명과 비전에 대해서 알고 있는가? 교회의 사명과 비전이 왜 필요하다고 생각하는가?

2. 당신이 소속된 교회의 교육 프로그램 중에서 신앙에 관한 지식을 늘리는 데 가장 도움이 되었던 두 가지를 고른다면 무엇인가?

3. 당신이 소속된 교회의 교육 프로그램 중에서 삶에서의 실천을 위해 가장 도움이 되었던 두 가지를 고른다면 무엇인가?

4. 당신이 소속된 교회의 다음 세대를 위한 신앙 교육에서 다음 두 가지 유형이 각각 어느 정도의 비율을 점한다고 생각하는가? 그 이유는 무엇인가? 어떠한 개선이 필요하다고 생각하는가?

   1) 교회학교 위탁형(%)

   2) 가정-교회 연계형(%)

5. 당신이 소속된 교회의 부모들은 자녀의 신앙 교육에 얼마나 관심을 갖고 있다고 생각하는가?

6. 당신이 소속된 교회에서 자녀의 신앙 형성을 위한 부모 교육은 얼마나 잘 이루어지고 있다고 생각하는가? 1(매우 약함) - 2(조금 약함) - 3(보통) - 4(조금 잘함) - 5(매우 잘함)의 척도로 평가하라. 그렇게 평가하는 이유와 개선점은 무엇인가?

7. 당신은 가정 예배를 드리는가? 만약 드리지 않고 있다면 이유는 무엇인가? 과거에 가정 예배를 드린 적이 있다면 그때의 경험은 어땠는가?

3

그리스도의 몸,
친교를 진단하다

대체로 우리는 혼자 있을 때 죄를 짓고,
함께 있을 때 치유를 받는다.

/ 존 오트버그(John Ortberg)

하나님의 교회란 한없이 크고 한없이 작다.
그토록 크므로 겸손한 자들이 와서 높임 받
는 곳, 그토록 작으므로 높은 자들이 낮고
낮아져야 들어올 수 있는 곳, 교회란 실로
이와 같다.   / 필립 얀시(Philip Yancey)

경험에 따르면, 오랫동안 설교를 듣고도
유익을 얻지 못했던 무지한 사람들이 약
30분의 친밀한 대화를 통해서 10년 동
안 공적인 설교를 들었을 때보다 더 많
은 지식과 양심의 가책을 얻는 모습을
발견했다.

/ 리처드 백스터(Richard Baxter)

혼자서는 예수님을 따를 수 없다. 공동체는
영적 성장을 위한 인큐베이터와 같다.

/ 존 마크 코머(John Mark Comer)

I. 여는 글
- 친교와의 대면

1. 성경이 말하는 친교

교회는 일차적으로 구원의 복음이 선포되고 하나님을 예배하는 곳이지만, 동시에 예수 그리스도 안에서 성도의 교제가 있는 곳이다. 그리스도인들이 늘 암송하는 사도신경에는 '성도의 교제'에 대한 고백이 실려 있다. 성도의 교제(the communion of saints)는 교회의 중요한 신앙 전통이었다. 이 교제는 단순히 인간적 차원의 친교가 아니라, 삼위 하나님의 친교에 참여하는 것이다. "삼위일체의 세 인격은 서로간의 깊은 관계성 안에서만 자신의 고유한 정체성을 가진다."[1] 성부, 성자, 성령께서 사랑과 존중으로 교통하시듯, 구원받은 성도들은 삼위 하나님에 대한 믿음 안에서 진정한 교제를 누린다. 예수께서는 성부와 성자의 하나 됨처럼 당신을 따르는 제자들도 하나가 되기를 기도하셨다(요 17:22). 오순절 성령 강림 이후 시작된 예루살렘교회도 "사도의 가르침을 받아 서로 교제하고 떡을 떼며 오로지 기도하기를"(행 2:42) 힘썼다. 이와 같이 성도의 교제는 교회가 그리스도의 몸을 이루고 있음을 보여 주는 중요한 특징이다. 다양한 사람이 성령 안에서 서로 교제하며 연합하는 교회는 "하나님의 권속"(엡 2:19)이라 불리며, 그리스도의 몸을 이루는 지체로 구성된다(고전 12:27). 따라서 교회는 주님이 머리이신 유기적 생명 공동체이자 "즐거워하는 자들과 함께 즐거워하고 우는 자들과 함께 울라"(롬 12:15)는 성경 말씀에 순종하는 친교 공동체다.

2. 문제 제기와 논의 방향

과거 한국 교회는 산업화와 도시화로 인해 전통적 공동체가 와해된 한국 사회에서 대체 공동체의 역할을 하며 폭발적인 성장을 이루었다. 교회는 본질적으로 구원과 은혜에 기반을 두는 영적 공동체이지만, 이러한 교회의 심오한 공동체성은 교회 밖의 사람들에게도 교회를 선망하게 하는 기능을 했다. 그러나 개인주의와 고립된 삶이 더욱 심화되는 물결에 한국 교회의 공동체성도 도전을 받고 있다. 이러한 상황은 한국 교회 안에서 얼마나 의미 있고 건실한 성도의 교제가 이루어지고 있는지를 되돌아보게 한다.

이번 조사에 따르면, 한국 교회의 성도 다수는 교회 내에서 교제와 돌봄을 경험하고 있다. 하지만 그러한 친교의 수준이 얼마나 영적으로 건강하며 실제적인 상호 섬김에 이르는지를 고려하면 개선해야 할 점이 있다. 게다가 목회자가 견지하는 교회의 친교에 대한 평가와 성도들이 경험하는 교회의 친교에 대한 평가에서도 차이가 드러난다. 성도들은 교회에서 그리스도의 몸을 이루는 공동체가 추구해야 할 친교의 영성을 충분히 배우지 못하고 있다.

교회가 진정한 사랑의 공동체로 존재하기 위해서는 그러한 공동체를 이루는 신앙적 토대가 중요하다. 교회가 친교의 영성을 기초로 하여 공동체성을 회복하고 성도들에게 그리스도인으로서의 정체성과 교회에 대한 소속감을 강화한다면, 이는 건강하고 성숙한 그리스도인을 형성하여 사회에도 선한 영향력을 줄 수 있을 것이다. 이 장에서는 공동체로서의 교회의 특성과 코이노니아로 표현되는 친교의 영역에 대하여 분석하고 시사점들을 살펴보고자 한다.

교회의 친교 영역을 진단하기 위한 다섯 가지 이슈는 다음과 같다.

1. 공동체 상실의 시대, 교회는 어떤 공동체인가?

2. 교회의 친교는 신앙 성장에 기여하는가?

3. 교회의 친교는 얼마나 실질적인가?

4. 소그룹은 친교 공동체의 모범이 될 수 있는가?

5. 교회의 친교는 더 큰 비전을 품고 있는가?

II. 진단

1. 공동체 상실의 시대, 교회는 어떤 공동체인가?

현대인들이 일상에서 외로움을 느끼는 주된 이유는 인간관계의 결핍 때문이다. 어느 트렌드 전문가는 이미 코로나 이전의 삶의 방식을 분석하면서 '외로움'을 핵심 주제로 제시한 바 있다.[2] 사람들이 '각자도생'의 상황으로 몰리면서 인간관계는 제한되고, 친밀감의 정도에서도 한계에 봉착하게 된다.

초기 기독교는 그리스도 안에서 함께 신앙을 권면하고 돌보는 공동체로 시작되었다. 바울은 에베소교회를 가리켜 이전에는 서로 멀리 있던 유대인과 이방인이 그리스도 예수 안에서 서로 가까워졌다고 말한다(엡 2:13). 이로 말미암아 그들은 더 이상 "외인도 아니요 나그네도 아니요 오직 성도들과 동일한 시민"이 되었다(엡 2:19). 외로움과 사회적 고립도가 심화되는 오늘날 교회는 현대인들의 삶의 문제를 치유하는 대안적 공동체로 존재하는가? 교회가 공동체가 되기 위해서는 교회 안에서 성도들 사이에 건강한 교제가 형성되어야 한다. 건강한 교제란 하나님을 향한 수직적 신앙이 성도 간 수평적 차원에서의 돌봄과 책임으로 균형을 이루는 것이다.

1) 교회는 사랑의 공동체

성도들은 교회에서 교제를 해야 하는 이유를 무엇이라고 생각할까? 가장 많은 응답은 '교회는 서로 사랑하는 공동체이므로'(62.2%)였다. 이는 다소 당연해 보이긴 하지만 성경적으로 타당한 답이다. 따라서 '교회 사역을 하기 위한 원동력이 되므로'(18.3%)나 '교회를 원활하게 운영하기 위해서는 사람끼리 친해져야 하므로'(14.7%)와 같이 친교를 기능적인 용도로 여기는 답변보다 훨씬 건전하다고 할 수 있다. 교회에서 이루어지는 성도의 교제는 그 자체가 사랑 안에서 서로 진실하며 그리스도를 향해 성장(엡 4:15)하기 위함이지, 다른 목적을 위한 부수적인 이유로 취급되어서는 안 된다. 그런 면에서 성도의 교제 이유를 사랑의 공동체 형성이라고 답한 비율이 가장 높긴 하지만, 다른 현실적 이유를 택한 이들도 3분의 1(33.0%)이나 된다는 사실은 주의해야 할 점이다. 목회자는 교회의 본질적 과제로서 사랑의 공동체 형성을 성도들에게 더욱 분별력 있게 교육할 필요가 있다.

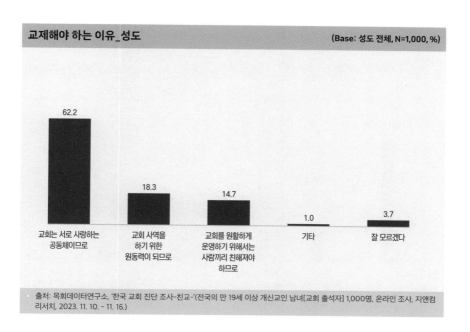

교제해야 하는 이유_성도 (Base: 성도 전체, N=1,000, %)

- 교회는 서로 사랑하는 공동체이므로: 62.2
- 교회 사역을 하기 위한 원동력이 되므로: 18.3
- 교회를 원활하게 운영하기 위해서는 사람끼리 친해져야 하므로: 14.7
- 기타: 1.0
- 잘 모르겠다: 3.7

출처: 목회데이터연구소, '한국 교회 진단 조사-친교-'(전국의 만 19세 이상 개신교인 남녀[교회 출석자] 1,000명, 온라인 조사, 지앤컴리서치, 2023. 11. 10. - 11. 16.)

2) 신앙과 친교의 관계

교회에서의 친교는 서로 간의 친밀감을 바탕으로 이루어지기도 하고, 또는 친교를 통해 친밀감을 형성하기도 한다. 그렇다면 성도들은 같은 교회의 교인들과 얼마나 친밀한 관계를 이루고 있을까? 주변에서 가장 친밀감을 느끼는 사람으로 '출석 교회 교인'(38.3%)이라는 응답이 '친구 및 선후배'(32.2%), '사회적 모임에 있는 사람'(13.1%), '직장 동료'(6.4%)보다 더 많았다. 주변에 있는 어떤 사람보다도 같은 교회의 성도가 가장 친밀하다는 것을 의미한다. 신앙 단계를 기준으로 보면,[3] 1, 2단계에서는 '친구 및 선후배'라는 응답이 1위였고, 3, 4단계에서는 '출석 교회 교인'이 1위였다. 신앙이 성숙할수록 같은 교회 성도들에게서 더 깊은 친밀감을 느낀다는 뜻이다. 따라서 신앙의 성장은 성도들 사이의 친밀감과 비례할 수 있으며, 이는 교회가 영적, 현실적 돌봄의 친교를 실천하기 위한 토양이 된다.

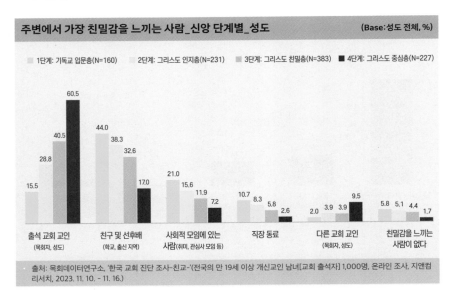

주변에서 가장 친밀감을 느끼는 사람_신앙 단계별_성도 (Base:성도 전체, %)

■ 1단계: 기독교 입문층(N=160) ■ 2단계: 그리스도 인지층(N=231) ■ 3단계: 그리스도 친밀층(N=383) ■ 4단계: 그리스도 중심층(N=227)

출석 교회 교인 (목회자, 성도): 15.5 / 28.8 / 40.5 / 60.5
친구 및 선후배 (학교, 출신 지역): 44.0 / 38.3 / 32.6 / 17.0
사회적 모임에 있는 사람 (취미, 관심사 모임 등): 21.0 / 15.6 / 11.9 / 7.2
직장 동료: 10.7 / 8.3 / 5.8 / 2.6
다른 교회 교인 (목회자, 성도): 2.0 / 3.9 / 3.9 / 9.5
친밀감을 느끼는 사람이 없다: 5.8 / 5.1 / 4.4 / 1.7

- 출처: 목회데이터연구소, '한국 교회 진단 조사-친교-'(전국의 만 19세 이상 개신교인 남녀[교회 출석자] 1,000명, 온라인 조사, 지앤컴리서치, 2023. 11. 10. - 11. 16.)

3) 친교의 중요성은 잘 소통되는가

교회는 담임목사의 리더십의 영향이 매우 큰 조직이다. 이번 조사에서 성도들에게 담임목사가 설교에서 성도 간의 친교와 교제를 강조하는지 질문했을 때 '강조한다'는 응답이 58.8%로 절반을 조금 넘어서 많지 않았다. 그런데 같은 질문에 목회자들은 77.4%가 강조한다고 응답하여 차이가 컸다. 곧 목회자들이 강조하는 만큼 성도들은 느끼지 못하고 있는 것이다. 모든 가르침은 듣는 이에게 와닿도록 전달되는 것이 중요하다. 일단 목회자들은 신앙의 수평적 차원으로서 친교의 중요성을 성도들에게 충분하고도 명료하게 알려 줄 필요가 있다.

그런데 이러한 격차의 발생은 전달의 문제 때문만은 아닌 것 같다. 이 문항에 대한 세부 응답 양상을 살펴보면 또다시 신앙의 수준에 따라 상이한 결과가 나타난다. 신앙생활에 불만족하는 이들은 '강조한다'는 응답이 48.8%인 반면, 만족하는 이들은 68.8%였다. 신앙 단계별로 봐도 1단계 성도들은 '강조한다'는 응답이 46.4%지만, 4단계 성도들은 70.8%였다. 이로 미루어 보건대, 설교에서 친교에 대한 강조가 성도들에게 다

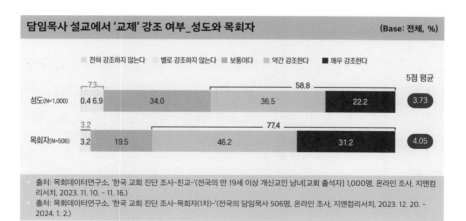

담임목사 설교에서 '교제' 강조 여부_성도와 목회자 (Base: 전체, %)

전혀 강조하지 않는다 · 별로 강조하지 않는다 · 보통이다 · 약간 강조한다 · 매우 강조한다

5점 평균

성도(N=1,000): 0.4 / 6.9 / 34.0 / 36.5 / 22.2 — 7.3, 58.8 — 3.73
목회자(N=506): 3.2 / 19.5 / 46.2 / 31.2 — 3.2, 77.4 — 4.05

- 출처: 목회데이터연구소, '한국 교회 진단 조사-친교-'(전국의 만 19세 이상 개신교인 남녀[교회 출석자] 1,000명, 온라인 조사, 지앤컴리서치, 2023. 11. 10. ‑ 11. 16.)
- 출처: 목회데이터연구소, '한국 교회 진단 조사-목회자(1차)-'(전국의 담임목사 506명, 온라인 조사, 지앤컴리서치, 2023. 12. 20. ‑ 2024. 1. 2.)

르게 체감되는 것은 신앙의 단계 차이에 따른 요인 때문일 수 있다. 단순히 친교만을 강조한다고 친교의 중요성이 오롯이 전달되는 것이 아니라, 신앙이 성장함에 따라 교회 안에서 성도의 교제에 더욱 마음이 열린다고 볼 수 있다. 즉 교회 친교의 활성화는 신앙의 성장과 함께한다는 점에 유의해야 한다.

4) 친교의 장해물

성도 간의 진정한 친교와 교제를 가로막는 요인에 대해서 성도와 목회자 모두 비율의 차이가 있을 뿐 비슷한 의견이었다. 성도 기준으로 보면 '개인의 성격 및 라이프 스타일 차이'(32.1%)가 가장 많았고, 다음이 '세대 간 연령 및 의식 차이'(19.0%)였다. 즉 개인 간 차이일 뿐, '신앙의 차이'(11.8%), '오래된 교인들의 텃세'(9.4%), '교회 출석 시기의 차이'(6.5%) 등 교회 요인은 크지 않았다. 오늘날 사회가 다원화되고 이질성이 증가하는 상황에서 성격이나 라이프 스타일 역시 매우 다양하다. 또한 사회가 급변하면서 세대 간 인식 차이도 심화되고 있다. 교회 안에서 이를 극복하기는 쉽지 않지만, 신앙 공동체의 특성을 통해 서로 이해하고 배려할 수 있는 여건을 만드는 것이 중요하다.

목회자들은 '오래된 교인들의 텃세'(16.8%)를 3위로 응답하여 교회에 출석한 지 오래된 성도들의 기득권 의식을 친교를 가로막는 주요 요인 가운데 하나로 보았다. 이러한 요인은 특히 설립 연수가 오래된 교회에서 많이 발생한다고 짐작할 수 있는데, 역사가 깊은 교회일수록 성도들 사이에 오랜 시간을 같이 지내면서 자연스럽게 생긴 유대감이 새로 온 성도들에게 배타적으로 작용할 가능성이 크다. 중고등학생의 경우에도 친교의 장

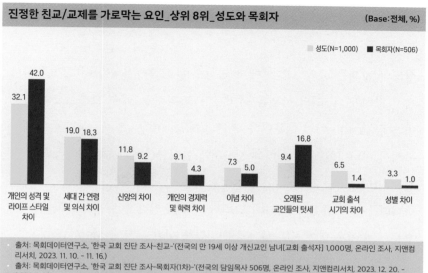

· 출처: 목회데이터연구소, '한국 교회 진단 조사-친교-'(전국의 만 19세 이상 개신교인 남녀[교회 출석자] 1,000명, 온라인 조사, 지앤컴리서치, 2023. 11. 10. - 11. 16.)
· 출처: 목회데이터연구소, '한국 교회 진단 조사-목회자(1차)-'(전국의 담임목사 506명, 온라인 조사, 지앤컴리서치, 2023. 12. 20. - 2024. 1. 2.)

해 요인으로 '개인의 성격 및 라이프 스타일 차이'(48.9%)를 가장 많이 응답했다.

결국 교회가 그리스도 안에서 친교의 공동체를 이루기 위해서는 서로 간에 존재하는 여러 차이를 극복하며 동질성과 취향에 따라 모이려는 욕구를 넘어서는 신앙적 헌신이 필요하다. 물론 사람들은 자신과 비슷한 이들과 어울리는 것을 더욱 편안해한다. 이 점은 무시할 수 없다. 그러나 취향과 관심의 공유는 성도의 교제를 위한 출발점은 될 수 있어도 목적지는 아니다. 신앙은 서로의 다름을 존중하면서 서로에게 헌신할 때 성숙되어 갈 것이다. 성도들은 "그리스도 예수 안에서 함께 지어져"(엡 2:22) 가기 위해 부름 받았음을 기억해야 한다.

2. 교회의 친교는 신앙 성장에 기여하는가?

성도의 교제는 그리스도 안에서 영적으로 성장하기 위함이다. 요한일서에서 말하듯, "우리의 사귐은 아버지와 그의 아들 예수 그리스도와 더불어 누림"(요일 1:3)이기 때문이다. 본회퍼(Dietrich Bonhoeffer)는 성도의 교제를 통해서 하나님의 말씀이 더욱 생생하게 살아난다며, "자기의 마음속에 계시는 그리스도는 불확실하나 형제의 말씀 안에 계시는 그리스도는 확실합니다."[4]라고 말했다. 따라서 교회의 친교는 인간적 친밀감을 늘리는 것으로 충분치 못하며, 하나님과의 친밀감을 위한 통로가 되어야 한다.

1) 신앙 안에서의 친교

교회에서 가장 가까운 사람이 누구인지를 물었을 때 '같은 신앙 소그룹(구역, 속회, 목장, 셀, 순 등) 구성원'이 37.3%로 가장 높았고, '같은 사역 모임'이 21.6%로 그다음이었다. 이 두 응답은 모두 교회 내 신앙 활동에 기반을 두는 것이다. 반면 사회에서 가깝게 지내는 유형인 '같은 또래'는 이번 조사에서 세 번째 순위(17.7%)에 머물렀다. '자녀와 같은 연령대의 부모'(5.2%)나 '교회 선후배'(6.0%)는 그에 한참 못 미친다. 1순위와 2순위가 모두 교회 내 신앙 모임에 근거하는 것이기 때문에 이 둘을 합하면 58.9%에 이른다. 적어도 교회 안에서 성도 간의 친밀감은 통상적인 또래나 유형보다는 신앙 활동을 공유하는 데서 비롯된다. 이와 같이 교회 내 성도의 교제가 함께하는 신앙 활동에 근거한다는 점은 상호 간의 신앙 성장을 위한 적절한 기반으로서 기능할 수 있을 것이다.

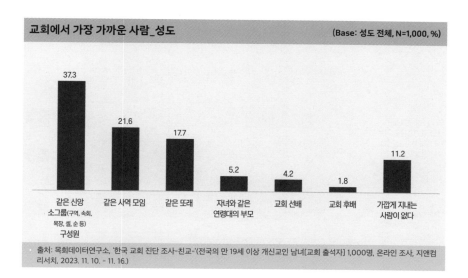

교회에서 가장 가까운 사람_성도 (Base: 성도 전체, N=1,000, %)

37.3 — 같은 신앙 소그룹(구역, 속회, 목장, 셀, 순 등) 구성원
21.6 — 같은 사역 모임
17.7 — 같은 또래
5.2 — 자녀와 같은 연령대의 부모
4.2 — 교회 선배
1.8 — 교회 후배
11.2 — 가깝게 지내는 사람이 없다

• 출처: 목회데이터연구소, '한국 교회 진단 조사-친교-'(전국의 만 19세 이상 개신교인 남녀[교회 출석자] 1,000명, 온라인 조사, 지앤컴리서치, 2023. 11. 10. - 11. 16.)

2) 신앙적 대화를 통한 친교

교회도 인간이 모이는 공동체이기 때문에 다양한 관심사의 대화가 일어난다. 그러나 모든 교제와 대화의 초점은 궁극적으로 하나님의 말씀을 향하며, 서로의 신앙에 대한 책임감을 향상시켜야 한다. 성도들은 성도 간의 신앙적 대화에 관해서 '우리 교회 성도들은 서로의 신앙 수준 향상을 위해 책임감을 갖고 격려하며 도움을 준다'에 62.4%가, '우리 교회 성도들은 하나님 말씀을 통해 깨달은 것을 서로 자주 나눈다'에 58.1%가 '그렇다'고 답했다(약간 그렇다+매우 그렇다). 반면 목회자들은 같은 질문에 대해서 각각 47.4%와 46.0%만이 '그렇다'는 응답률을 보여, 성도들의 응답과는 꽤 차이가 났다. '신앙 수준 향상을 위한 격려와 도움'에서는 성도보다 15.0%p가 낮았고, '하나님 말씀의 나눔'에서는 12.1%p가 더 낮은 수치였다. 목회자들은 성도에 비해 교회 안에서 성도 사이에 신앙적 대화가 활발히 이루어진다고 보지 않는 것이다.

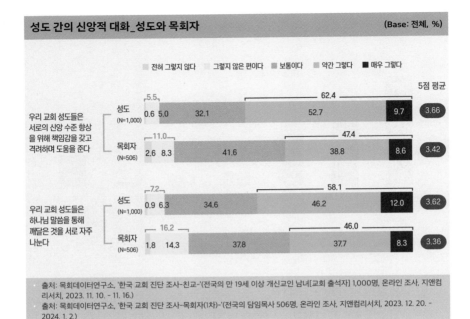

성도 간의 신앙적 대화_성도와 목회자 (Base: 전체, %)

전혀 그렇지 않다 / 그렇지 않은 편이다 / 보통이다 / 약간 그렇다 / 매우 그렇다

5점 평균

우리 교회 성도들은 서로의 신앙 수준 향상을 위해 책임감을 갖고 격려하며 도움을 준다

성도 (N=1,000) — 5.5 / 0.6 / 5.0 / 32.1 / 52.7 / 9.7 — 62.4 — 3.66

목회자 (N=506) — 11.0 / 2.6 / 8.3 / 41.6 / 38.8 / 8.6 — 47.4 — 3.42

우리 교회 성도들은 하나님 말씀을 통해 깨달은 것을 서로 자주 나눈다

성도 (N=1,000) — 7.2 / 0.9 / 6.3 / 34.6 / 46.2 / 12.0 — 58.1 — 3.62

목회자 (N=506) — 16.2 / 1.8 / 14.3 / 37.8 / 37.7 / 8.3 — 46.0 — 3.36

- 출처: 목회데이터연구소, '한국 교회 진단 조사-친교-'(전국의 만 19세 이상 개신교인 남녀[교회 출석자] 1,000명, 온라인 조사, 지앤컴리서치, 2023. 11. 10. - 11. 16.)
- 출처: 목회데이터연구소, '한국 교회 진단 조사-목회자(1차)-'(전국의 담임목사 506명, 온라인 조사, 지앤컴리서치, 2023. 12. 20. - 2024. 1. 2.)

이러한 차이는 성도들의 영적 교제에 대한 목회자의 기대치가 높기 때문일 수 있다. 그만큼 목회자 자신이 성도의 신앙 성장에 대해 더 큰 책임감을 갖고 성도의 교제가 잘되기를 기대하는 것이다. 하지만 앞서 본 것처럼, 성도들은 목회자가 친교를 충분히 강조하지 않는다고 느낀다. 이처럼 교회의 친교에 대해 상반된 평가가 나타난다는 것은 성도의 교제가 지니는 영적 유익에 대한 목회자와 성도 간의 인식 공유가 더욱 확대되어야 함을 보여 준다.

한 가지 주목할 점은, 목회자의 유형별로 보면 이 두 질문에 대해 소그룹 운영이 잘되지 않는 교회보다 소그룹 운영이 잘되는 교회의 목회자들에게서 더욱 높은 긍정률이 나왔다는 것이다. 소그룹 운영이 잘되는 교회의 목회자와 그렇지 않은 교회의 목회자 간 차이는 '신앙 수준 향상을 위한 격려와 도움'에서는 57.3% vs. 37.7%, '하나님 말씀의 나눔'에서는 60.4% vs. 31.9%로 모두 현격한 차이를 보였다. 이는 영적 친교의 활성화를 위해 소그룹과 같은 적절한 사역의 틀이 마련될 필요가 있다는 의미다.

3) 영적 나눔의 진실함

성도의 교제는 진실함에 기초를 두어야 한다. 그리스도 안에서 성도는 "서로 거짓말을 하지"(골 3:9) 않고, 오직 "사랑 안에서 참된 것을"(엡 4:15) 하며, "죄를 서로 고백"(약 5:16)하는 관계로 부름 받았다. 이러한 차원을 가늠할 수 있는 문항에 대한 응답을 살펴보면, '우리 교회에서는 서로 간에 개인의 내면적인 이야기를 자연스럽게 할 수 있다'는 데 대해서 동의율이 40.4%로 절반이 되지 않았고, '우리 교회에서는 서로 간에 개인적인 실수 혹은 자기 죄 문제를 털어놓아도 된다'는 응답은 34.4%로 더 낮았다. 결국 성도들이 서로 어느 정도의 친밀감을 느끼기는 하지만, 깊은 내면의 문제를 이야기할 정도의 관계는 아닌 것이다. 같은 문항들에 대한 목회자들의 응답은 각각 38.9%와 25.4%로 나왔는데, 특히 자신들의 교회가 개인적 실수나 죄를 고백해도 되는 곳이냐에 대한 부정적 응답은 40.8%로서 성도의 24.2%보다 훨씬 높았다. 즉 목회자들의 관점으로는 교회에서 개인의 죄 문제를 나누는 데에 더욱 조심스러운 태도를 보인다는 것이다.

이러한 결과는 앞서 살펴본 신앙 향상을 위한 격려와 도움 그리고 하나님 말씀의 나눔에 비해서 개인적 죄 문제나 속 깊은 이야기를 나누기가 더욱 어려움을 보여 준다. 그런데 두 경우 모두에서 신앙 소그룹에 참여하는 성도들의 긍정률이 두 배 가까이 높아서 차이가 컸다는 점이

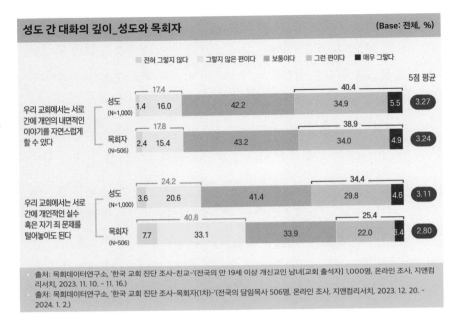

성도 간 대화의 깊이_성도와 목회자 　　　　　　　　　(Base: 전체, %)

■ 전혀 그렇지 않다　■ 그렇지 않은 편이다　■ 보통이다　■ 그런 편이다　■ 매우 그렇다

5점 평균

우리 교회에서는 서로 간에 개인의 내면적인 이야기를 자연스럽게 할 수 있다

성도 (N=1,000)　1.4　16.0　42.2　34.9　5.5　→ 17.4 / 40.4　　3.27

목회자 (N=506)　2.4　15.4　43.2　34.0　4.9　→ 17.8 / 38.9　　3.24

우리 교회에서는 서로 간에 개인적인 실수 혹은 자기 죄 문제를 털어놓아도 된다

성도 (N=1,000)　3.6　20.6　41.4　29.8　4.6　→ 24.2 / 34.4　　3.11

목회자 (N=506)　7.7　33.1　33.9　22.0　3.4　→ 40.8 / 25.4　　2.80

- 출처: 목회데이터연구소, '한국 교회 진단 조사-친교-'(전국의 만 19세 이상 개신교인 남녀[교회 출석자] 1,000명, 온라인 조사, 지앤컴리서치, 2023. 11. 10. - 11. 16.)
- 출처: 목회데이터연구소, '한국 교회 진단 조사-목회자(1차)-'(전국의 담임목사 506명, 온라인 조사, 지앤컴리서치, 2023. 12. 20. - 2024. 1. 2.)

주목할 만하다(속 깊은 이야기 51.2% vs. 28.8%, 죄 문제 43.6% vs. 16.9%). 일반적으로 성도들과 내면의 이야기를 하기는 쉽지 않지만, 신앙 소그룹 안에서는 이것이 어느 정도 가능하다는 점을 참고할 필요가 있다. 같은 공동체에 소속되어 있으니 서로 털어놓아야 한다고 해서 진실한 대화가 이루어지지 않는다. 영적인 격려와 돌봄을 경험해야 서로에 대해서 신뢰와 책임을 갖고 깊이 있는 나눔이 가능해질 것이다.

3. 교회의 친교는 얼마나 실질적인가?

진정한 의미의 공동체라면 말로만 돌봄과 격려를 할 것이 아니라, 현실적인 필요에 대해서도 서로 돌아보아야 한다. 초대 교회는 성도들이 "한마음과 한뜻이 되어 모든 물건을 서로 통용"(행 4:32)할 정도로 서로의 필요를 적극적으로 도왔다. 마게도냐의 교회들은 예루살렘교회를 구제하기 위해 "힘에 지나도록 자원하여 … 성도 섬기는 일에 참여"했다(고후 8:3-4). 신약성경에 나오는 이와 같은 고도의 물질적 섬김은 이상적으로 보일 수 있지만, 여전히 오늘날 교회의 친교 수준을 돌아보는 기준이 된다.

1) 교회는 서로의 필요를 섬기는 공동체인가

'우리 교회 성도들은 어려울 때 서로 기도로 돕는다'는 항목에 대해서 응답자의 77.6%가 동의하여 비교적 높은 편이었으나, '우리 교회 성도들은 서로의 형편과 어려움에 대해 잘 알고 있다'는 데는 50.6%, '어려울 때 기꺼이 서로 구체적인 도움을 준다'에 56.1%가 동의하여 높지 않은 응답률을 보였다. 곧 기도로 돕기는 하지만 대체로 서로의 형편을 잘 알지 못하고, 실제적인 필요를 돕는 데까지는 이르지 못하는 것이다.

같은 문항에 대한 목회자들의 응답에서 성도들과 차이가 나는 부분이 있다. '어려울 때 서로 기도로 돕는다'에서는 목회자가 75.9%의 응답률을 보여 77.6%의 응답률을 보인 성도의 응답 비율과 비슷한데, '서로의 형편과 어려움에 대해 잘 알고 있다'(65.7%)와 '서로 구체적인 도움을 준다'(62.8%)에서 목회자들은 성도들보다 더 높은 긍정률을 보였다. 즉 성도들은 상호 도움에 만족하지 못하고 있는데, 목회자들은 정작 성도들이 서로를 잘 알고 돕는다고 여기는 것이다. 이는 목회자들이 성도들이 실제로 느끼는 필요와 아쉬움을 충분히 감지하지 못한다는 것이다. 앞서 신앙적 대화에 관해서 목회자들은 성도들보다 더 민감했지만, 이러한 실제적 필요에 관해서는 상대적으로 관심을 덜 갖고 있는 것이 아닌지 돌아봐야 한다.

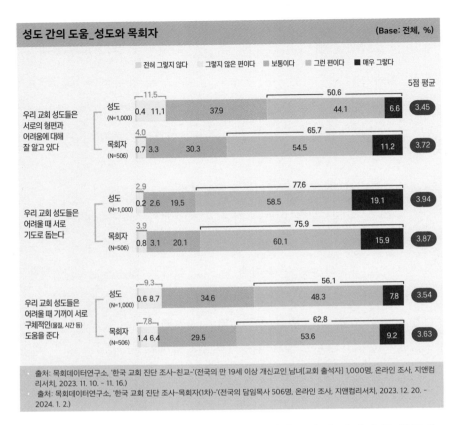

성도 간의 도움_성도와 목회자 (Base: 전체, %)

■ 전혀 그렇지 않다　■ 그렇지 않은 편이다　■ 보통이다　■ 그런 편이다　■ 매우 그렇다

5점 평균

우리 교회 성도들은 서로의 형편과 어려움에 대해 잘 알고 있다

성도 (N=1,000)　11.5┐　50.6
0.4 11.1　37.9　44.1　6.6　3.45

목회자 (N=506)　4.0┐　65.7
0.7 3.3　30.3　54.5　11.2　3.72

우리 교회 성도들은 어려울 때 서로 기도로 돕는다

성도 (N=1,000)　2.9┐　77.6
0.2 2.6　19.5　58.5　19.1　3.94

목회자 (N=506)　3.9┐　75.9
0.8 3.1　20.1　60.1　15.9　3.87

우리 교회 성도들은 어려울 때 기꺼이 서로 구체적인(물질, 시간 등) 도움을 준다

성도 (N=1,000)　9.3┐　56.1
0.6 8.7　34.6　48.3　7.8　3.54

목회자 (N=506)　7.8┐　62.8
1.4 6.4　29.5　53.6　9.2　3.63

- 출처: 목회데이터연구소, '한국 교회 진단 조사-친교-'(전국의 만 19세 이상 개신교인 남녀[교회 출석자] 1,000명, 온라인 조사, 지앤컴리서치, 2023. 11. 10. ~ 11. 16.)
- 출처: 목회데이터연구소, '한국 교회 진단 조사-목회자(1차)-'(전국의 담임목사 506명, 온라인 조사, 지앤컴리서치, 2023. 12. 20. ~ 2024. 1. 2.)

그런데 작은 교회의 성도들에서는 실질적인 도움과 관련된 두 항목에 대하여 '그렇다'는 응답이 더 많이 나왔고, 신앙 소그룹에 참여하는 성도들에서는 모든 문항에서 '그렇다'는 응답이 뚜렷하게 높았다. 한 예로, '우리 교회 성도들은 서로의 형편과 어려움에 대해 잘 알고 있다'에 대해 100명 미만의 교회 성도들은 '그렇다'는 응답이 57.9%인 데 반해, 1,000명 이상의 교회 성도들은 45.5%로 나왔다. 신앙 소그룹에 참여하는 성도들은 62.2%가 '그렇다'고 응답했다. 또 '우리 교회 성도들은 어려울 때 기꺼이 서로 구체적인 도움을 준다'에 대해 100명 미만의 교회 성도들은 62.0%

가 '그렇다'고 응답했고, 1,000명 이상의 교회 성도들은 57.5%가 '그렇다'고 응답했다. 신앙 소그룹에 참여하는 성도들에게서는 64.2%의 '그렇다'는 응답이 나왔다. 한편 '우리 교회 성도들은 어려울 때 서로 기도로 돕는다'에서는 규모에 따른 차이가 크게 나지 않았다. 대체로 작은 규모의 교회와 신앙 소그룹에서 실질적인 도움을 받을 수 있는 가능성이 크며, 공동체로서의 특징이 드러나는 것을 알 수 있다. 작은 교회는 그 안에서 다양하고 전문화된 소그룹 사역을 펼치기는 힘들지만, 그 자체가 공동체적 나눔과 교제를 경험할 수 있는 조건이다. 소그룹 사역을 강조하는 이유가 서로에 대한 관심과 돌봄을 실천하는 공동체를 이루고자 하는 것이라면, 작은 교회는 소그룹 사역의 원래의 취지와 무관하지 않다.

2) 경제적 돌봄의 공동체

경제적으로 어려울 때 교회에 도움을 요청하면 도와주는 제도가 있는지에 대하여 27.0%의 성도가 '있다'고 응답했고, 30.5%는 '없다'고 응답했다. 그런데 42.6%는 '잘 모르겠다'고 응답하여 이런 제도에 대해서 관심이 없거나 정보가 부족한 것으로 나타났다. 나아가 경제적 지원 제도가 있는 교회 출석 성도들의 경우 '경제적으로 어려울 때 교회에 도움을 요청할 의향이 있느냐'는 문항에 '있다'는 응답이 44.0%로서 약 절반에 가까운 성도가 교회를 통해 그들의 경제적 상황에 대해서도 돌봄을 제공받기 원하는 것으로 나왔다. 이를 볼 때 성도 간 교류와 공유가 이루어지는 교회 내 도움 체계가 필요함을 알 수 있다.

출석 교회의 규모로 분류하면 100명 미만의 교회 성도들 가운데 67.9%는 도움을 요청할 의향이 있다고 답한 반면, 1,000명 이상의 교회

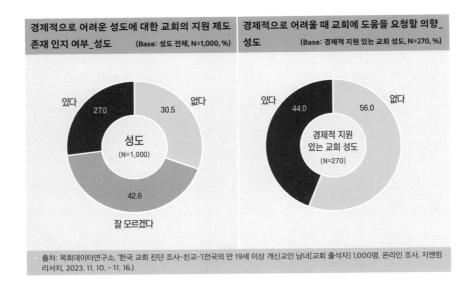

경제적으로 어려운 성도에 대한 교회의 지원 제도 존재 인지 여부_성도 (Base: 성도 전체, N=1,000, %)	경제적으로 어려울 때 교회에 도움을 요청할 의향_ 성도 (Base: 경제적 지원 있는 교회 성도, N=270, %)

있다 27.0 / 없다 30.5 / 성도 (N=1,000) / 42.6 잘 모르겠다

있다 44.0 / 없다 56.0 / 경제적 지원 있는 교회 성도 (N=270)

- 출처: 목회데이터연구소, '한국 교회 진단 조사-친교-'(전국의 만 19세 이상 개신교인 남녀[교회 출석자] 1,000명, 온라인 조사, 지앤컴 리서치, 2023. 11. 10. - 11. 16.)

성도들은 36.7%만이 있다고 응답했다. 작은 교회들에서는 영적 돌봄뿐 아니라 경제적 차원의 관심과 돌봄에 대한 성도들의 필요가 더욱 뚜렷하게 나타났다. 이는 작은 교회가 갖고 있는 더욱 친밀한 공동체적 분위기 때문으로 보인다.

결국 신앙은 삶의 현실과 맞물려 있다. 따라서 교회가 온전한 공동체로서의 역할을 감당하기 위해서는 신앙적으로 도울 뿐만 아니라 실제적인 삶의 문제에도 관심을 갖고 필요를 채우기 위해서 노력해야 한다.

3) 자연스럽고 편안한 성도의 교제

교회의 친교는 인간적 차원을 넘어서는 그리스도 안에서의 연합을 지향하지만, 그러한 영적 친교 아래서 성도들 사이에 친밀한 교제가 이루어지는 것은 자연스럽다. 우는 자들과 함께 울 뿐 아니라 "즐거워하는 자들과 함께 즐거워"(롬 12:15)하는 것도 성도의 교제에 속한다.

그렇다면 성도들은 교회 안에서 신앙 활동 외의 다른 어떤 활동들을 공유하고 있을까? 성도들과의 교제 활동에 있어서 가장 높은 비율을 보인 응답은 '성도 혹은 그 가족들과 식사'(64.9%)였다. 그다음으로 높은 활동은 '사회 봉사 활동'(46.3%)이었으며, 비슷한 비율로 '취미/운동/문화 관람 활동'(45.8%)이 3순위였다. 반면 '성도 혹은 그 가족들과 여행'(31.7%)이나 '쇼핑 동행'(22.6%)과 같은 활동은 낮은 비율의 응답을 보였다. 즉 성도들은 식사나 취미/운동/문화 관람과 같이 일상적이며 편안한 활동을 공유하며 서로 교제한다는 것이다.

이러한 결과는 교회에서 공동체적 친교를 함양하기 위한 활동을 준비할 때 고려해야 할 사항이다. 성도의 교제를 너무 당위적으로 주장하면서, 교회 안에서 성도들이 모든 삶을 공유해야 하는 것처럼 부담을 느끼게 해서는 안 된다. 충분히 신뢰하고 안전함을 느끼는 관계에서 좀 더 깊

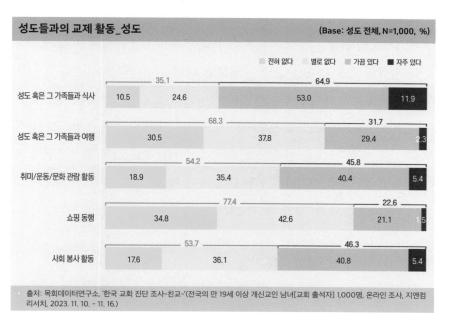

출처: 목회데이터연구소, '한국 교회 진단 조사-친교-'(전국의 만 19세 이상 개신교인 남녀[교회 출석자] 1,000명, 온라인 조사, 지앤컴리서치, 2023. 11. 10. - 11. 16.)

은 교제를 할 수 있음을 인정하는 것이 필요하다.

흥미로운 점은, 성도들이 사회 봉사 활동을 함께 하고 싶어 한다는 것이다. 사회 봉사 활동은 성도들이 교회에서 경험하고 싶은 공동체적 교제의 주요 통로 중 하나라고 할 수 있다. 히브리서의 말씀처럼 "서로 돌아보아 사랑과 선행을 격려"(히 10:24)하는 것은 성도의 교제를 통해서 추구해야 할 중요한 가치이며, 상당수의 성도가 이에 대해 비교적 준비된 태도를 가진 것으로 보인다. 따라서 교회에서는 성도들이 참여할 수 있는 사회 봉사의 비중을 늘리고, 교회 내 모임들도 자연스럽게 사회 봉사와 함께하는 성도의 교제가 되도록 격려할 필요가 있다.

4. 소그룹은 친교 공동체의 모범이 될 수 있는가?

소그룹은 구성원들이 얼굴과 얼굴을 마주하며 서로의 영적 성장을 위해 정기적으로 헌신하는 영적 공동체다. 예수께서는 열두 제자를 불러 그들과 함께하시고, 그들을 보내사 전도의 사명을 감당하게 하셨다(막 3:14). 초기 기독교 교회도 가정에서 모이는 여러 소그룹으로 구성된 것으로 보인다(롬 16장 참조). 소그룹은 인격적인 교제와 나눔을 위한 적정 규모라 할 수 있다. 또한 소그룹 사역은 큰 교회에서만 가능한 전문 프로그램이 아니라, 공동체성을 경험하기 위한 것이다. 따라서 소그룹은 어느 규모의 교회에서도 시도할 수 있는 영적인 친교 공동체여야 한다.

1) 다양한 소그룹의 상황
교회 안에는 다양한 소그룹이 있다. 주된 목적에 따라 신앙 모임, 취미/운동 모임, 관심사, 사회 봉사, 연령대별 친교, 부모 모임 등의 소그룹들이 교회 안에 존재한다. 성도들이 가장 많이 참여하는 소그룹은 '신앙 모임'(65.3%)이었으며, 다음으로 '비슷한 연령대의 친교 모임'(57.9%), '사회 봉사 모임'(51.4%)이 뒤를 이었다. '같은 관심사나 취미를 중심으로 하는 모임', 혹은 '자녀가 같은 연령대에 있는 부모 모임'은 교회에 모임이 있음에도 불구하고 각각 3분의 1만 참여한다고 응답해 상대적으로 활성화되지 않은 것으로 나타났다.

사람들의 취향과 관심사가 다르듯, 교회 안에도 다양한 소그룹이 일어날 수 있다. 특히 아직 신앙이 성숙하지 않거나 교회가 낯선 이들은 자신들과 비슷한 이들의 모임에서 더욱 편안함을 느낄 것이다. 따라서 다양

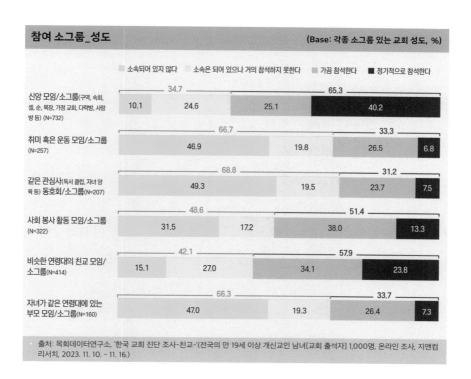

참여 소그룹_성도 (Base: 각종 소그룹 있는 교회 성도, %)

출처: 목회데이터연구소, '한국 교회 진단 조사-친교-'(전국의 만 19세 이상 개신교인 남녀[교회 출석자] 1,000명, 온라인 조사, 지앤컴리서치, 2023. 11. 10. - 11. 16.)

한 모임은 필연적이지만, 궁극적으로 교회의 친교는 유유상종에 머무르지 않고 자신과 다른 이들과도 그리스도 안에서 한 몸을 이루기를 지향해야 한다.

2) 신앙 소그룹의 목적과 활동 내용

현재 교회들에서 시행하는 구역, 순, 속회, 셀, 가정 교회, 다락방, 목장 등의 다양한 유형이 사실상 신앙 소그룹에 해당한다. 그렇다면 신앙 소그룹은 이미 보편화된 사역이라 해도 과언이 아닐 것이다. 문제는 소그룹이 어떠한 목적과 내용으로 모이며, 얼마나 건강한 친교 공동체를 형성하고 있느냐일 것이다. 따라서 가장 주된 참여 유형인 신앙 소그룹을 중심으로 소그룹의 활성화를 진단하고자 한다.

현재 신앙 소그룹에 참여하고 있는 성도들은 모임의 목적에 대해 '신앙 양육과 성숙'(35.5%)과 '사랑의 공동체 형성'(34.2%)을 가장 중요하게 보았다. '삶의 나눔'(18.3%)이나 '성경 지식 강화'(5.3%) 등은 덜 중요하게 보았다. 신앙의 성숙과 함께 교회의 공동체성을 확보하는 데 소그룹 활동이 중요하다고 보는 것이다. 이에 대하여 목회자들은 '사랑의 공동체 형성'이 35.0%로 가장 많았고, '삶의 나눔'이 33.6% 그리고 '신앙 양육과 성숙'이 26.1%로 3위로 나타났다. 성도와 목회자 모두 소그룹의 목적에서 '사랑의 공동체 형성'을 가장 중요하게 보았다. 다만 성도들은 '신앙 양육과 성숙'을 '사랑의 공동체 형성' 못지않게 중요한 목적으로 보는 데 반해, 목회자들은 '사랑의 공동체 형성'을 더 우선순위에 두었다. 일반적으로 성도들은 소그룹을 포함한 교회의 모임들을 신앙 양육을 위한 것으로, 목회자들은 신앙 양육뿐 아니라 신앙을 기초로 한 공동체적 관계가 중요함을 인지한다고 볼 수 있다. 공동체 형성과 신앙 양육은 모두 중요하다. 또한 이 둘이 유기적으로 연결되어서 신앙의 성장과 사랑의 교제가 동시에 이루어지게 해야 한다. 목회자들은 성도들에게 이 둘의 관계가 서로 긴밀하게 필수적으로 연결되어 있음을 알려 줘야 한다.

이번에는 성도들이 보기에 교회에서 강조하는 신앙 소그룹의 목적에 대해서는 큰 차이는 아니지만 '사랑의 공동체 형성'이 35.5%로 1위로 나왔다. 성도들도 교회에서 사랑의 공동체를 강조한다는 것을 인식하는 것이다. 그런데 담임목사가 친교를 강조하지 않는 교회에 출석하는 성도들의 경우에는 '신앙 양육과 성숙'(35.1%)이 1위로 나왔다는 점에서 담임목사의 목회관이 영향을 미치는 것을 알 수 있다. 목회자가 공동체적 교제와 신앙 성장의 유기적 관계에 대한 철학을 가질 때 교회 소그룹의 목적이 균형을 이룰 것이다.

잘 운영되는 소그룹은 어떤 내용으로 운영하고 있는지 성도들에게

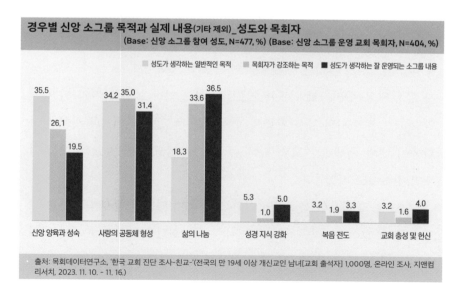

경우별 신앙 소그룹 목적과 실제 내용(기타 제외)_성도와 목회자
(Base: 신앙 소그룹 참여 성도, N=477, %) (Base: 신앙 소그룹 운영 교회 목회자, N=404, %)

■ 성도가 생각하는 일반적인 목적　■ 목회자가 강조하는 목적　■ 성도가 생각하는 잘 운영되는 소그룹 내용

	신앙 양육과 성숙	사랑의 공동체 형성	삶의 나눔	성경 지식 강화	복음 전도	교회 충성 및 헌신
성도가 생각하는 일반적인 목적	35.5	34.2	18.3	5.3	3.2	3.2
목회자가 강조하는 목적	26.1	35.0	33.6	1.0	1.9	1.6
성도가 생각하는 잘 운영되는 소그룹 내용	19.5	31.4	36.5	5.0	3.3	4.0

· 출처: 목회데이터연구소, '한국 교회 진단 조사-친교-'(전국의 만 19세 이상 개신교인 남녀[교회 출석자] 1,000명, 온라인 조사, 지앤컴리서치, 2023. 11. 10. - 11. 16.)

질문했을 때 '삶의 나눔'(36.5%)을 목적으로 하는 경우가 1위로 나왔다. 다음으로 '사랑의 공동체 형성'(31.4%)이 큰 차이 없는 2위였으며, '신앙 양육과 성숙'(19.5%)은 10%p 이상의 차이가 나는 3위였다. 이러한 결과들을 볼 때, 잘되는 소그룹에서 나눔과 공동체적 관계가 풍성한 것을 알 수 있다. 따라서 소그룹은 성경 공부나 작은 예배의 수준이 아니라, 신앙을 바탕으로 한 깊은 나눔과 교제의 공동체 형성이라는 방향으로 나아가야 한다.

3) 신앙 소그룹과 사회 봉사

한편 성도들은 신앙 소그룹에서 사회 봉사를 한다면 참여할 의향이 있는지를 질문했을 때 76.7%가 참여 의사가 있다고 했는데, '매우 있다'는 21.9%밖에 되지 않았다. '약간 있다'고 답한 54.8%는 당위론적인 것에 대한 막연한 의사를 보인 것이라고 할 수 있다. 이는 목회자도 동일하다. 목회자는 34.3%만 '꼭 해야 할 일'이라고 응답했고, 더 많은 44.3%는 '하면 좋지만 꼭 필요한 것은 아니다'라고 응답했다. 그리고 21.4%는 '소그룹은 신앙과 친교에 집중해야 한다'고 응답하여 사실상 소그룹의 사회 봉사가 필요하지 않다는 견해를 보였다. 또한 목회자가 소그룹이 사회 봉사 활동을 '필수적으로 하도록 지도한다'는 응답(7.9%)은 10%가 되지 않았고, 소그룹의 사회 봉사 활동을 '권장하는 정도'(52.4%)이거나 사회 봉사 활동에 대해 '특별한 지도가 없다'(39.6%)는 응답도 적지 않았다. 이는 성도의 경우에도 비슷하다.

소그룹의 일차적 목적이 구성원 간의 의미 있는 공동체를 이루는 것임은 맞다. 그러나 기독교 공동체는 내부 구성원만을 위하여 존재하는 것은 아니다. 내부에서 형성된 사랑과 돌봄에 진정성이 있다면, 그것은 외

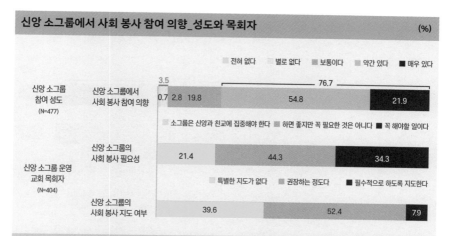

신앙 소그룹에서 사회 봉사 참여 의향_성도와 목회자   (%)

출처: 목회데이터연구소, '한국 교회 진단 조사-친교-'(전국의 만 19세 이상 개신교인 남녀[교회 출석자] 1,000명, 온라인 조사, 지앤컴리서치, 2023. 11. 10. - 11. 16.)
출처: 목회데이터연구소, '한국 교회 진단 조사-목회자(1차)-'(전국의 담임목사 506명, 온라인 조사, 지앤컴리서치, 2023. 12. 20. - 2024. 1. 2.)

부를 향해서 흘러넘치게 되어 있다. 앞서 성도들이 다른 성도들과 함께하고 싶은 활동 가운데 사회 봉사가 높은 순위에 있음을 고려해야 한다. 따라서 목회자나 소그룹 리더들은 소그룹의 일차적 목적을 견지하되, 공동체 안에서 생성된 은혜와 기쁨이 자연스럽게 사회 봉사와 같은 방식으로 외부 세계와 이웃을 향해 확장될 수 있음을 의식해야 한다.

4) 소그룹 사역이 직면한 과제는 무엇인가

이번 조사에서 현재 소그룹 사역이 직면한 과제로는 리더십 역량의 문제, 소그룹 참여 그리고 교회의 소그룹 실행 가능 규모가 대두되었다.

소그룹에서는 무엇보다도 리더의 역할이 중요하다. 같은 교회 안에서 비슷한 조건으로 편성되더라도 리더의 역량에 따라 소그룹이 매우 활발하게 활동하기도 하고, 그렇지 않은 경우도 많기 때문이다. 소그룹에

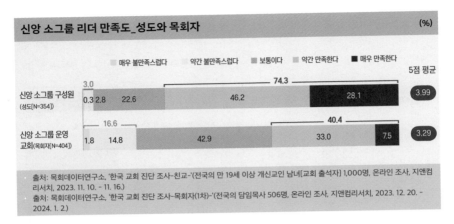

• 출처: 목회데이터연구소, '한국 교회 진단 조사-친교-'(전국의 만 19세 이상 개신교인 남녀[교회 출석자] 1,000명, 온라인 조사, 지앤컴 리서치, 2023. 11. 10. - 11. 16.)
• 출처: 목회데이터연구소, '한국 교회 진단 조사-목회자(1차)-'(전국의 담임목사 506명, 온라인 조사, 지앤컴리서치, 2023. 12. 20. - 2024. 1. 2.)

구성원(멤버)으로 참여하는 성도들은 소그룹 리더에 대해서 대체로 만족감(74.3%)을 나타냈다. 그러나 목회자는 40.4%만 만족해서 크게 차이가 났다. 결국 목회자의 기대에 크게 못 미친다는 뜻이므로 소그룹 리더 훈련을 통해서 역량을 강화하는 것이 중요하다.

소그룹의 중요성이 강조되지만, 모든 성도가 신앙 소그룹에 참여하지는 않는다. 이번 조사에서는 65.3%의 성도가 신앙 소그룹에 참여하며, 34.7%는 참여하지 않는 것으로 나왔다. 소그룹에 참여하지 않는 성도들은 그 이유로 '바빠서/시간이 없어서'(28.4%)와 '시간을 낼 수 없는 시간대에 모여서'(25.8%)를 가장 주된 이유로 선택했다. 이러한 경우에는 온라인으로 모이는 것도 하나의 방법이 될 수 있다. 서울과 같은 대도시에서는 오가는 시간이 많이 걸리는 데 반해 온라인으로 모이면 시간을 맞추기가 훨씬 수월하기 때문이다. 그리고 '소그룹의 필요성을 못 느껴서'(15.8%)와 '너무 가깝게 지내는 게 싫어서'(15.6%)도 주요 이유로 언급되었다. 따라서 이들에게 소그룹의 필요성을 인식시키고 공동체의 의미에 대해서 이해시키는 것이 매우 중요하다.

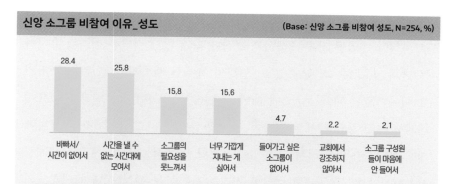

신앙 소그룹 비참여 이유_성도   (Base: 신앙 소그룹 비참여 성도, N=254, %)

바빠서/ 시간이 없어서	시간을 낼 수 없는 시간대에 모여서	소그룹의 필요성을 못느껴서	너무 가깝게 지내는 게 싫어서	들어가고 싶은 소그룹이 없어서	교회에서 강조하지 않아서	소그룹 구성원 들이 마음에 안 들어서
28.4	25.8	15.8	15.6	4.7	2.2	2.1

출처: 목회데이터연구소, '한국 교회 진단 조사-친교-'(전국의 만 19세 이상 개신교인 남녀[교회 출석자] 1,000명, 온라인 조사, 지앤컴리서치, 2023. 11. 10. - 11. 16.)

목회자들이 소그룹을 운영하지 않는 이유로는 '소그룹을 할 정도의 교회 규모가 아니라서'(69.7%)가 가장 많았는데, 이 응답은 모두 100명 미만의 교회에서 나왔다. 출석 성도 수가 30명 미만이라면 특정한 프로그램으로서의 소그룹을 운영하기가 쉽지 않을 수 있다. 하지만 소그룹의 규모가 두세 사람으로부터 가능하다면, 소수의 성도로 시작하는 간단한 기도나 신앙의 나눔 모임을 고려할 수 있다. 목회자가 먼저 일부 원하는 성도들과 함께 영적 성장을 위한 소그룹을 시작하는 것도 좋다. 소그룹을 특정 형태의 전문 사역으로 간주할 필요는 없다. 또한 평신도 리더십을 개발하는 차원에서도 소그룹 운영은 중요한 가치를 지닌다.

5) 소그룹 모임에서는 자신을 어디까지 드러내야 하는가

신앙 소그룹에 참여하지 않는 이유 4위로 '너무 가깝게 지내는 게 싫어서'가 응답된 데서 드러나듯이, 요즘 사람들은 아무리 가까운 사이라고 해도 자신의 형편을 속속들이 드러내는 것을 좋아하지 않는다. 현대인들은 과거와 같이 강한 친밀성을 바탕으로 하는 공동체에 대해서 점차 부담감을 느끼고 있다. 소그룹 참여자들은 구성원들의 관계에 대해서 '서로 사적인 내밀한 것에 대해서는 관심을 갖지 않고 적당한 거리를 유지하는 관계'(59.8%)를 더 선호했고, '일상의 세세한 것까지 서로 관심을 가지고 이야기하는 관계'(33.3%)에 대한 선호는 3분의 1이었다. 신앙 소그룹에 대해서는 '일상의 세세한 것까지 서로 관심을 가지고 이야기하는 관계'에 대해 38.1%가 응답해서 다른 소그룹보다 상대적으로 더 친밀한 관계를 선호했지만, 이 경우에도 적당한 거리를 유지하는 관계에 대한 선호도가 54.2%로 과반을 차지했다. 이것은 사생활을 중시하는 현대인의 특성이 반영된 것으로 보인다.

우리 사회는 급속하게 개인주의 사회로 변하고 있으며, 이전과 같은 집단주의식 사고와 삶의 형태는 점차 퇴조하고 있다. 혼자 살고 개인적인

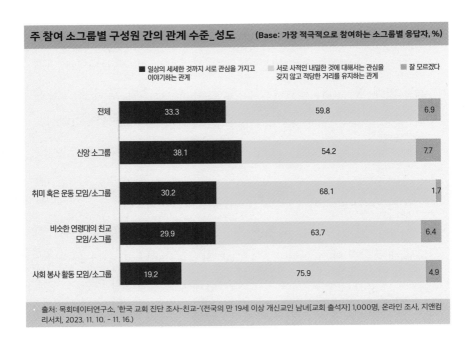

주 참여 소그룹별 구성원 간의 관계 수준_성도   (Base: 가장 적극적으로 참여하는 소그룹별 응답자, %)

■ 일상의 세세한 것까지 서로 관심을 가지고 이야기하는 관계   ■ 서로 사적인 내밀한 것에 대해서는 관심을 갖지 않고 적당한 거리를 유지하는 관계   ■ 잘 모르겠다

	일상의 세세한 것까지 서로 관심을 가지고 이야기하는 관계	서로 사적인 내밀한 것에 대해서는 관심을 갖지 않고 적당한 거리를 유지하는 관계	잘 모르겠다
전체	33.3	59.8	6.9
신앙 소그룹	38.1	54.2	7.7
취미 혹은 운동 모임/소그룹	30.2	68.1	1.7
비슷한 연령대의 친교 모임/소그룹	29.9	63.7	6.4
사회 봉사 활동 모임/소그룹	19.2	75.9	4.9

• 출처: 목회데이터연구소, '한국 교회 진단 조사-친교-'(전국의 만 19세 이상 개신교인 남녀[교회 출석자] 1,000명, 온라인 조사, 지앤컴리서치, 2023. 11. 10. - 11. 16.)

공간을 유지하면서도 필요할 때 사람들과 어울리고 도움을 받는 방식이 선호되고 있다. 느슨한 연대(weak ties)가 더욱 선호되고 있는 것이다. 하지만 전적인 개방이나 내밀한 관계를 강요하는 것은 바람직하지 않으나, 진정한 영적 친교를 위해서는 서로의 기도 제목과 중요한 삶의 과제를 나누는 수준의 교제를 균형 있게 유지할 필요가 있다.

5. 교회의 친교는 더 큰 비전을 품고 있는가?

그리스도인의 연합은 개교회 안에서뿐만 아니라 전체 한국 교회, 더 나아가 세계 곳곳의 교회들로 확장되어야 한다. 성경은 "유대인이나 헬라인이나 종이나 자유인이나 다 한 성령으로 세례를 받아 한 몸이"(고전 12:13) 되었음을 강조한다. 서로 다른 지역과 문화에 있는 교회들이라 할지라도 그리스도 안에서 "온 교회"(롬 16:23; 고전 14:23)를 이루기 때문이다. 이로 인해 우리는 사도신경에서 '거룩한 공교회'에 대한 믿음을 고백한다.

1) 공교회성에 대한 인식

성도 가운데 교회 연합 활동 경험을 가진 경우는 39.9%였고, 절반이 넘는 51.6%는 경험이 없다고 응답했다. 이처럼 교회 연합 활동이 높지 않은 것은 공교회에 대한 인식 부족과 연관이 있다. 성도의 28.9%가 '공교회'라는 용어를 '들어 본 적 없다'고 응답했다. 현재 사용하고 있는 사도신경에서 '공교회'라는 용어가 있음에도 3분의 1 정도가 들어 본 적이 없다고 응답한 것이다. 그리고 37.7%는 '용어만 들어 보았고 내용은 잘 모른다'고 응답하여 성도의 3분의 2인 66.6%가 사실상 '공교회'라는 말을 모

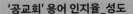

'공교회' 용어 인지율_성도   (Base: 성도 전체, N=1,000, %)

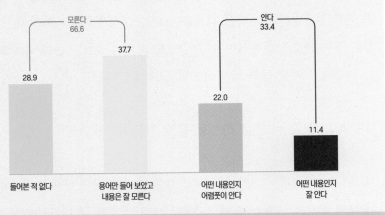

모른다
66.6

28.9   37.7

안다
33.4

22.0   11.4

들어본 적 없다   용어만 들어 보았고   어떤 내용인지   어떤 내용인지
                   내용은 잘 모른다   어렴풋이 안다   잘 안다

출처: 목회데이터연구소, '한국 교회 진단 조사-친교-'(전국의 만 19세 이상 개신교인 남녀[교회 출석자] 1,000명, 온라인 조사, 지앤컴
리서치, 2023. 11. 10. - 11. 16.)

르는 것으로 나타났다. '어떤 내용인지 잘 안다'는 응답은 11.4%에 불과했
다. 들어 본 적이 없거나 잘 모른다는 응답이 중직자 중에서도 52.6%, 신
앙 단계가 가장 높은 4단계에서도 51.2%로 절반 정도를 차지했다. 교회에
서 공교회라는 단어를 잘 사용하지 않고 이에 대한 교육도 하지 않는 결
과라고 볼 수 있다.

공교회에 대한 의미를 설명한 후에 이런 공교회의 역할이 한국 교회
에 중요한지를 물었는데, '중요하다'는 응답이 46.0%로 높지 않았다. 공교
회에 대한 이해가 부족하거나, 이해했다고 하더라도 크게 중요하지 않다
고 생각하는 것이다. 이에 대해 목회자는 92.2%가 '중요하다'고 응답하여
목회자는 공교회의 중요성에 대해 잘 인식하고 있는 것으로 나타났다.

2) 공교회와 개교회주의

성도들의 공교회에 대한 인식이 낮은 이유 가운데 하나는 개교회주의 인식이 강하기 때문이다. 성도들은 '다른 교회보다도 우리 교회가 더 성장하고 잘되어야 한다'(45.4%)는 데 절반 가까이가 동의했다. 그리고 '우리 교회 교인이라면 먼 곳에 살더라도 가까운 교회에 다니기보다는 우리 교회에 출석하는 것이 좋다'는 데 3분의 1(32.6%)이 동의했다. 자기 교회 중심의 인식이 비교적 강하고, 이웃 교회와 함께한다는 인식이 상대적으로 약한 것이다. 이것은 목회자들도 크게 다르지 않다. '다른 교회보다도 우리 교회가 더 성장하고 잘되어야 한다'는 데 40.8%가 동의했고, '우리 교회 교인이라면 먼 곳에 살더라도 가까운 교회에 다니기보다는 우리 교회에 출석하는 것이 좋다'에 41.9%가 동의하여 성도들의 응답보다 더 높았다.

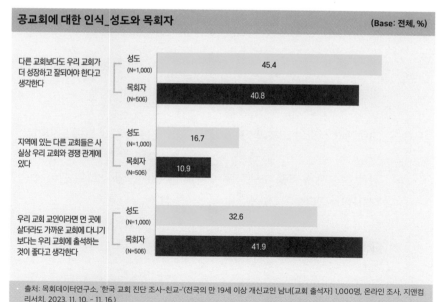

공교회에 대한 인식_성도와 목회자 (Base: 전체, %)

- 출처: 목회데이터연구소, '한국 교회 진단 조사-친교-'(전국의 만 19세 이상 개신교인 남녀[교회 출석자] 1,000명, 온라인 조사, 지앤컴리서치, 2023. 11. 10. - 11. 16.)
- 출처: 목회데이터연구소, '한국 교회 진단 조사-목회자(1차)-'(전국의 담임목사 506명, 온라인 조사, 지앤컴리서치, 2023. 12. 20. - 2024. 1. 2.)

'지역에 있는 다른 교회들은 사실상 우리 교회와 경쟁 관계에 있다'
는 데에는 목회자와 성도 모두 10% 안팎으로 낮은 동의율을 보였다. 이
표현은 부정적인 내용이기에 비록 동의를 표한 이들은 적었지만, 앞서 나
온 자기 교회 위주의 응답 양상을 보면 사실상 교회 간 경쟁 심리에서 자
유롭다고 보기는 힘들다. 성도와 목회자 모두 각 교회가 예수 그리스도
안에서 하나를 이루는 보편적 교회에 속했음을 더욱 상기해야 한다.

III. 10대 핵심 발견

1. 교회 안의 친교는 신앙의 단계와 비례한다. 신앙이 성숙할수록 성도
    들 사이의 친밀감이 더욱 높다. 신앙의 성장과 성도의 교제는 함께
    간다.

2. 성도의 교제를 위해서 넘어야 할 장벽은 개인의 성격과 라이프 스타
    일의 차이다.

3. 교회에서 성도의 교제가 가장 활성화되는 곳은 신앙 소그룹 모임이다.

4. 서로 진실하게 죄를 고백하는 수준의 대화는 신앙 소그룹 안에서 좀
    더 자연스럽다.

5. 교회에서 서로의 필요를 도와주는 부분에서 성도는 목회자보다 만
    족도가 낮다.

6. 경제적 어려움에 처할 때 교회에 도움을 요청할 의향이 있는 성도가

40%가 넘지만, 동시에 교회에서 도와주는 제도가 있는지를 모르는 성도도 40%가 넘는다.

7. 사회 봉사 활동은 성도들이 교회에서 함께 경험하고 싶은 공동체적 교제의 주요 통로다.

8. 소그룹 리더에 대한 만족감은 목회자(40.4%)보다 성도(74.3%)가 훨씬 높다.

9. 교회의 연합과 공교회의 중요성에 대한 인식에서 목회자와 성도 간 격차는 크다. 그러나 실제로는 목회자와 성도 모두 강한 개교회주의 성향을 보인다.

10. 성도의 교제에 대해서 목회자는 성도보다 덜 만족스러워한다. 반면 성도들은 목회자에게서 친교와 공동체의 중요성을 충분히 듣지 못했다.

IV. 시사점
- 한국 교회, 친교의 영성을 회복하라!

친교나 공동체라는 단어를 들으면 훈훈한 느낌이 온다. 인간적인 친밀감을 물씬 풍긴다. 현재 한국 사회에서 공동체가 사라진다는 위기의식이 높아지는데, 이러한 측면에서 교회의 공동체성은 매력적이다. 하지만 공동체성이 진작되기 위해서는 견고한 기초가 필요하다. 그것은 바로 친교의 영성이다. 교회의 친교를 가리키는 성도의 교제는 신앙 고백의 영역이다. 성도의 교제는 단순히 교회에서 친밀하게 지내는 수준의 관계가 아니라, 그리스도의 몸을 이루는 지체들의 유기적 연합이다. 따라서 교회의 친교는 인간적으로 친밀한 관계에 앞서 한 몸이라는 의식을 가지고 서로에 대해 영적인 책임감을 갖는 관계의 문제다.

이번 조사에서 담임목사가 설교에서 성도 간의 친교와 교제를 '강조한다'고 보는 성도의 비율은 60%에도 채 미치지 못했다. 교회가 진정한 친교와 교제가 있는 공동체로 성숙하기 위해서는 담임목사를 비롯하여 교회 내에 가르치는 위치에 있는 리더들이 성도들에게 성경의 진리에 근거한 바람직한 친교와 교제의 필요성 및 대안을 꾸준하게 강조하는 것이 급선무인 것을 확인할 수 있다. 특히 신앙 단계가 낮은 성도일수록 공동체성이 약하다는 조사 결과는, 교회 전체 공동체성의 동반 성숙을 위해서는 친교와 교제의 필요성과 공동체성을 위한 대안적 전략을 체계적이면서도 지속적으로 가르치고 경험하게 하는 시스템이 교회 내에 반드시 필요하다는 사실을 보여 준다. 따라서 더욱 성숙한 성도의 교제가 형성되기 위해서는 교회의 친교가 기초를 두고 있는 영성의 확립이 요구된다.

1. 개인적 차이를 넘어 그리스도 안에서 하나 됨을 이루는 교회의 친교

교회의 친교 영역을 분석하면서 드러난 문제 가운데 하나는 개인의 성격과 라이프 스타일의 차이로 인한 것이다. 오늘날 사람들이 서로 관계 맺는 방식은 취향 공동체, 혹은 느슨한 연대라고 불린다. 관심사나 연령대가 다르거나, 심지어는 사회-경제적 수준이 다른 사람들과 관계를 맺으려면 서로의 차이로 인한 불편함을 감수해야 한다. 그러다 보니 예상되는 차이가 초래할 부담을 덜기 위해 유유상종이 당연해졌다. 또한 소속이나 헌신을 요구하는 공동체를 꺼리기 때문에 만남과 떠남이 자유로운 동호회와 같은 모임을 선호하게 된다. 그리스도의 몸을 이루며 서로 하나 됨을 추구하는 교회 공동체는 이러한 시대 풍조에 역행하는 듯하다. 동질성에 기초하는 모임이 처음 신앙생활을 시작하는 사람이나 공감과 위로가 필요한 사역에서는 도움이 된다. 그러나 교회에서 성도의 교제가 동질 집단에서만 이루어지는 것은 서로 다른 지체들이 그리스도의 한 몸을 이루어야 하는 기독교 공동체적 원리와 어긋난다.

동질 집단의 모임이 친숙하고 편안하지만, 다양성을 기초로 한 모임이 주는 유익도 크다. 필립 얀시(Philip Yancey)는 자신의 교회에서 인종, 계층, 학력이 혼합된 이들을 대상으로 성경 공부를 진행하면서 교회 안의 다양성은 유쾌함을 제공할 뿐 아니라, 복음의 신비한 능력을 목도할 수 있게 했다고 고백한다.

> 나는 복음의 능력에 놀랐다. 몇 천만 원씩 버는 고학력의 전문직 종사자들에게든 일자무식의 노숙자들에게든 복음은 동일했다. 그때부터 나는 교회를, 나와 다른 사람들이 함께하는 장소로 희구하게 되었다. 외형으로야 우리는 공통점이 거의 없었다. 그러나 예수 그리스도를 향한 헌신이 우리를 하나의 공동체로 묶었다.[5]

서로 다른 사람들이 개개인의 차이로 인한 불편함과 차별이 아닌 존중과 공감을 통해 함께 그리스도의 몸을 이룰 때, 그들이 경험하는 세계는 더욱 확대된다. 신약의 교회를 출발시킨 오순절 성령 강림의 사건도

원근 각지에서 다르게 살아왔던 다양한 하나님 백성의 모임이었다. 사도 바울은 고린도교회의 성도들을 향하여 그리스도의 몸을 이루어 "오직 여러 지체가 서로 같이 돌보게 하셨느니라"(고전 12:25)라고 강조한다. 따라서 개인적 차이를 넘어서 서로 격려하고 돌보는 공동체에 헌신하는 것은 예수 그리스도의 복음이 요구하는 삶이다. 목회자들은 성도의 교제가 오직 예수 그리스도 안에서 그리고 예수 그리스도를 통해서 세상의 모든 경험과 지위를 초월하는 새로운 피조물이 되어 공동체를 이루기 위함임을 알리고 교육하는 친교의 영성을 확립해야 한다.

2. 교회의 친교는 자기 부인의 영성을 요구

성도의 교제라는 단어가 풍기는 부드럽고 따뜻한 분위기에도 불구하고, 여기에는 자신보다 다른 사람을 더욱 돌보고 타인의 필요에 부응하여 그를 섬기는 자기희생이 내포되어 있다. 이는 예수께서 말씀하신 것처럼 "자기를 부인하고 자기 십자가를 지고"(마 16:24) 따르는 헌신을 요구한다. 원래 친교를 뜻하는 '코이노니아'(koinonia)라는 그리스어는 단순히 친밀한 관계를 의미하는 것이 아니라, 코이노니아를 통하여 자기 중심성을 넘어서 공동의 목적과 이웃을 위한 봉사 활동에 협력하고 참여하기 위함이었다.[6] 더 크고 깊은 차원의 섬김을 위한 교제이지, 자기들만의 교제나 동맹 그 자체가 목적이 아니었다. 따라서 진정한 교회의 친교는 자기의 유익과 평안에만 몰두하는 욕구를 버리고 그리스도 안에서 형제자매 된 이들을 영적으로 섬기는 가운데 서로를 돌보는 사랑의 공동체를 이루어 이웃과 세상을 섬기기 위함이다.

오늘날 세상은 많은 사람이 눈물의 국에 상처의 밥을 말아 먹고 살면서 외로움을 토로하는 사회 구조가 되어 가고 있다. 성도들도 이러한 시대 속에서 살아간다. 항상 따뜻한 개념으로 다가오던 기초 공동체인 가정이 개인주의와 1인 가구의 증대로 사라지면서 믿을 만한 이웃도 잃어버린 불안한 상황 속에 내몰려 있다. 결국 근본적으로 사회적 관계를 지향하고 코이노니아적인 특성을 가지고 있는 인간의 본성이 심각한 위협을 받고 있다. 이러한 상황 속에 그리스도를 머리로 한 지체와 공동체 된 믿는 자들의 모임인 교회가 존재한다. 이는 그리스도 안에서 자기를 부인하며 타인을 섬기고, 그리스도의 말씀으로 서로를 격려하며 이웃을 사랑하기로 한 자들의 공동체다.

이러한 자기 부인의 영성이 교회 안에서 견고하게 세워질 때, 비로소 성도들은 서로의 실질적 필요와 당면한 문제를 해결하기 위해 협력할 것이다. 또한 이번 조사에서 나온 것처럼, 공동체적 교제의 중요한 통로인 사회적 봉사를 통한 친교도 경험하게 될 것이다. 친교를 통해 공동의 목적을 성취할 때 오는 기쁨을 누리는 교회에 생기가 넘치는 것은 당연하다. 이는 사도행전 2장과 4장에서 성령이 임했을 때 나타났던 예루살렘교회의 모습이기도 하다.

3. 진정한 친교를 지향하는 소그룹 공동체

교회는 "오직 사랑 안에서 참된 것을 하여 범사에 그에게까지 자랄지라"(엡 4:15)라는 말씀 그대로 머리이신 그리스도에게까지 끊임없이 자라가야 할 생명적 유기체다. 교회를 생명적 유기체로 이해할 때, 그리스도에게까지 계속 성장하는 건강한 교회가 되기 위해서는 몸을 구성하고 있는 최소 단위인 세포가 건강할 때 건강을 유지하고 성장할 수 있듯이, 교회 내 가장 작은 공동체인 '교회 안의 작은 교회'(Church in Church), 곧 소그룹의 건강성을 유지하는 것이 절대적이다.

지금까지 한국 교회는 이 소그룹을 전통적으로 '구역'이라고 부르기도 하고, 사랑방, 다락방, 순, 가정 교회 그리고 해외 교회의 영향을 받은 교회에서는 셀(Cell)과 같은 다양한 이름으로 불러 왔다. 결국 이름이 무엇이든, 모든 교회는 머리 되시는 그리스도의 몸인 교회의 성장과 성숙을 위해서 조금씩 강조점을 달리하는 다양한 소그룹 유형을 통해 소그룹 사역을 해 온 것이다.

앞서 말한 친교 공동체의 가장 대안적인 유형은 교회 내의 작은 교회인 소그룹이라 할 수 있다. 교회 안에서 이루어지는 진실한 영적 교제와 필요를 돕는 섬김이 소그룹에서 더욱 활성화되었다. 교회 내 소그룹 모임을 신앙 모임 목적과 함께 진정한 교제(기도와 물질적 나눔, 제반 삶의 나눔 등)와 교회의 대내외적 사역까지 감당할 수 있는 다양한 소그룹으로의 전환도 필요하다. 이를 위해 소그룹의 철학과 목적, 멤버들을 이끄는 리더십과 인도 스킬 그리고 교회가 가진 친교의 중요성과 밀도를 이해하는 교회 내 리더의 지속적인 양육 시스템이 필요하다.

함께 땀 흘리는 사역 속에서 진정한 교제를 경험한다는 점을 고려하여, 교회의 내적 사역은 물론, 교회 밖의 의미 있는 사역(지역 사회 섬김, 비전 트립, 연약한 이들을 위한 봉사, 국내외 선교 등)을 소그룹별로 감당하게 하는 것이 필요하다. 내부 지향적 소그룹을 넘어서 이웃을 섬기는 소그룹으로 발전되어야 한다.

한 가지 유념할 것은, 소그룹은 다양한 인력과 프로그램을 갖춘 대형 교회만이 할 수 있는 특별하고 전문적인 사역이 아니라는 것이다. 소그룹의 핵심은 그리스도 안에서 책임 있는 성도의 교제를 경험하는 것이다. 소그룹은 그러한 교제를 위한 적정 규모일 뿐이다. 작은 교회는 그 자체로 공동체적 소그룹이 될 수 있다. 이번 조사에서 작은 규모의 교회들이 성도들의 상호 관심과 돌봄에서 더욱 활발하다는 것이 드러났다. 작은 교회는 그 자체로 성도들에게 크고 다양한 세계를 경험시킬 수 있는 이점도 있다. G. K. 체스터튼(Chesterton)은 "작은 공동체에서 사는 사람이 훨씬 더 큰 세계에서 사는 것"이라고 말한 바 있다.[7] 큰 공동체에 속한 사람은 많은 사람과 모임 가운데 자신이 교류할 사람과 참여할 모임을 선택하지만, 작은 공동체에 속한 사람은 교류하고 참여할 모임이 이미 주어져 있기 때문이다. 비록 자신의 취향과 관심이 같은 사람들은 아니겠지만, 이는 훨씬 더 다양한 사람들과 교류하며 세상에 대한 이해와 경험의 폭을 높여 성숙한 존재가 되게 할 것이다.

결론적으로, 교회의 친교는 궁극적으로 세상을 섬기고 변화시키는 제자도로 이어져야 한다. 다양한 은사와 전문성을 가진 성도들은 세상과 사회에 강력한 영향력을 끼칠 수 있는 '사자와 호랑이'인 것을 인식하고, 고양이 밥을 먹이면서 교회 내수용 리더로 세우는 관성을 내려놓으라. 비슷한 은사와 전문성(직업)을 가진 성도들이 힘을 합쳐 세상을 섬기면서 친교할 수 있는 방안을 마련할 필요가 있다. 선교 140년의 역사를 가진 한국 교회 성도들은 편안한 천국인 교회 안에 머물고 싶어 하는 경향이 크다. 그러나 목회자들은 성도들에게 복음으로 준비되어 하나님의 통치를 실현해야 한다는 것을 설교와 양육과 소그룹에서 강조할 필요가 있다.

V. 적용을 위한 토론 질문

1. 당신의 경험으로 볼 때, 소속된 교회의 성도들의 교제는 영적인 교제와 사회적인 교제 중에서 어느 쪽에 더 가깝다고 보는가? 왜 그렇게 생각하는가?

2. 당신이 교회에서 경험한 성도의 교제 중에서 가장 기억에 남고 기쁨과 위로를 얻었던 것이 있다면 무엇인가?

3. 당신은 소속된 교회의 분위기가 외부인(혹은 새 신자)이 처음 왔을 때 편안함 또는 환영받는 느낌을 갖게 한다고 생각하는가? 그렇게 생각하는 이유는 무엇인가?

4. 당신이 소속된 교회의 성도들은 신앙과 삶의 문제에 대해서 진실하고 깊은 대화를 나눈다고 생각하는가? 1(매우 아님) - 2(약간 아님) - 3(보통) - 4(약간 그럼) - 5(매우 그럼)의 척도로 평가하라. 왜 그렇게 생각하는가?

5. 당신이 소속된 교회에서는 소그룹이 잘 운영된다고 생각하는가? 잘되는 이유, 혹은 안 되는 이유는 무엇이라고 생각하는가?

6. 당신이 소속된 교회에는 소그룹 리더의 역할을 맡을 수 있는 성도가 얼마나 된다고 생각하는가? 소그룹 리더를 양성하기 위해 교회에서 어떠한 지원을 제공해야 한다고 생각하는가?

4

예수의 섬김,
봉사를 진단하다

선한 행실이 선한 사람을 만들지 않는다.
그러나 선한 사람은 선한 행실을 한다.

/ 마르틴 루터(Martin Luther)

믿음과 행위는 하나로 묶여 있다. 하나님께
순종하는 자는 하나님을 신뢰하며, 하나님을
신뢰하는 자는 하나님께 순종한다. 믿음이
없는 자는 행위가 없고, 행위가 없는 자는 믿
음이 없다.

/ 찰스 스펄전(Charles Haddon Spurgeon)

만약 우리가 편안함, 사치, 오락 등에 쓰는 지출이
같은 소득을 가진 사람들 사이에서 일반적인 수준
에 맞춰져 있다면, 아마도 우리는 너무 적게 기부
하고 있는 것이다. 기독교 자선 활동에서, 만약 우
리의 기부가 전혀 우리에게 부담이 되지 않는다면
그것은 너무 작은 기부라고 말할 수 있다.

/ C. S. 루이스(Lewis)

내가 생각하며 살 곳은 내 중심의 좁은 곳이 아닙니다.
온 누리의 한없이 넓은 곳을 살도록 허락되어 있습니다.
그러나 아직도 내가 만든 우물 속에서 나오지 못한 사
람이 많이 있습니다.

/ 한경직

I. 여는 글
– 봉사와의 대면

1. 성경이 말하는 사회 봉사

하나님 사랑과 이웃 사랑은 예수께서 말씀하신 대로 성경 전체를 아우르는 가장 큰 계명이다(마 22:37-40). 하나님을 사랑하는 신앙은 이웃을 사랑함으로 표현된다. 하나님은 믿음의 조상 아브라함을 부를 때 그를 통하여 온 세상이 복을 받으며, 이스라엘은 의와 공도를 행하는 백성이 되게 하겠다고 하셨다(창 12:1-3, 18:18-19). 마찬가지로 예수께서는 당신을 따르는 이들의 역할에 대해 세상을 밝히고 부패하지 않게 하는 빛과 소금으로 규정하셨다(마 5:13-14). 소금과 빛의 역할은 교회 안에서가 아니라 세상 속에서 감당해야 하는 일이다. 교회 안에서 일어나는 사역들, 즉 경건한 예배, 다음 세대를 위한 교육, 성도의 교제, 복음 전도와 선교는 모두 중요하다. 그러나 이러한 교회 내부의 신앙 활동이 세상 속에서 하나님과 이웃을 사랑하는 빛과 소금의 삶으로 나타나지 못하면, 그것은 '행함이 없는 죽은 믿음'(약 2:17)이라 해도 과언이 아니다. 교회는 그리스도의 아름다운 덕을 선포하기 위해 부름 받은 공동체(벧전 2:9)이기 때문이다.

2. 문제 제기와 논의 방향

한국 교회는 초기부터 봉사와 섬김의 역할을 잘 보여 주었다. 초기 한국 교회는 의료, 교육, 인권 분야에서 큰 기여를 했고, 오늘날에도 지역 발전, 사회 복지, 문화, 경제, 남북 관계, 정치적 민주화 등에서 중요한 역할을 해 왔다. 오늘날 한국 교회는 봉사와 섬김의 사명을 더욱 요구받고 있다. 모든 시대에는 돌봄이 필요한 사람들과 영역이 존재한다. 특히 최근에는 경제적 양극화로 인해 물질적 돌봄이 절박한 사람들이 늘어나고, 개인주의와 고령화로 인해 많은 사람이 정신 건강의 위협과 외로움에 놓여 있다. 종교 개혁자 존 칼빈(Jean Calvin)은 비록 우리가 모르는 사람, 혹은 봉사할 의무가 없다고 느끼는 사람에 대해서도 "우리에게 크고 많은 은혜를 주시고 자신에 대한 의무를 지우신 주께서는, 이를테면 그를 자신의 자리에 두시고 그를 향해서 우리가 받은 은혜들을 인정하라고 하신다"라고 말한다.[1] 이와 같이 봉사와 섬김은 하나님의 형상으로 지음 받은 사람들을 돌보는 신앙의 근본 자세로부터 비롯된다. 한 나무의 좋음을 그 열매로 알 수 있듯이(마 7:17-19), 성도는 봉사와 섬김의 열매로 참된 믿음을 입증할 수 있다.

한국 교회 성도들의 사회 봉사에 대한 인식 및 실천 현황을 살펴보면 전체적으로 그 중요성에 대해서는 대체로 동의하는 것으로 나타난다. 그러나 지역 사회 봉사를 교회의 본질적 사명으로 여기는 인식은 약하다. 이웃 섬김이 곧 하나님 나라의 사역에 참여하는 것이라는 인식도 당연히 부족하다. 연령대가 젊을수록 사회 봉사를 교회의 필수 과제로 여기는 인식도 약화된다. 교회와 교회 간, 또한 교회와 사회 간 공동의 선을 위해서 협력하는 과제도 많이 보완될 필요가 있다. 그럼에도 이번 조사에서 희망을 가질 수 있는 것은, 한국 교회와 성도 대부분이 이웃을 섬기는 삶이 하나님과의 교제이자 예배를 삶으로 실천하는 것이라고 응답했다는 점이다. 이는 앞으로 교회에서 신앙과 봉사의 본질적이고 긴밀한 관계를 더욱 높은 비중으로 가르치고 실천할 수 있는 기회를 제공한다면 성도들의 사회적, 공적 신앙이 형성될 여지 또한 충분하다는 것이다. 이 장에서는 한국 교회와 성도들의 봉사와 섬김에 대한 인식과 실천 그리고 과제를 다음의 다섯 가지 이슈를 통해 진단하고자 한다.

1. 한국 교회는 사회 봉사를 얼마나 중요하게 여기는가?
2. 교회와 그리스도인은 사회 봉사를 어떻게 하고 있는가?
3. 교회의 사회 봉사는 어떠한 유익이 있는가?
4. 우리 교회는 사회 봉사를 잘하고 있을까?
5. 한국 교회는 사회 봉사의 더 큰 비전을 품고 있는가?

II. 진단

1. 한국 교회는 사회 봉사를 얼마나 중요하게 여기는가?

하나님 사랑과 이웃 사랑은 분리될 수 없는 하나의 대계명이다. 하나님은 약한 자들인 고아와 과부와 나그네를 사랑하며 정의를 행하는 분이시다 (신 10:18). 예수께서도 가난한 자, 병든 자, 갇힌 자를 돌보는 것이 곧 예수님 당신을 돌보는 것(마 25:35-40)이라고 말씀하셨다. 가난하고 약한 자들을 섬기는 것은 기독교 신앙의 핵심 실천이다. 그렇다면 교회와 성도들은 이러한 사회적 봉사를 얼마나 비중 있게 여기고 있을까?

1) 기독교 신앙에서 사회 봉사의 위치

이번 조사에서 성도들에게 신앙이 좋은 사람의 이미지 두 가지를 선택하라고 했을 때, '일상을 잘 사는 사람'이 1위(67.1%)였고, 그다음은 '교회 봉사뿐만 아니라 사회 봉사를 열심히 하는 사람'(23.1%)이었다. 즉 성도들은 일상에서 선한 행실과 사회적 봉사를 실천하는 모습을 모범적인 신앙인의 필수 조건으로 인식한다. 반면, 성도 본인이 중요하게 여기는 교회 사역을 고르게 했을 때 1위는 압도적으로 '예배'였다(72.6%). '사회 봉사'는 10.7%로서 '전도/선교'(12.1%)에 이어 3위였다. 절대다수가 예배를 가장 중요하게 여기는 사역이라고 응답하여, 그 외의 다른 사역 간 차이는 의미가 없을 정도다. 신앙 단계별로 보면, 사회 봉사를 가장 중요하게 여기는 경우가 기독교 입문층인 신앙 1단계의 경우에는 23.3%, 성숙한 신앙인이라 할 만한 4단계의 경우에는 0.5%였다.[2] 즉 신앙이 깊지 않은 사람일수록 교회에서 가장 중요한 사역으로 사회 봉사를 선택하는 경우가 더 많았다. 반면 신앙의 수준이 깊은 사람 중에 사회 봉사를 중요하게 여긴다는 응답은 1% 미만에 머물렀다.

본인이 가장 중요하게 여기는 사역_성도		사례 수 (명)	예배	전교/ 선교	사회 봉사	친교/ 교제	교육	계
구분								(Base: 성도 전체, %)
전체		(1,000)	72.6	12.1	10.7	2.4	2.1	100.0
신앙 단계	1단계 기독교 입문층	(158)	64.0	5.4	23.3	4.9	2.4	100.0
	2단계 그리스도 인지층	(273)	64.1	16.0	14.3	3.5	2.1	100.0
	3단계 그리스도 친밀층	(372)	78.7	11.4	8.1	1.3	0.6	100.0
	4단계 그리스도 중심층	(198)	79.9	13.7	0.5	1.0	4.9	100.0

• 출처: 목회데이터연구소, '한국 교회 진단 조사-예배-'(전국의 만 19세 이상 개신교인 남녀[교회 출석자] 1,000명, 온라인 조사, 지앤컴리서치, 2023. 11. 7. - 11. 15.)

여기서 주목해야 할 점은, 현재 한국 교회 성도들의 인식에서 신앙의 깊이와 사회 봉사의 중요성이 비례하지 않는다는 것이다. 하나님 사랑과 이웃 사랑이 함께한다면, 신앙이 좋을수록 사회 봉사를 하려는 마음도 동반 상승해야 할 것이다. 그러나 현실은 그렇지 않다. 이는 사역별 만족도에서도 드러난다. 가장 성숙한 신앙 수준이라 할 4단계 성도의 사회 봉사를 통한 만족도는 52.5%로서, 그들이 느끼는 다른 사역들에 대한 만족도에 비해 가장 낮다(예배=92.6%, 교육=79.2%, 교회 봉사=74.7%, 친교/교제=71.3%, 전도/선교=60.3%). 신앙생활을 활발히 하는 성도들은 그렇지 않은 성

교회 사역별 만족도('만족한다' 비율)_성도								(Base: 성도 전체, %)
구분		사례 수 (명)	예배	친교/ 교제	교육	교회 봉사	전도/ 선교	사회 봉사
전체		(1,000)	78.5	56.0	55.4	52.1	40.8	39.7
신앙 단계	1단계 기독교 입문층	(158)	63.9	37.7	35.0	36.1	21.8	31.6
	2단계 그리스도 인지층	(273)	69.9	49.7	42.5	40.7	28.5	35.5
	3단계 그리스도 친밀층	(372)	83.5	60.2	60.9	55.2	47.6	39.3
	4단계 그리스도 중심층	(198)	92.6	71.3	79.2	74.7	60.3	52.5

- 출처: 목회데이터연구소, '한국 교회 진단 조사-예배-'(전국의 만 19세 이상 개신교인 남녀[교회 출석자] 1,000명, 온라인 조사, 지앤컴리서치, 2023. 11. 7. - 11. 15.)

도들에 비해 교회 사역 대부분에서 훨씬 높은 만족도를 보이지만, 사회 봉사 영역에서의 만족도 차이는 대폭 좁혀진다. 물론 신앙이 좋은 사람들이 전반적으로 사회 봉사의 실천도 더 많이 한다. 하지만 사회 봉사를 통한 만족도는 다른 사역에 비해서 떨어진다. 신앙 수준이 낮은 성도들은 교회를 일종의 사회 봉사 기관으로 생각하는 경향이 있다고 볼 수 있다. 이 또한 신앙의 올바른 이해는 아니다. 반대로 신앙 수준이 높은 이들에게서 사역의 중요도나 만족도에서 예배가 압도적인 비중을 차지하면서 사회 봉사가 상대적으로 약화되고 있다. 신앙이 사회 봉사를 통해 온전히 표현되지 않는다면, 그러한 신앙이 정말로 진정성과 깊이가 있는지 재고해야 한다.

2) 사회 봉사는 교회의 의무인가

교회가 사회 봉사를 꼭 해야 하는지에 관한 질문에 19세 이상 성도의 67.1%, 목회자의 76.9%가 '꼭 해야 한다'고 응답했다. 특히 '작은 교회라도 사회 봉사는 꼭 해야 한다'에 대해서도 성도 62.9%, 목회자 74.9%가 응답하여, 여건의 차이는 있어도 사회 봉사는 해야 한다는 의견이 많았다. 이처럼 많은 사람이 사회 봉사 활동의 중요성을 인식하고 있는 것은 긍정적이다. 그러나 연령대별 응답률을 보면 다소 충격적인 결과가 나온다. 교회가 사회 봉사를 '꼭 해야 한다'고 응답한 비율은 60세 이상 74.9%, 50대 74.2%, 40대 65.4%, 30대 47.2%, 19-29세 41.2%로 나타났다. 즉 나이가 젊을수록 '꼭 해야 한다'의 비율이 낮아지고 있으며, 중고등학생 조사 결과에서는 불과 23.0%만이 '꼭 해야 한다'고 응답했다.

상대적으로 젊은 세대에서 사회 봉사에 높은 비중을 두지 않는 통계가 나온다는 것은 그냥 지나칠 수 없는 숙제다. 우선, 젊은 세대가 타인

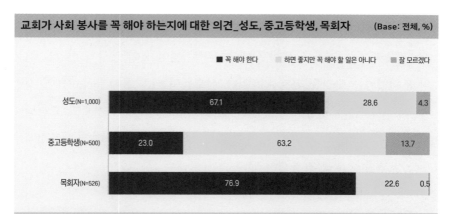

교회가 사회 봉사를 꼭 해야 하는지에 대한 의견_성도, 중고등학생, 목회자 (Base: 전체, %)

■ 꼭 해야 한다　　■ 하면 좋지만 꼭 해야 할 일은 아니다　　■ 잘 모르겠다

	꼭 해야 한다	하면 좋지만 꼭 해야 할 일은 아니다	잘 모르겠다
성도(N=1,000)	67.1	28.6	4.3
중고등학생(N=500)	23.0	63.2	13.7
목회자(N=526)	76.9	22.6	0.5

· 출처: 목회데이터연구소, '한국 교회 진단 조사-사회 봉사-'(전국의 만 19세 이상 개신교인 남녀[교회 출석자] 1,000명, 온라인 조사, 지앤컴리서치, 2023. 11. 21. - 11. 28.)
· 출처: 목회데이터연구소, '한국 교회 진단 조사-중고등학생-'(전국의 교회 출석 중고등학생 500명, 온라인 조사, 지앤컴리서치, 2024. 1. 5. - 1. 11.)
· 출처: 목회데이터연구소, '한국 교회 진단 조사-목회자(2차)-'(전국의 담임목사 526명, 온라인 조사, 지앤컴리서치, 2024. 1. 5. - 1. 15.)

에 대한 관심보다는 개인의 생존 이슈에 더 민감할 수밖에 없는 현실을 감안할 수밖에 없다. 사회 봉사가 곧 기독교 신앙임을, 이웃 사랑이 곧 하나님 사랑임을 알게 하기 위해 다음 세대 및 청년층과 함께 사회 봉사라는 교회의 사명을 공유하고 참여하는 장을 더 넓혀야 한다. 이러한 결과가 나오게 된 교회적·사회적 상황과 세대별로 겪게 되는 사회적 맥락들에 대한 심도 있는 논의가 필요하다.

3) 사회 봉사가 교회의 우선순위에서 밀리는 이유

교회가 꼭 사회 봉사를 할 필요는 없다고 응답한 이들에게 그 이유를 묻자, '교회의 인적, 재정적 여유가 있으면 해도 되지만 여유가 없으면 굳이 안 해도 되므로'라는 응답이 성도 57.6%, 목회자 38.4%로 가장 많았다. 이는 현실적인 여건을 따질 때 교회에서 사회 봉사의 우선순위는 뒤로 밀릴 수 있음을 의미한다. 그만큼 교회의 존재 목적과 사회 봉사의 연관성에 대한 인식이 약하다. 눈길을 끄는 점은, 목회자에 대한 조사에서도 '교회는 영적 기관이므로 사회 봉사와는 관련이 적어서'라는 응답이 23.1%나 된다는 것이다. 목회자 네 명 중 한 명이 사회 봉사와 신앙을 거의 분리시키는 관점을 견지하고 있다. 성도들이 사회 봉사를 중요하게 생각하면서도 사회 봉사와 신앙의 연결 고리가 다소 약한 것으로 드러난 데에는 이들을 지도하는 목회자들의 신앙과 사회 봉사에 대한 이분법적 태도가 영향을 줬을 가능성이 있다.

또한 '교회가 사회 봉사를 하려는 동기가 순수한 이웃 사랑의 동기가 아니므로'(성도 18.8%, 목회자 18.6%)라는 응답도 다섯 명 가운데 한 명 정도로 높게 나왔다. 이는 교회의 사회 봉사가 전도를 위한 수단이 될 경우

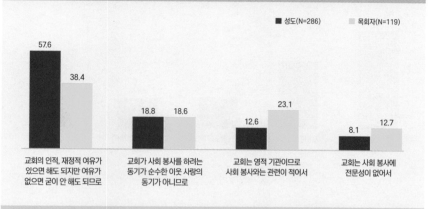

교회의 사회 봉사가 필수적이지 않다는 의견에 대한 이유_성도와 목회자
(Base: 사회 봉사는 교회의 필수적 사역이 아니라는 응답자, %)

■ 성도(N=286)　□ 목회자(N=119)

	성도	목회자
교회의 인적, 재정적 여유가 있으면 해도 되지만 여유가 없으면 굳이 안 해도 되므로	57.6	38.4
교회가 사회 봉사를 하려는 동기가 순수한 이웃 사랑의 동기가 아니므로	18.8	18.6
교회는 영적 기관이므로 사회 봉사와는 관련이 적어서	12.6	23.1
교회는 사회 봉사에 전문성이 없어서	8.1	12.7

- 출처: 목회데이터연구소, '한국 교회 진단 조사-사회 봉사-'(전국의 만 19세 이상 개신교인 남녀[교회 출석자] 1,000명, 온라인 조사, 지앤컴리서치, 2023. 11. 21. - 11. 28.)
- 출처: 목회데이터연구소, '한국 교회 진단 조사-목회자(2차)-'(전국의 담임목사 526명, 온라인 조사, 지앤컴리서치, 2024. 1. 5. - 1. 15.)

사회 봉사의 진정성을 의심하는 시각도 상당하다고 볼 수 있다. 〈국민일보〉와 코디연구소가 공동으로 조사한 바에 따르면, 우리나라 국민은 '이웃을 위한 봉사를 진정성 있게 하는 종교'에서 천주교를 28.9%, 기독교를 13.6%라고 응답했다.[3] 국민은 기독교 교회의 사회 봉사가 전도를 위한 수단이 되었다고 인식하고 있는데, 이에 대해 교회 내부에서도 동일한 생각을 갖고 있었다.

4) 그리스도인은 왜 사회 봉사를 하는가

사회 봉사의 경험이 있는 성도에게는 사회 봉사 참여 동기를 물었고, 사회 봉사 경험이 없는 성도에게는 어떤 동기로 사회 봉사를 해야 한다고 생각하는지를 물었다. 그 결과 사회 봉사의 동기로는 '그리스도인의 사명을 다하기 위해'(38.8%)와 '내가 받은 혜택을 사회에 돌려주기 위해'(26.5%)

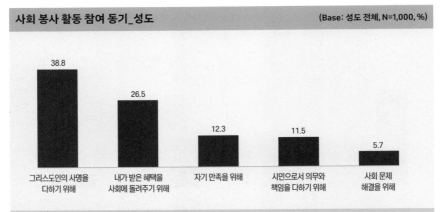

출처: 목회데이터연구소, '한국 교회 진단 조사-사회 봉사-'(전국의 만 19세 이상 개신교인 남녀[교회 출석자] 1,000명, 온라인 조사, 지앤컴리서치, 2023. 11. 21. - 11. 28.)

라는 응답이 가장 높았다. 성도에게는 신앙적 동기가 사회 봉사의 가장 큰 이유임을 확인할 수 있다. 그리고 공동체 일원으로서의 책임 의식도 사회 봉사의 중요한 이유였다.

2. 교회와 그리스도인은 사회 봉사를 어떻게 하고 있는가?

1) 사회 봉사 활동 참여 계기

그리스도인은 어떤 계기를 통해 봉사 활동을 할까? 어떻게 하면 봉사에 나서게 할 수 있을까? 이번 조사에서 최근 1년 사이에 사회 봉사 활동을 시작한 계기를 살펴보면, '누군가로부터 요청이나 권유를 받고'(30.3%) 시작한 경우가 가장 많았고, '설교나 성경 공부를 통해'(27.5%), '사회 봉사 참여 가족이나 친구의 활동을 보고'(18.2%)가 그 뒤를 이었다. 즉 성도들은 주로 사람을 통해 또는 신앙적 이유로 사회 봉사 활동을 시작했다고 볼 수 있는데, 이러한 방식들은 교회 공동체의 입장에서 아주

익숙하고 적절한 방식이기도 하다.

2) 사회 봉사 활동에 대한 의향

앞으로 사회 봉사 활동을 할 의향이 있는지를 물었을 때 성
도의 73.9%가 '있다'고 응답해서 사회 봉사에 대해 높은 관심을 보
였다. 연령대별로 보면 40대(73.1%), 50대(78.9%), 60세 이상(79.4%)
은 70% 이상의 높은 관심도를 보였고, 20대도 66.0%가 사회 봉
사 활동 의향이 있다고 답했다. 그런데 30대에서는 50.9%로 가장 낮
은 의향도가 나타났다. 앞서 사회 봉사가 교회의 의무인지를 묻는 문
항에서 30대의 동의율은 20대보다 높았지만, 개인의 사회 봉사 활

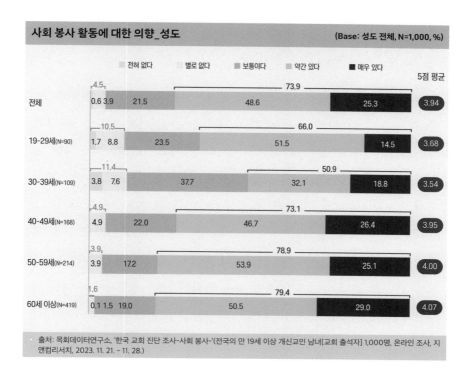

출처: 목회데이터연구소, '한국 교회 진단 조사-사회 봉사-'(전국의 만 19세 이상 개신교인 남녀[교회 출석자] 1,000명, 온라인 조사, 지
앤컴리서치, 2023. 11. 21. - 11. 28.)

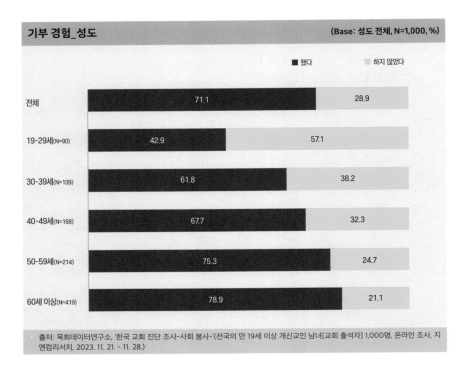

기부 경험_성도　　　　　　　　　　　　　　　　　　(Base: 성도 전체, N=1,000, %)

■ 했다　　　　　　▨ 하지 않았다

	했다	하지 않았다
전체	71.1	28.9
19-29세(N=90)	42.9	57.1
30-39세(N=109)	61.8	38.2
40-49세(N=168)	67.7	32.3
50-59세(N=214)	75.3	24.7
60세 이상(N=419)	78.9	21.1

• 출처: 목회데이터연구소, '한국 교회 진단 조사-사회 봉사-'(전국의 만 19세 이상 개신교인 남녀[교회 출석자] 1,000명, 온라인 조사, 지앤컴리서치, 2023. 11. 21. - 11. 28.)

동 의향에서는 30대가 20대보다 훨씬 낮은 동의율을 보인 것이다. 이와 같은 30대의 사회 봉사 전반에 대한 낮은 인식과 참여도는 그들이 일과 가정의 비중이 가장 큰 시기를 지나고 있기에 시간적인 여유가 없기 때문일 수 있다. 지난 1년 내 기부 경험이 있느냐는 문항에서 30대(61.8%)의 '그렇다'는 응답은 20대(42.9%)보다 훨씬 높고, 40대(67.7%)와는 큰 차이가 나지 않았다. 따라서 30대가 사회 봉사를 거부해서라기보다, 그들의 생애 단계에서 활발히 참여할 여건이 아니라는 점을 감안해야 할 것이다. 하지만 이웃 사랑의 삶이 성도에게 주어진 사명이라면, 교회는 현실적 어려움에도 불구하고 30대가 사회 봉사에 대한 관심을 잃지 않도록 도울 필요가 있다.

3) 사회 봉사를 안 하는 이유

이번에는 사회 봉사 활동을 하지 않은 성도들에게 그 이유를 질문했다. 이에 대해 '시간적인 여유, 마음의 여유가 없어서'(48.9%)를 가장 많이 응답했고, 그다음으로 '참여할 기회가 없어서'(17.2%), '건강 및 신체적인 문제 때문에'(12.6%) 순으로 응답했다. 각각의 이유를 연령대별로 살펴보면 약간의 차이점을 확인할 수 있는데, '사회 봉사하고 싶은 마음이 들지 않아서'(4.0%)를 이유로 선택한 이들 가운데는 20대가 10.7%로 가장 많았다. '시간적인 여유, 마음의 여유가 없어서'를 선택한 이들 가운데는 30대가 59.4%로 가장 많았다. '건강 및 신체적인 문제'를 꼽은 이들 가운데는 60세 이상이 17.8%로 가장 많았다. 사회 봉사 활동에 참여하지 않는 가장 큰 이유는 시간과 마음의 여유가 없기 때문이지만, 세부적으로는 연령대별로 조금씩 다른 결과를 보였다. 교회가 사회 봉사 활동을 기획할 때,

사회 봉사 활동하지 않은 이유_성도										(Base: 1년 내 사회 봉사 비경험 성도, N=525, %)	
구분		사례 수 (명)	시간적인 여유, 마음의 여유가 없어서	참여할 기회가 없어서	건강 및 신체적인 문제 때문에	어떻게 참여하는지 알지 못해서	거리가 멀거나 이동이 번거로워서	사회 봉사 하고 싶은 마음이 들지 않아서	내가 원하는 사회 봉사가 없어서	사회 봉사 훈련을 받은 적이 없어서	기타	계
전체		(525)	48.9	17.2	12.6	5.6	5.2	4.0	3.4	2.5	0.5	100.0
나이	19-29세	(41)	46.8	13.0	2.5	7.3	11.2	10.7	4.4	4.0	0.0	100.0
	30-39세	(64)	59.4	17.5	1.9	7.5	3.0	4.6	4.0	2.2	0.0	100.0
	40-49세	(85)	48.1	18.6	10.6	6.7	6.1	3.7	3.0	2.1	1.1	100.0
	50-59세	(118)	53.0	17.4	13.8	7.6	4.3	1.1	1.6	1.1	0.0	100.0
	60세 이상	(217)	44.4	17.3	17.8	3.3	4.8	4.1	4.2	3.1	0.8	100.0

출처: 목회데이터연구소, '한국 교회 진단 조사-사회 봉사-'(전국의 만 19세 이상 개신교인 남녀[교회 출석자] 1,000명, 온라인 조사, 지앤컴리서치, 2023. 11. 21. - 11. 28.)

이러한 연령대별 삶의 정황과 그 인식의 차이들을 충분히 이해하는 것이
필요함을 보여 준다.

4) 시무 교회의 사회 봉사

다음으로 살펴볼 내용은 현재 목회자가 시무하는 교회의 사회 봉사
활동 관련 내용이다. 네 명 가운데 세 명의 목회자(72.7%)가 자신의 교회가
사회 봉사 활동을 하고 있다고 응답한 반면, 27.3%의 목회자는 자신의
교회가 사회 봉사 활동에 참여하지 않는다고 응답했다.

목회자에게 교회 차원에서 사회 봉사를 하지 않는 이유를 질문했을
때 '사회 봉사를 할 재정적, 인적 여력이 부족해서'가 55.7%로 압도적 1위
였다. 그다음으로 '사회 봉사 활동은 교회가 꼭 해야 할 일이 아니라고 생
각해서'(13.6%), '어떻게 사회 봉사 활동을 해야 할지 몰라서'(10.2%)라고 응
답했다. '재정적, 인적 여력의 부족' 때문이라고 응답한 비율은 교회 규모
가 작을수록 높아지는데, 출석 성도 30명 미만의 교회에서는 70.9%가 응

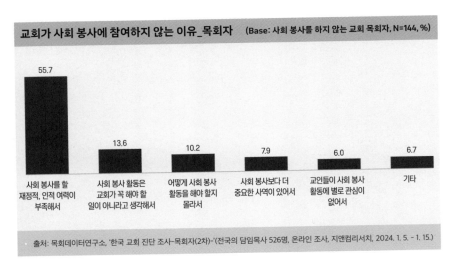

교회가 사회 봉사에 참여하지 않는 이유_목회자 (Base: 사회 봉사를 하지 않는 교회 목회자, N=144, %)

- 출처: 목회데이터연구소, '한국 교회 진단 조사-목회자(2차)-'(전국의 담임목사 526명, 온라인 조사, 지앤컴리서치, 2024. 1. 5. - 1. 15.)

답했다. 교회 규모가 클수록 '재정적, 인적 여력의 부족' 때문이라는 응답률이 낮아지기는 하지만, 교회 규모와 관계없이 사회 봉사를 실천하지 못하는 가장 큰 이유로 지목되었다.

5) 교회의 사회 봉사 우선순위

사회 봉사 영역별로 성도와 목회자가 느끼는 시급성과 교회의 노력을 조사한 결과인데, 전반적으로 성도(70.6%)와 목회자(82.1%) 모두 '노인 돌봄'이 시급하다는 응답이 가장 많았고, '정신 건강', '아동 돌봄' 등이 뒤를 이었다. 이는 교회가 시급히 관심 가져야 할 영역이 취약 계층에 대한 돌봄임을 보여 준다.

또한 시급함에도 불구하고 그에 상응하는 노력이 미치지 못하는 정도를 측정하기 위해 '시급성' 응답률에서 '노력 정도' 응답률을 뺐는데, 목회자는 '정신 건강'(44.4%p), '장애인 돌봄'(41.3%p), '노인 돌봄'(39.8%p), '아동 돌봄'(34.7%p) 등을 꼽았고, 성도는 '기초 생활 유지'(25.1%p), '정신 건강'(24.2%p), '노인 돌봄'(24.1%p), '아동 돌봄'(21.4%p) 등을 언급했다. 이러한 장애인, 노인, 아동 돌봄과 관련된 사역은 교회가 계속 노력해 온 영역이지만, 앞으로도 돌봄의 실천을 더욱 신속히 확대해야 할 것으로 보인다. 이와 함께 점점 늘어나는 현대인들의 정신 건강 문제에 응답하는 사역도 지속적으로 강화해야 할 것이다.

성도 조사에서 한 가지 눈에 띄는 결과는, 장애인 돌봄의 시급성에 대한 인식이 20대(43.2%)와 30대(46.4%)에서 평균(60.8%)보다 상당히 낮게 나왔다는 점이다. 노인 돌봄의 시급성에서도 20대(53.8%)와 30대(63.2%)는 평균(70.6%)과 꽤 큰 차이를 보였다. 반면 문화 여가의 시급성에서는 20대

봉사 영역별 시급성과 출석 교회의 노력 정도_상위 10위_시급성('시급함' 비율), 교회의 노력('노력함' 비율)_성도
(Base: 성도 전체, N=1,000, %)

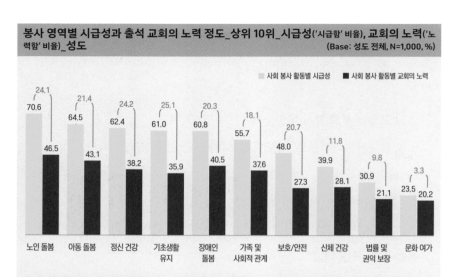

■ 사회 봉사 활동별 시급성 ■ 사회 봉사 활동별 교회의 노력

영역	시급성	교회의 노력
노인 돌봄	70.6 (24.1)	46.5
아동 돌봄	64.5 (21.4)	43.1
정신 건강	62.4 (24.2)	38.2
기초생활 유지	61.0 (25.1)	35.9
장애인 돌봄	60.8 (20.3)	40.5
가족 및 사회적 관계	55.7 (18.1)	37.6
보호/안전	48.0 (20.7)	27.3
신체 건강	39.9 (11.8)	28.1
법률 및 권익 보장	30.9 (9.8)	21.1
문화 여가	23.5 (3.3)	20.2

- 출처: 목회데이터연구소, '한국 교회 진단 조사-사회 봉사-'(전국의 만 19세 이상 개신교인 남녀[교회 출석자] 1,000명, 온라인 조사, 지앤컴리서치, 2023. 11. 21. - 11. 28.)

봉사 영역별 시급성과 시무 교회의 노력 정도_상위 10위_시급성('시급함' 비율), 교회의 노력('노력함' 비율)_목회자
(Base: 목회자 전체, N=526, %)

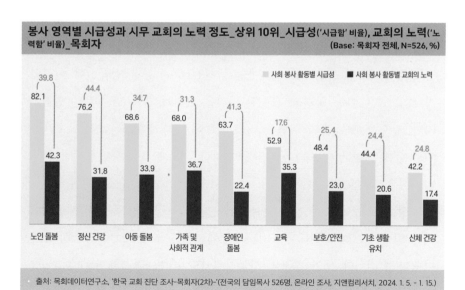

■ 사회 봉사 활동별 시급성 ■ 사회 봉사 활동별 교회의 노력

영역	시급성	교회의 노력
노인 돌봄	82.1 (39.8)	42.3
정신 건강	76.2 (44.4)	31.8
아동 돌봄	68.6 (34.7)	33.9
가족 및 사회적 관계	68.0 (31.3)	36.7
장애인 돌봄	63.7 (41.3)	22.4
교육	52.9 (17.6)	35.3
보호/안전	48.4 (25.4)	23.0
기초 생활 유치	44.4 (24.4)	20.6
신체 건강	42.2 (24.8)	17.4

- 출처: 목회데이터연구소, '한국 교회 진단 조사-목회자(2차)-'(전국의 담임목사 526명, 온라인 조사, 지앤컴리서치, 2024. 1. 5. - 1. 15.)

(33.6%)의 인식이 평균(23.5%)은 물론이고 모든 연령대 중에서 가장 높았다. 이는 자신의 상황과 연결해서 시급성을 인식하는 모습을 보여 준다. 그러나 교회는 자신 외에 다른 사람의 어려운 상황에도 관심을 갖고 공감할 수 있도록 성도들을 교육시킬 필요가 있다.

3. 교회의 사회 봉사는 어떠한 유익이 있는가?

사회 봉사가 기독교 신앙에 필수적이라면, 봉사의 실천은 신앙의 증진과도 연관될 것이다. 사회 봉사의 경험이 개인적, 신앙적, 또한 교회적 차원에서 어떠한 유익을 주는지 살펴보자.

1) 사회 봉사의 개인적 유익

봉사 경험자(475명)들을 대상으로 사회 봉사를 통해 개인적으로 어떠한 유익을 경험했느냐고 물었을 때 답변 항목 중에 가장 많은 사람이 동의한 것은 '성취감과 보람을 느꼈다'(83.0%)였고, 그다음으로는 '행복감을 느꼈다'(81.3%), '삶의 경험을 넓혀 주었다'(80.6%), '성실함을 배울 기회가 되었다'(77.1%)의 순이었다. 사회 봉사는 무엇보다도 봉사하는 개인에게 정서적 만족감과 긍정적 교훈을 부여한다. 대체로 성별, 연령대, 지역에 관계없이 비슷한 긍정적 비율의 응답이 70-80%에 이르는데, 유독 30대에서는 다른 연령대보다 10-20% 낮은 응답이 나왔다는 점이 눈에 띈다. 전체적으로 사회 봉사에 대한 인식과 경험에서 30대의 응답 양상이 다른 연령대에 비해 덜 긍정적인 것은 다른 항목에서도 나타나는 현상이다. 30대는 직장 생활과 가족 돌봄에 가장 많은 관심을 기울여야 하는 시기이기 때문에 사회 봉사에 참여할 여력이 부족할 수 있다. 따라서 교회에서 봉사 사역을 계획할 때 30대의 상황을 고려해서 그들도 참여할 수 있도록 그들의 관심사에 맞는 봉사나 일회적 봉사 활동 등을 강구할 필요가 있다.

신앙 단계에 따른 응답 양상도 주목할 필요가 있는데, 초보적 신앙 수준인 1단계는 사회 봉사를 통해서 '사람을 사랑하는 것을 배웠다'(51.5%), '자기중심적 사고에서 벗어나게 해 주었다'(48.0%), '인간관계를 넓혀 주었다'(50.2%)와 같이 타인 지향적인 항목에서 가장 성숙한 신앙 수준인 4단계의 동의율(70-80%)보다 크게 낮았다. 즉 신앙의 성숙함은 사회 봉사를 통해서 개인적 유익뿐 아니라 타인과의 관계에서도 긍정적 경험을 일으킨다고 볼 수 있다.

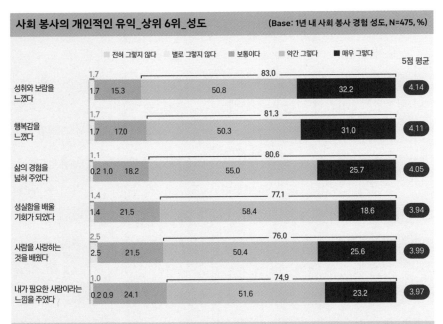

사회 봉사의 개인적인 유익_상위 6위_성도   (Base: 1년 내 사회 봉사 경험 성도, N=475, %)

출처: 목회데이터연구소, '한국 교회 진단 조사-사회 봉사-'(전국의 만 19세 이상 개신교인 남녀[교회 출석자] 1,000명, 온라인 조사, 지앤컴리서치, 2023. 11. 21. - 11. 28.)

2) 사회 봉사의 신앙적 유익

그리스도인으로서 사회 봉사에 참여할 때 어떠한 유익을 얻는지에 대해서 질문했을 때, 전체적으로는 '하나님과 동행하는 즐거움'(75.7%), '하나님을 예배하는 삶의 실천'(75.0%)이라는 응답이 가장 높게 나왔다. 그다음으로 '성령과 지혜가 충만하도록 더 기도하게 되었다'(69.9%)에 높은 동의율을 보였다. 반면, '하나님 나라 건설에 기여'(63.4%)한다는 응답은 상대적으로 낮았다. 사회 봉사 활동을 통해 '개인의 신앙적인 실천'에 대한 기대가 높았고, 하나님 나라의 건설이라는 '공적이고 사회적인 차원'은 상

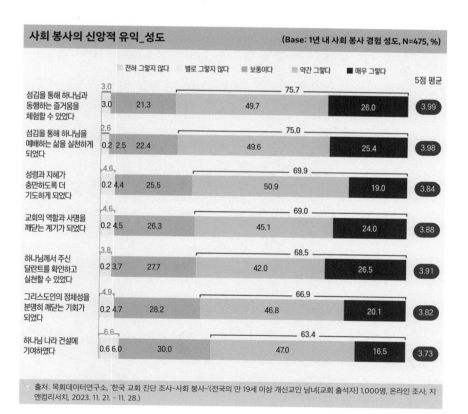

사회 봉사의 신앙적 유익_성도 (Base: 1년 내 사회 봉사 경험 성도, N=475, %)

범례: 전혀 그렇지 않다 / 별로 그렇지 않다 / 보통이다 / 약간 그렇다 / 매우 그렇다

항목	전혀 그렇지 않다	별로 그렇지 않다	보통이다	약간 그렇다	매우 그렇다	상위 합	5점 평균
섬김을 통해 하나님과 동행하는 즐거움을 체험할 수 있었다		3.0	21.3	49.7	26.0	75.7	3.99
섬김을 통해 하나님을 예배하는 삶을 실천하게 되었다	0.2	2.5	22.4	49.6	25.4	75.0	3.98
성령과 지혜가 충만하도록 더 기도하게 되었다	0.2	4.4	25.5	50.9	19.0	69.9	3.84
교회의 역할과 사명을 깨닫는 계기가 되었다	0.2	4.5	26.3	45.1	24.0	69.0	3.88
하나님께서 주신 달란트를 확인하고 실천할 수 있었다	0.2	3.7	27.7	42.0	26.5	68.5	3.91
그리스도인의 정체성을 분명히 깨닫는 기회가 되었다	0.2	4.7	28.2	46.8	20.1	66.9	3.82
하나님 나라 건설에 기여하였다	0.6	6.0	30.0	47.0	16.5	63.4	3.73

출처: 목회데이터연구소, '한국 교회 진단 조사-사회 봉사-'(전국의 만 19세 이상 개신교인 남녀[교회 출석자] 1,000명, 온라인 조사, 지앤컴리서치, 2023. 11. 21. - 11. 28.)

대적으로 가장 덜 중요하게 여겼음을 추론해 볼 수 있다. 그런데 20대 성도들은 봉사를 통해 '하나님 나라 건설에 기여했다'(78.4%)는 응답을 가장 많이 선택했다. 이는 다른 모든 연령대보다 10% 이상 높은 동의율이었다. 심지어 같은 항목에 대한 30대(51.0%)보다는 거의 30%p에 가까운 격차(27.4%p 차이)의 높은 동의율을 보였다. 이러한 결과는 앞서 사회 봉사가 교회의 의무라고 보는 비율이 20대에서 가장 낮은 것과 대조된다. 물론 하나님 나라 건설에 대한 기대를 표한 20대가 사회 봉사 경험자들에 국한되기는 했지만, 젊은 세대에게는 신앙의 공적인 비전으로서 사회 봉사에 대한 인식을 제시할 필요가 있음을 보여 준다.

참고로, 출석 교회의 봉사 활동에 참여한 중고등학생의 경우 '보람 있었다'(85.2%), '재미있었다'(72.4%)에서 높은 응답을 보여서 대체로 만족하는 것으로 나타났다. 주목할 점은, 이들은 사회 봉사를 할 때도 보람과 의미만이 아니라 '재미'라는 요소도 중요하게 여긴다는 것이다. 앞으로 중고등학생을 사회 봉사에 참여시키고자 할 때는 재미있는 경험이 될 것이라는 동기 부여도 가능할 것이다. 또한 '내가 그리스도인이라는 것이 자랑스러웠다'(57.7%), '내 신앙이 성장했다'(65.4%)는 응답처럼 신앙 교육의 효과도 있는 것으로 나타났다.

3) 사회 봉사가 교회에 주는 유익

교회의 사회 봉사로 인해서 교회가 어떠한 기대를 갖느냐는 질문에 대해 사회 봉사를 하는 교회에 출석하는 성도의 66.0%, 사회 봉사를 하는 교회의 목회자 64.5%는 교회가 '지역에서 좋은 이미지를 얻는 것'을 기대한다고 응답했다. 반면 사회 봉사를 통해 '새 신자가 증가하는 것'에 대해서는 성도의 54.4%, 목회자의 35.6%가 기대한다고 응답했다. 성도와 목회자 모두 사회 봉사가 교회의 좋은 이미지를 구축하리라는 기대는 높지만, 새 신자 유입에 대한 기대는 상대적으로 낮은 셈이다. 눈에 띄는 점은, 목회자의 기대보다 성도의 기대가 더 높다는 것이다.

사회 봉사 활동과 전도의 관계에서 성도의 40.1%, 목회자의 42.4%가 '사회 봉사는 전도로 이어져야 한다'고 응답했다. 중고등학생의 경우는

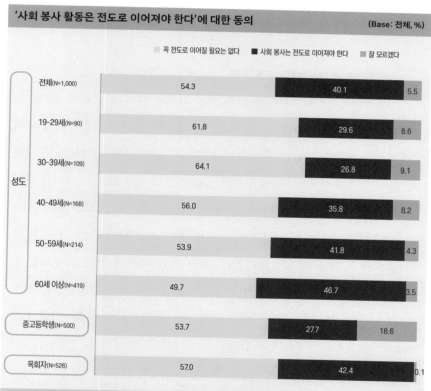

'사회 봉사 활동은 전도로 이어져야 한다'에 대한 동의 (Base: 전체, %)

- 출처: 목회데이터연구소, '한국 교회 진단 조사-사회 봉사-'(전국의 만 19세 이상 개신교인 남녀[교회 출석자] 1,000명, 온라인 조사, 지앤컴리서치, 2023. 11. 21. - 11. 28.)
- 출처: 목회데이터연구소, '한국 교회 진단 조사-중고등학생-'(전국의 교회 출석 중고등학생 500명, 온라인 조사, 지앤컴리서치, 2024. 1. 5. - 1. 11.)
- 출처: 목회데이터연구소, '한국 교회 진단 조사-목회자(2차)-'(전국의 담임목사 526명, 온라인 조사, 지앤컴리서치, 2024. 1. 5. - 1. 15.)

더 낮아서 이에 대한 동의율이 27.7%였다. 사회 봉사는 이웃을 사랑하는 데 의미가 있으므로 '꼭 전도로 이어질 필요는 없다'고 응답한 경우는 20대가 61.8%, 30대가 64.1%로 나온 반면, 40대는 56.0%, 50대는 53.9%, 60세 이상은 49.7%로 나왔다. 20대와 30대는 40대 이상의 세대에 비해 사회 봉사 활동이 전도와 연결되지 않더라도 그 자체에 의미를 부여하는 비율이 높은 것이다. 연령대가 낮을수록 사회 봉사가 교회 사역의 도구가 되는 것에 대해서는 거리를 두는 양상이 있다. 사회 봉사는 그 자체로 예수 그리스도의 사랑을 보여 주는 것이다.

4) 교회의 봉사는 사회에 유익을 주는가

그렇다면 교회의 사회 봉사 활동은 사회에 얼마나 도움이 될까? 우선 '한국 교회의 사회 봉사 활동'이 필요하다는 데에는 대부분 동의한다(82.4%). 그러나 실질적인 도움이 되는지에 대해서는 75.4%가 응답하여 필요성 응답률보다 낮아서 약간 유보하는 경향이 있으며, 특히 '진정성'(64.6%)은 그보다 더 낮아서 성도들 스스로가 한국 교회의 사회 봉사에 대한 성찰의 여지를 두고 있다. 연령대별로 보면 '한국 교회의 사회 봉사 활동은 사회에 꼭 필요하다'는 데에는 전 연령대에 걸쳐 일관되게 높은 동의율(70-80%)이 나왔다. 그러나 '한국 교회의 사회 봉사 활동은 사회에 큰 도움이 된다'는 데에는 전체 동의율이 75.4%인 데 반해, 30대의 동의율은 58.9%에 그쳤다. 더 나아가 '한국 교회의 사회 봉사 활동에는 이웃을 섬기려는 진정성이 있다'는 항목에는 전체 동의율이 64.6%로 낮아졌는데, 30대의 동의율은 48.4%로 절반에 미치지도 못했다. 일반적으로 20대의 전반적인 동의율은 다른 연령대와 크게 다르지 않은 데 반해, 30대

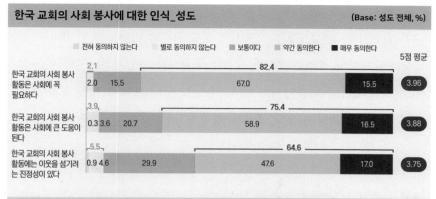

한국 교회의 사회 봉사에 대한 인식_성도 (Base: 성도 전체, %)

전혀 동의하지 않는다 | 별로 동의하지 않는다 | 보통이다 | 약간 동의한다 | 매우 동의한다

5점 평균

한국 교회의 사회 봉사 활동은 사회에 꼭 필요하다: 2.1 / 2.0 / 15.5 / 67.0 / 15.5 / 82.4 → 3.96

한국 교회의 사회 봉사 활동은 사회에 큰 도움이 된다: 3.9 / 0.3 / 3.6 / 20.7 / 58.9 / 16.5 / 75.4 → 3.88

한국 교회의 사회 봉사 활동에는 이웃을 섬기려는 진정성이 있다: 5.5 / 0.9 / 4.6 / 29.9 / 47.6 / 17.0 / 64.6 → 3.75

출처: 목회데이터연구소, '한국 교회 진단 조사-사회 봉사-'(전국의 만 19세 이상 개신교인 남녀[교회 출석자] 1,000명, 온라인 조사, 지앤컴리서치, 2023. 11. 21. - 11. 28.)

는 한국 교회의 사회 봉사 활동이 사회에 유익을 주는지에 대해 더욱 냉소적이다. 이들은 교회의 사회 봉사 필요성에는 수긍하지만, 그 실질적인 효과와 의도에 대해서는 다소 의문을 품는 것으로 보인다. 대체로 30대는 본격적으로 치열하게 사회 생활을 하는 시기다. 즉 그들이야말로 사회 한복판에 있다. 이는 교회의 봉사가 사회의 필요를 정말로 잘 이해하고 순수하게 섬기는지 돌아보게 하는 지점이다.

4. 우리 교회는 사회 봉사를 잘하고 있을까?

1) 출석 교회의 사회 봉사에 대한 관심과 참여

출석 교회가 하는 사회 봉사에 관심이 있다고 응답한 성도는 전체의 절반 정도인 53.7%였다. 목회자들도 성도들이 사회 봉사에 관심이 있다고 응답한 비율은 57.6%였다. 앞에서 사회 봉사를 할 의향이 있다는 성도의 비율이 73.9%인 것과 비교하면 출석 교회의 사회 봉사에 참여하겠다는 관심은 낮은 편이다. 이는 교회 규모와도 관련이 있는데, 출석 성도 수가 많을수록 관심도도 높았다. 즉 성도 100명 미만 교회에 출석하는 응답자의 42.2%, 1,000명 이상 교회에 출석하는 응답자의 65.6%가 관심이 있다고 했다. 목회자의 경우는 출석 성도 수가 30명 미만인 교회 목회자의 46.1%, 500명 이상인 교회 목회자의 78.3%가 자기 성도들이 교회의 사회 봉사에 관심이 있다고 응답했다.

성도가 왜 출석 교회의 사회 봉사 활동에 무관심한지에 대한 질문에, '사회 봉사 활동의 중요성을 몰라서'(성도 28.9%, 목회자 21.9%), '교회가 사회 봉사를 강조하지 않아서'(성도 23.6%, 목회자 19.4%)가 가장 높은 응답률을 보였다. 사실 1순위와 2순위 모두 서로 연결된 한 가지 이유일 수 있다. 즉 성도들이 사회 봉사 활동의 중요성을 모르는 것은 교회에서 사회 봉사를 강조하지 않았기 때문이다. 그다음으로는, '소수의 담당자만 하

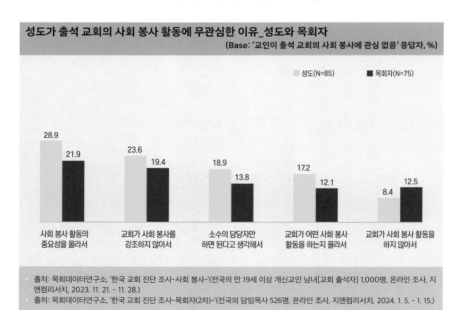

성도가 출석 교회의 사회 봉사 활동에 무관심한 이유_성도와 목회자
(Base: '교인이 출석 교회의 사회 봉사에 관심 없음' 응답자, %)

■ 성도(N=85)　■ 목회자(N=75)

	성도	목회자
사회 봉사 활동의 중요성을 몰라서	28.9	21.9
교회가 사회 봉사를 강조하지 않아서	23.6	19.4
소수의 담당자만 하면 된다고 생각해서	18.9	13.8
교회가 어떤 사회 봉사 활동을 하는지 몰라서	17.2	12.1
교회가 사회 봉사 활동을 하지 않아서	8.4	12.5

· 출처: 목회데이터연구소, '한국 교회 진단 조사-사회 봉사-'(전국의 만 19세 이상 개신교인 남녀[교회 출석자] 1,000명, 온라인 조사, 지앤컴리서치, 2023. 11. 21. - 11. 28.)
· 출처: 목회데이터연구소, '한국 교회 진단 조사-목회자(2차)-'(전국의 담임목사 526명, 온라인 조사, 지앤컴리서치, 2024. 1. 5. - 1. 15.)

면 된다고 생각해서'(성도 18.9%, 목회자 13.8%)와 '교회가 어떤 사회 봉사 활동을 하는지 몰라서'(성도 17.2%, 목회자 12.1%)라는 답변이 뒤를 이었다. 이 또한 앞서 나온 '교회가 사회 봉사를 제대로 강조하지 않은 결과'로 봐도 무리가 아닐 것이다.

사회 봉사 활동을 하는 교회의 성도는 88.5%가 출석 교회의 사회 봉사 활동에 직접 참여를 하든지, 기부/사회 봉사 헌금을 통해서 참여하든지, 아니면 둘 다 참여한다고 응답했다. 사회 봉사 활동을 하는 교회의 성도들이 상당히 높은 참여율을 보인 것이다. 세부적으로 보면, 젊은 세대는 직접 봉사 활동에 참여하는 비율이 높고, 연령대가 높아질수록 기부/사회 봉사 헌금을 통한 참여 비율이 더 높아지는 특성을 보인다. 좀 더 젊고 자유로운 연령대일수록 직접 몸으로 참여하는 비중이 높은 것은 자연스럽다. 서로 다른 세대가 사회 봉사를 위해 상호 보완적인 역할을

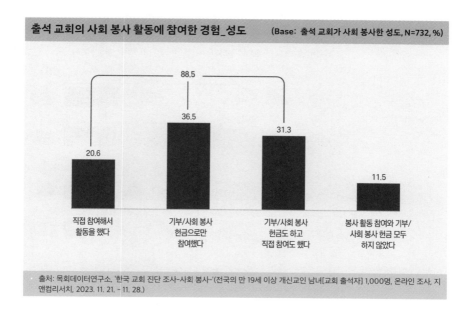

출석 교회의 사회 봉사 활동에 참여한 경험_성도 (Base: 출석 교회가 사회 봉사한 성도, N=732, %)

88.5

20.6 — 직접 참여해서 활동을 했다

36.5 — 기부/사회 봉사 헌금으로만 참여했다

31.3 — 기부/사회 봉사 헌금도 하고 직접 참여도 했다

11.5 — 봉사 활동 참여와 기부/사회 봉사 헌금 모두 하지 않았다

출처: 목회데이터연구소, '한국 교회 진단 조사-사회 봉사-'(전국의 만 19세 이상 개신교인 남녀[교회 출석자] 1,000명, 온라인 조사, 지앤컴리서치, 2023. 11. 21. - 11. 28.)

맡으며 기여할 수 있을 것이다.

2) 출석 교회의 사회 봉사에 대한 평가

출석 교회가 사회 봉사를 하는 것에 대해 성도의 65.3%, 목회자의 51.1%가 '자랑스럽다'고 응답했다. 출석 교회의 사회 봉사에 '만족한다'는 응답은 성도가 57.5%, 목회자가 34.6%로서 '자랑스럽다'는 응답에 비해 조금 낮았다. 이는 목회자로서의 책임 의식과 높은 기대 수준을 반영한다고 추론할 수 있다. 여기서 두 가지를 유념할 필요가 있다. 우선, 목회자는 교회의 사회 봉사 활동에 대한 객관적인 진단과 평가를 하는 위치에 있다는 점이다. 동시에 성도들이 봉사 활동에 더욱 참여할 수 있도록 분발시켜야 할 책임감도 지닌다고 볼 수 있다.

현재 사회 봉사를 하지 않는 교회에 출석하는 성도의 56.5%, 목회자

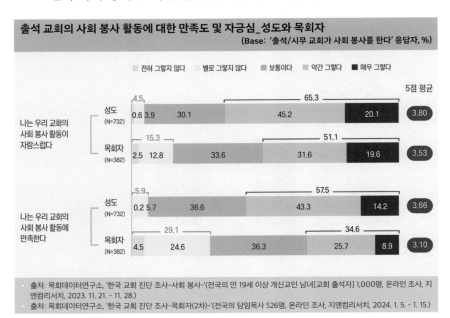

출석 교회의 사회 봉사 활동에 대한 만족도 및 자긍심_성도와 목회자
(Base: '출석/시무 교회가 사회 봉사를 한다' 응답자, %)

- 출처: 목회데이터연구소, '한국 교회 진단 조사-사회 봉사-'(전국의 만 19세 이상 개신교인 남녀[교회 출석자] 1,000명, 온라인 조사, 지앤컴리서치, 2023. 11. 21. - 11. 28.)
- 출처: 목회데이터연구소, '한국 교회 진단 조사-목회자(2차)-'(전국의 담임목사 526명, 온라인 조사, 지앤컴리서치, 2024. 1. 5. - 1. 15.)

의 74.3%가 앞으로 출석 교회가 사회 봉사 활동을 하기를 원한다고 응답
했다. 현재 사회 봉사를 하는 교회의 출석 성도들은 지금보다 사회 봉사
를 늘려야 한다는 데 49.1%가 동의하고, 50.4%는 현재 수준을 유지해야
한다고 응답했다. 반면에 목회자의 79.3%는 사회 봉사 확대를, 20.7%는
현재 수준 유지를 응답해서 성도들보다 봉사 확대 의견이 더 많았다.

3) 지역 사회 봉사를 위한 체계적 관심

교회의 봉사는 먼저 교회가 위치한 지역에서 시작된다. 목회자 대부
분이 교회가 속한 '지역의 어려운 사람들을 돕는 문제'(70.5%), '지역 공동
의 문제, 지역의 발전'(63.8%)에 대한 관심이 많다고 응답했다. 주목할 것은,
지역 문제와 지역 발전에 대한 관심이 어려운 사람들을 돕는 것에 대한
관심에 비해 크게 낮지 않다는 점이다. 교회가 지역 사회 봉사를 아직은
'구제' 중심으로 이해하고 있지만, 지역 발전에 참여하는 마을 목회적 관
점도 상당할 정도로 확산되었다는 결과다. 그러나 교회가 '지역 사회 봉사
를 핵심 사명으로 인식'하는 비율은 48.2%로 절반이 채 되지 않는다. '지
역의 어려운 사람들을 돕는 문제에 관심이 많다'는 응답(70.5%)에 비하면
무려 22.3%p나 차이가 난다. 교회가 지역 사회 봉사에 관심은 많으나, 교
회의 핵심 기능이 아닌 2차적 기능으로 받아들이고 있다는 결과다.

교회의 지역 사회 봉사가 지역에 실질적인 도움이 되려면 지역의 욕
구를 정확하게 파악하는 것이 선행되어야 한다. 교회 공동체가 지역 사회
의 필요를 파악하기 위해 가장 많이 사용하는 방법은 '지역에 대해 알고
있는 우리 교회 교인들을 통해 이웃의 필요를 파악'(51.7%)하는 것으로 나
타났다. '교인을 통해 지역 욕구를 파악'하는 것은 간접적인 방법으로서

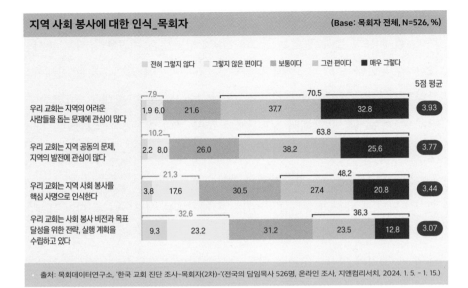

지역 사회 봉사에 대한 인식_목회자　　　　　　　　(Base: 목회자 전체, N=526, %)

■ 전혀 그렇지 않다　　■ 그렇지 않은 편이다　　■ 보통이다　　■ 그런 편이다　　■ 매우 그렇다

5점 평균

우리 교회는 지역의 어려운
사람들을 돕는 문제에 관심이 많다
7.9 ┐ ┌ 70.5 ┐
1.9 6.0 | 21.6 | 37.7 | 32.8 → **3.93**

우리 교회는 지역 공동의 문제,
지역의 발전에 관심이 많다
10.2 ┐ ┌ 63.8 ┐
2.2 8.0 | 26.0 | 38.2 | 25.6 → **3.77**

우리 교회는 지역 사회 봉사를
핵심 사명으로 인식한다
21.3 ┐ ┌ 48.2 ┐
3.8 | 17.6 | 30.5 | 27.4 | 20.8 → **3.44**

우리 교회는 사회 봉사 비전과 목표
달성을 위한 전략, 실행 계획을
수립하고 있다
32.6 ┐ ┌ 36.3 ┐
9.3 | 23.2 | 31.2 | 23.5 | 12.8 → **3.07**

• 출처: 목회데이터연구소, '한국 교회 진단 조사-목회자(2차)-'(전국의 담임목사 526명, 온라인 조사, 지앤컴리서치, 2024. 1. 5. - 1. 15.)

'우리 교회는 읍, 면, 동사무소와 소통한다'(41.3%), '우리 교회는 지역 주민들의 의견을 청취한다'(33.7%)와 같은 직접적인 방법에 비해 지역 사회의 필요를 제대로 파악하는 데 제한적일 수밖에 없다.

　더욱이 '사회 봉사 비전과 목표 달성을 위한 전략, 실행 계획을 수립'한다는 답변은 36.3%밖에 되지 않았다. 교회의 사회 봉사가 전략적, 계획적으로 이루어지지 않고 비체계적으로 진행된다는 것이다. 성도들에게 출석 교회에 사회 봉사 부서가 있는지 질문했을 때도 66.1%만 있다고 응답했다. 사회 봉사 부서 설치율은 교회 규모와 직결되어서 출석 성도 수 100명 미만인 교회는 40.9%, 1,000명 이상인 교회는 80.2%가 설치되어 있다고 응답했다. 사회 봉사 시스템 구축은 지속적이고 체계적으로 교회의 봉사 활동을 수행하는 데 필요한 기본 요소이기 때문에, 이러한 결과는 앞으로 사회 봉사가 안정적으로 이루어질지에 대한 우려를 하게 한다.

교회가 사회 봉사 사역을 지속적이고 효율적으로 하기 위해서는 시스템과 전문성을 갖추면 좋을 것이다. 그러나 교회 규모별 통계를 보면, 사회 봉사 시스템 구축 여부는 교회의 규모에 따라 현격한 차이를 보였다. 규모가 작은 교회에서 사회 봉사를 위한 체계적 역량을 갖추기는 현실적으로 쉽지 않을 것이다. 따라서 이 문제는 개별 교회에서 해결할 수 있는 차원을 넘어선다. 교회가 단독으로 사회 봉사 시스템을 갖출 수도 있지만, 다른 교회 및 기관과 협력하는 방안도 모색할 필요가 있다.

5. 한국 교회는 사회 봉사의 더 큰 비전을 품고 있는가?

1) 한국 교회의 사회 봉사 활동 범위

성도들은 한국 교회의 사회 봉사 활동 범위를 구제 봉사를 넘어서 상당히 폭넓게 받아들이고 있었다. 사회 봉사를 '국가의 복지 사각지대에 대한 교회의 사회 봉사'로 인식하는 비율(성도 77.4%, 목회자 80.1%)이 가장 큰데, 이는 공적인 도움을 받지 못하는 약자를 돌보는 것을 교회가 맡아야 할 책임으로 여긴다고 볼 수 있다. 그다음으로 '장애인 등 소외 받는 사람들에 대해 교회가 지지하고 연대하는 활동'(성도 71.3%, 목회자 74.5%), '소외되고 고통 받는 사람들에 대한 국가의 관심을 교회가 촉구하는 활동'(성도 69.9%, 목회자 72.2%), '지역 사회의 복지 정책 및 제도 개선에 교회가 지역 사회의 일원으로서 참여하는 것'(성도 69.7%, 목회자 75.2%) 등이 나왔다. 이러한 항목들에 대한 동의율이 높은 것은, 교회 단독의 사회 봉사뿐만 아니라 더 큰 사회 속에서 약하고 소외된 자들을 돕기 위한 타 기관과의 연대 및 협력 그리고 그와 같은 공동의 선을 장려하는 역할까지 교

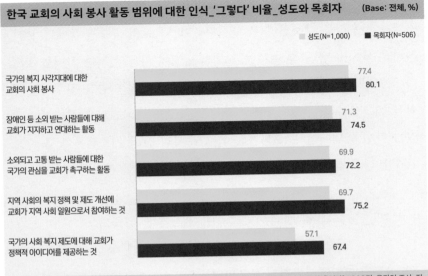

한국 교회의 사회 봉사 활동 범위에 대한 인식_'그렇다' 비율_성도와 목회자 (Base: 전체, %)

■ 성도(N=1,000) ■ 목회자(N=506)

항목	성도	목회자
국가의 복지 사각지대에 대한 교회의 사회 봉사	77.4	80.1
장애인 등 소외 받는 사람들에 대해 교회가 지지하고 연대하는 활동	71.3	74.5
소외되고 고통 받는 사람들에 대한 국가의 관심을 교회가 촉구하는 활동	69.9	72.2
지역 사회의 복지 정책 및 제도 개선에 교회가 지역 사회 일원으로서 참여하는 것	69.7	75.2
국가의 사회 복지 제도에 대해 교회가 정책적 아이디어를 제공하는 것	57.1	67.4

• 출처: 목회데이터연구소, '한국 교회 진단 조사-사회 봉사-'(전국의 만 19세 이상 개신교인 남녀[교회 출석자] 1,000명, 온라인 조사, 지앤컴리서치, 2023. 11. 21. - 11. 28.)
• 출처: 목회데이터연구소, '한국 교회 진단 조사-목회자(2차)-'(전국의 담임목사 526명, 온라인 조사, 지앤컴리서치, 2024. 1. 5. - 1. 15.)

회가 맡아야 한다는 인식을 성도와 목회자 모두 공유함을 의미한다. '국가의 사회 복지 제도에 대해 교회가 정책적 아이디어를 제공하는 것'(성도 57.1%, 목회자 67.4%)은 다른 항목에 비해 상대적으로 낮지만, 그래도 50% 이상의 성도와 60% 이상의 목회자가 찬성했다. 전반적으로 성도와 목회자들은 교회의 사회 봉사 범위를 구제 봉사를 넘어서 사회적 책임 수행까지 상당히 폭넓게 인식하고 있다고 할 수 있다.

2) 출석 교회의 사회적 책임 수행

이러한 인식을 넘어서 출석 교회가 실제로 교회의 사회적 책임을 어떻게 수행하는지 살펴보았다. 일단 교회가 사회 봉사에 참여해야 한다는 인식에 비해서 실제 출석 교회의 사회 봉사 활동은 그에 미치지 못했다.

물론 신념과 실천의 차이는 늘 존재한다는 현실을 감안해야 한다. 그런데 목회자에 비해 성도의 실제 사회 봉사 활동에 대한 평가가 전체적으로 낮은 편이다. 항목별로 보면 '우리 교회는 사회적 약자들을 위해 필요한 제도나 정책을 지지한다'(성도 59.8%, 목회자 73.2%), '우리 교회는 성도들이 일터에서 자신이 가진 지위, 권한, 능력을 사용하여 모범적인 직장을 만들어 가도록 가르치고 있다'(성도 57.3%, 목회자 71.2%)에서 목회자와 성도 간 사회 봉사 실천에 대한 평가의 격차가 컸다. 이러한 차이는 목회자가 자평하는 것과 성도가 체감하는 것이 다르다는 것을 보여 준다. 특히 이 문항들은 사회적 가치의 실천을 담고 있기에, 목회자는 자신들이 생각하는 교회의 사회적 책임이 성도들에게 얼마나 실제적이며 효과적으로 전달되는지 돌아봐야 할 것이다.

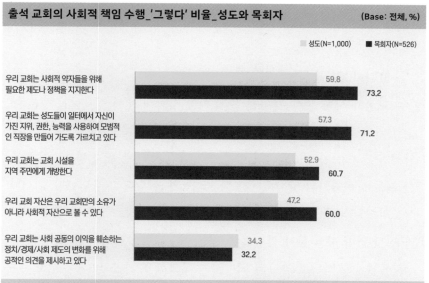

출석 교회의 사회적 책임 수행_'그렇다' 비율_성도와 목회자 (Base: 전체, %)

성도(N=1,000) ■ 목회자(N=526)

우리 교회는 사회적 약자들을 위해 필요한 제도나 정책을 지지한다
59.8 / 73.2

우리 교회는 성도들이 일터에서 자신이 가진 지위, 권한, 능력을 사용하여 모범적인 직장을 만들어 가도록 가르치고 있다
57.3 / 71.2

우리 교회는 교회 시설을 지역 주민에게 개방한다
52.9 / 60.7

우리 교회 자산은 우리 교회만의 소유가 아니라 사회적 자산으로 볼 수 있다
47.2 / 60.0

우리 교회는 사회 공동의 이익을 훼손하는 정치/경제/사회 제도의 변화를 위해 공적인 의견을 제시하고 있다
34.3 / 32.2

• 출처: 목회데이터연구소, '한국 교회 진단 조사-사회 봉사-'(전국의 만 19세 이상 개신교인 남녀[교회 출석자] 1,000명, 온라인 조사, 지앤컴리서치, 2023. 11. 21. - 11. 28.)
• 출처: 목회데이터연구소, '한국 교회 진단 조사-목회자(2차)-'(전국의 담임목사 526명, 온라인 조사, 지앤컴리서치, 2024. 1. 5. - 1. 15.)

반면 '우리 교회는 교회 시설을 지역 주민에게 개방한다'(성도 52.9%, 목회자 60.7%)는 응답과 '우리 교회 자산은 우리 교회만의 소유가 아니라 사회적 자산으로 볼 수 있다'(성도 47.2%, 목회자 60.0%)는 응답은 상대적으로 낮았다. 교회의 개방에서는 목회자들도 앞의 문항에 비해 낮은 동의율을 보였다. 그런데 이는 교회의 규모와 연관된 문제이기도 하다. 목회자의 응답을 보면 출석 및 시무 교회가 30명 미만일 경우와 500명 이상일 경우 사이에는 30%p 정도의 동의율 차이가 발생했다. 즉 교회의 규모가 클수록 그만큼 지역 사회에 개방할 여유가 있지만, 그렇지 않을 경우에는 지역 사회를 향한 개방을 고려하기 힘든 여건이라는 의미다. 최근에는 작은 교회들 중에 지역 사회 개방을 염두에 두고 교회 시설을 설계하거나 리모델링하는 경우들이 있다. 교회가 지역 사회와 이웃에 선한 영향력을 주는 데 있어서, 때로는 교회의 물리적 공간을 창의적으로 활용하는 상상력도 필요할 것이다.

3) 사회 봉사를 위한 연합 활동

교회가 사회 봉사 활동을 통해 지역 사회 속에서 실제적인 선을 이루기 위해서는 지역의 다른 교회 및 단체들과 협력하는 것이 필수적이다. 자신의 교회가 지역 교회와 연합하여 사회 봉사 활동을 진행하는지에 관한 질문에 목회자의 52.0%, 성도의 30.1%가 '그렇다'고 응답했다. 그러나 성도의 25.5%가 '잘 모르겠다'고 응답한 것은, 실제로 교회의 절반 정도가 교회 연합 사회 봉사 활동을 진행하지만, 때로는 목회자만 참여하거나 성도들과 적극적으로 공유되지는 않는 것으로 볼 수도 있다. 다음으로는 '지역 단체와의 연합'이다. 출석 교회가 지역 단체와 협력하여 사회 봉사 활동을 하는지에 관한 질문에 성도의 32.5%가 '그렇다'고 응답했는데, 이는 '다른 교회와의 연합'에 대한 결과와 비슷한 수치다.

더 중요하게 봐야 할 것은 연합 사회 봉사 활동에 대한 교회 구성원들의 '찬성' 및 '반대' 의견이다. 대체로 '찬성' 의견을 보였고, 반대 의견은 4%를 넘지 않았다. 교회 연합 활동에 대해서는 67.2%의 성도와 75.9%의 목회자가 찬성했고, 30.3%의 성도와 20.6%의 목회자는 '보통'으로 응답했다. 특히 지역 단체와의 연합 활동에 대해서는 72.2%의 성도가 찬성했고, 25.3%는 '보통'으로 응답했다. 교회가 지역 사회의 일원으로서 필요에 따라서는 지역 단체와 공동으로 사회 봉사를 진행하는 것도 교회의 사회적 책임을 다하는 방법이라고 할 수 있다.

지역의 교회 및 단체들과의 연합 사역이 쉬운 것은 아니지만 분명 필요한 일이고, 설문 결과로 볼 때 많은 구성원이 찬성하고 있다. 그러

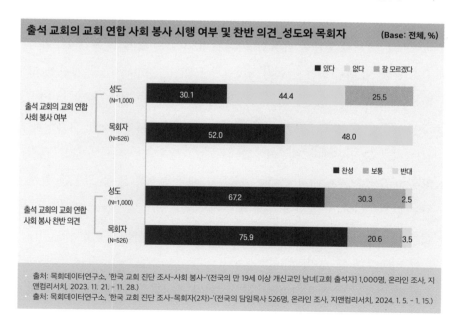

출석 교회의 교회 연합 사회 봉사 시행 여부 및 찬반 의견_성도와 목회자   (Base: 전체, %)

있다 □ 없다 □ 잘 모르겠다

출석 교회의 교회 연합 사회 봉사 여부
- 성도 (N=1,000): 30.1 / 44.4 / 25.5
- 목회자 (N=526): 52.0 / 48.0

찬성 □ 보통 □ 반대

출석 교회의 교회 연합 사회 봉사 찬반 의견
- 성도 (N=1,000): 67.2 / 30.3 / 2.5
- 목회자 (N=526): 75.9 / 20.6 / 3.5

· 출처: 목회데이터연구소, '한국 교회 진단 조사-사회 봉사-'(전국의 만 19세 이상 개신교인 남녀[교회 출석자] 1,000명, 온라인 조사, 지앤컴리서치, 2023. 11. 21. - 11. 28.)
· 출처: 목회데이터연구소, '한국 교회 진단 조사-목회자(2차)-'(전국의 담임목사 526명, 온라인 조사, 지앤컴리서치, 2024. 1. 5. - 1. 15.)

나 70% 정도의 찬성 비율에 반해, 성도들이 참여하고 있는 연합 사역은 30% 정도였다. 지역 사회에 실제적인 선을 이루어 가는 사회 봉사 활동을 위해서는, 함께함의 지혜를 배워 가며 협력하여 섬기는 활동을 장려할 필요가 있다.

다음으로 시민 단체와의 연대에 관해서는 응답한 목회자의 교회 중 72.8%가 '기독교 시민 단체'를 후원한 적이 있고 38.1%는 '일반 시민 단체'를 후원한 적이 있다고 응답해, 시민 단체와의 협업은 주로 기독교 기관들과 이루어지고 있는 것을 알 수 있다. 후원 인식에서도 교회는 '기독교 및 일반 시민 단체에 후원/참여할 수 있다'가 65.0%, '기독교 시민 단체에만 후원/참여할 수 있다'가 25.2% 그리고 '시민 단체 후원/참여 자체를 반대한다'가 5.7%로 나왔다. 교회가 기독교 시민 단체와 더 많이 협력하는 것이 자연스럽기는 하지만, 일반 시민 단체 후원/참여에 대해서도 일부 참여하는 유연한 반응을 보였다.

시민 단체와 연대한 내용은 다양한데, 그중 비율이 높은 것은 '빈민 구호 활동'(58.3%), '빈곤층 돕기'(50.0%), '장애인 돕기'(30.0%) 등 가난한 이들을 돕는 단체의 활동이었다. 또 한 가지 눈여겨볼 점은, 청년/청소년, 생명, 기후 환경, 평화, 인권 운동, 노동자 돕기 등 사회 구조와 개인의 인권 그리고 환경 문제와 관련되어 활동하는 다양한 단체와의 연대도 적지 않은 비율로 이루어지고 있다는 것이다. 한국 교회는 종종 그동안 자선 사업에만 관심이 있고 사회 구조적 문제에는 관심이 없다는 지적을 듣곤 했는데, 이러한 활동에 대한 후원과 참여가 진행되고 있다는 응답은 의미 있는 결과라고 할 수 있다.

이 결과는 앞에서 살펴본 '시민 사회의 구성원으로서의 교회'에 대한

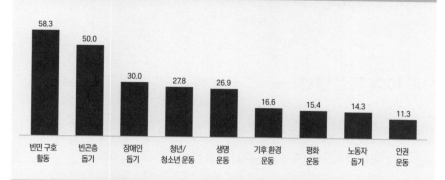

교회의 기독교 및 일반 시민 단체 후원 및 참여 종류_목회자

(Base: 기독교 및 시민 단체 후원 및 참여 경험 교회 목회자, N=445, %)

빈민 구호 활동	빈곤층 돕기	장애인 돕기	청년/청소년 운동	생명 운동	기후 환경 운동	평화 운동	노동자 돕기	인권 운동
58.3	50.0	30.0	27.8	26.9	16.6	15.4	14.3	11.3

• 출처: 목회데이터연구소, '한국 교회 진단 조사-사회 봉사-'(전국의 만 19세 이상 개신교인 남녀[교회 출석자] 1,000명, 온라인 조사, 지앤컴리서치, 2023. 11. 21. - 11. 28.)
• 출처: 목회데이터연구소, '한국 교회 진단 조사-목회자(2차)-'(전국의 담임목사 526명, 온라인 조사, 지앤컴리서치, 2024. 1. 5. - 1. 15.)

조사 결과와 연결할 수 있다. '국가의 복지 사각지대에 대한 교회의 사회 봉사'가 가장 높은 동의를 보였듯이, 시민 단체와 연대할 때에도 가난한 이들을 돕는 단체에 가장 많이 후원하고 또 참여했다. 또한 '장애인 등 소외 받는 사람들에 대해 교회가 지지하고 연대하는 활동'에도 다양한 시민 단체를 통해서 후원하고 참여하는 것을 확인할 수 있다.

교회가 단독으로 사회 봉사를 수행할 수도 있지만, 외부 전문 단체와 협력해서 공동선을 추구하는 것도 신앙 공동체의 빛을 세상에 비치게 하는 방식이다(마 5:16). 사회 봉사가 반드시 교회 안의 프로그램이어야 할 필요는 없다. 오히려 교회는 이웃과 세상 속에서 그리스도의 이름으로 선한 행실을 실천하는 제자를 양성하는 곳이다. 이를 위하여 때로는 교회에서 하는 봉사 프로그램에 성도를 참여시킬 수도 있고, 때로는 교회와 협력하는 외부 단체의 선한 사업에 성도들이 동참하도록 격려할 수도 있는 것이다. 교회의 사회 봉사는 어떠한 방식과 통로를 통해서든 하나님을 사랑하는 마음으로 이웃을 사랑하고, 선한 행실로 하나님께 영광을 돌리게 하는 것에 초점이 있다.

III. 10대 핵심 발견

1. 신앙이 높은 이들에게서 교회의 사회 봉사는 중요한 사역으로서의 비중을 갖지 못하는 경향이 나타난다.

2. 사회 봉사를 교회의 필수적 의무로 여기는 비율은 젊을수록 낮아진다.

3. 성도들의 사회 봉사 활동 의향은 73.9%에 달한다. 그러나 30대는 50.9%로서 가장 낮다. 이 세대는 일과 가족 돌봄으로 바쁜 연령대이지만, 그들의 형편 속에서 이웃 사랑의 삶을 실천하도록 교회에서 관심을 가져야 한다.

4. 사회 봉사를 하지 않는 교회들의 가장 큰 이유는 재정적, 인적 여력이 부족하기 때문이다. 그러나 목회자들에게서 사회 봉사는 교회가 꼭 해야 할 일이 아니라는 응답도 적지 않았다.

5. 교회가 참여해야 할 가장 시급한 사회 봉사 영역은 노인 돌봄, 정신 건강, 아동 돌봄의 순이었고, 시급하지만 도울 여력이 없는 영역은 정신 건강, 장애인 돌봄의 순이었다.

6. 신앙이 성숙할수록 사회 봉사 활동을 통해서 개인적 보람뿐 아니라 타인에 대한 긍정적인 관계의 확대를 경험한다.

7. 사회 봉사 활동을 통해 하나님 나라 건설에 기여한다는 응답은 20대에게서 가장 높게 나왔다. 중고등학생들은 봉사 활동에서 보람뿐 아니라 재미를 경험한다.

8. 연령대가 젊을수록 교회의 사회 봉사가 전도나 새 신자 사역과 연결되는 것에 거부감을 느낀다.

9. 교회가 어려운 사람을 돕는 데 관심이 있다는 비율(70.5%)과 지역 사회 봉사를 핵심 사명으로 인식하는 비율(48.2%)에는 큰 차이가 있다.

10. 사회 봉사를 위한 교회 간 연합 활동이나 외부 기관과 협력하는 것은 성도들의 사회 봉사 참여 기회를 늘리는 데 도움이 될 수 있다.

IV. 시사점
- 봉사의 사역 생태계를 세우라!

교회의 사회 봉사는 복음의 열매이자 구원받은 삶의 증명이다. 이번 조사 결과는 교회의 사명에 대한 인식과 지역 사회 봉사에 대한 실제 적용 사이에 우려스러운 단절이 있음을 보여 주었다. 지역 사회 봉사를 핵심 사명으로 여기는 교회는 절반에도 미치지 못했으며, 이를 뒷받침할 실행 가능한 계획이나 시스템을 갖춘 교회는 더 적은 것으로 나타났다. 더욱 고민해야 할 결과는, 신앙 수준이 높은 이들에게서 사회 봉사의 중요성과 사회 봉사 활동을 통한 만족도가 다른 사역에 비해서 낮게 나타난다는 점이다. 앞서 친교에 대해서는 신앙 수준이 높을수록 더욱 적극적으로 참여하고 만족하는 데 반해, 봉사에 대해서는 그와는 다소 상반된 결과가 나왔다. 많은 성도와 목회자가 교회의 사회적 봉사에 대해 '교회의 인적, 재정적 여유가 있으면 해도 되지만 없으면 굳이 안 해도 된다' 혹은 '교회는 영적 기관이므로 사회 봉사와는 관련이 적다'라는 왜곡된 견해를 가지고 있는 것으로 나타났다. 연령대가 낮을수록 교회의 사회 봉사를 필수로 여기는 응답률은 더욱 낮아진다.

이 지점에서 교회의 원초적 정체성에 대해 성찰할 필요가 있다. 하나님이 아브라함을 불러 그를 통해 큰 나라를 만들겠다고 하실 때, 그분은 의와 공도를 행하는 당신의 백성을 통해 만민이 복을 받게 하겠다는 계획을 가지셨다(창 18:18-19). 구약에서 하나님은 율법을 통해 가난하고 소외된 이들을 섬길 것을 명령하셨고, 이스라엘 공동체가 이를 행하지 않을 때는 선지자들을 통해 책망하셨다. 예수께서는 "너희 빛이 사람 앞에 비치게 하여 그들로 너희 착한 행실을 보고 하늘에 계신 너희 아버지께 영광을 돌리게 하라"(마 5:16)고 말씀하셨을 뿐 아니라, 친히 당시에 가난한 자, 병든 자, 여성과 아이들, 이방인, 사마리아인 그리고 사회적으로 소외된 죄인들과 함께하셨다. 이러한 섬김의 전통은 오늘날 교회가 세상에서 '공동선'(common good)을 추구하는 과제로 이어진다고 볼 수 있다. 교회는 나라와 지도자를 위해 기도하고, 지역의 어려움을 함께 나누며 재난을 극복하는 데 동참해 왔다. 심지어 하나님의 백성은 포로로 끌려간 땅에서도 "그 성읍의 평안을 구하고 그를 위하여 여호와께 기도하라"(렘 29:7)는 명령을 받았다. 그리스도인은 자신이 속한 국가와 지역을 위해서 기도하고, 그곳에서 하나님이 원하시는 선과 공의를 위해 힘써야 한다.

영국 성공회의 대주교였던 윌리엄 템플(Wiliam Temple)은 "교회는 자기 구성원이 아닌 이들을 위해 존재하는 유일한 사회이다"라는 유명한 말을 남긴 바 있다. 그렇다면 사회 봉사의 중요성이 신앙에 비례하지 못하는 것은 한국 교회가 자기 구성원을 위한 공동체로만 존재하기 때문이 아닐까? 사회 봉사는 선교와 마찬가지로 외부 지향적 사역이라 할 수 있다. 반면 예배, 친교, 교육은 내부 지향적 사역의 성격을 띤다. 내부 지향적 사역은 외부 지향적 사역에 비해 구조적으로 자발적 동기 부여를 일으키기에 순조로울 수 있다. 그러나 외부 지향적 사역은 우리의 본성적 이끌림에 반할 수 있다.

이러한 점을 고려할 때, 교회의 주요 사역들이 서로 필수적으로 연결되어 있는 사역 생태계에 대한 이해가 필요하다. 외부 지향적 사역은 내부 지향적 사역과 별개가 아니다. 우리가 예배를 바로 드린다면, 그 예배는 선교하고 봉사하는 삶으로 이어져야 한다. 성도의 교제를 통해서 깊은 치유와 위로를 경험한다면, 그 경험은 이웃 사랑과 돌봄으로 넘쳐흐를 것이다. 온전한 교회 교육을 통해서 준비된다면, 세상에서 그리스도의 제자로 증언과 섬김을 실천할 것이다. 이러한 각 사역의 영역들은 서로 보완하고 강화하는 관계여야 한다. 변화된 삶의 경험은 우리의 예배와 친교와 교육을 더욱 생생하게 발전시킬 것이다.

이와 같은 사회 봉사를 위한 사역의 생태계를 중심 처방으로 구상하면서 진단에서 드러난 몇 가지 성찰적 과제를 다음과 같이 제안한다.

1. 하나님 나라 건설에 참여하는 교회의 사회 봉사

한국 교회 성도들의 사회 봉사 참여 동기와 관련하여 '하나님과 동행하는 즐거움을 위해서'(75.7%)와 '예배하는 삶을 실천하기 위해서'(75.0%)라는 높은 응답 비율은 고무적이지만, '하나님 나라 건설에 기여하기 위해서'라는 측면에서 낮은 응답은 기독교 신앙 안에서 사회 봉사의 더 넓은 의미에 대한 깊은 이해가 필요하다는 것을 시사한다. 사회 봉사를 '하나님과 함께하는 즐거움'과 '예배의 삶의 실천'으로 인식하는 것은 하나님과의 관계를 깊게 하는 개인적인 영적 유익에 있어 중요하지만, 이러한 측면을 지나치게 강조하다 보면 전인적인 영적 성장과 교회의 증거에 중요한 기독교의 공동체적, 선교적 차원을 소홀히 할 수 있다. 사회 봉사를 통해 '하나님 나라 건설에 기여'한다는 응답이 낮다는 사실은 사회 봉사가 이 땅에서 하나님 나라를 발전시키는 데 필수적이라고 생각하는 성도가 적다는 것을 시사한다. 스탠리 하우어워스(Stanley Hauerwas)는 "기독교적 제자도는 교회 안에서만이 아니라 복음의 사회적 증인 됨(social witness)으로 확장되어야 한다"고 말한다.[4] 예수님의 사역은 전하고, 가르치고, 치유하고, 섬기는 일을 모두 포함(마 28:19-20; 눅 4:18-19)했다. 따라서 교회는 사회 봉사가 하나님 나라를 건설하고 지상 명령을 완수하는 데 있어 중요한 부분임을 간과해서는 안 된다.

성도들 역시 사회 봉사가 개인의 영적 성장을 넘어 교회의 공동체적 삶과 공적인 사명을 위한 것임을 인식해야 한다. 교회는 사회 봉사가 하나님 나라에 어떻게 기여하는지에 대한 교육을 제공하여 신학적 이해와 실천적 기술을 모두 갖추도록 해야 하며, 사회 봉사를 공동의 책임으로 여겨 협업과 상호 지원을 장려하는 강력한 공동체 의식을 구축해야 한다. 나아가 다른 교회 및 단체와 함께 사회 문제를 해결하는 데 있어 그리스도 안에서 연합과 협력을 이룰 필요가 있다. 이러한 노력은 교회가 그리스도의 총체적인 사명을 더 잘 반영하고, 이 땅에서 하나님 나라 확장에 더 효과적으로 기여하는 데 도움이 될 것이다.

2. 사회 봉사의 다차원성 인식

이번 조사에서 목회자와 성도들은 사회 봉사의 필요성에 대해 서로 다른 우선순위를 가지고 있는 것으로 나타났다. 두 그룹 모두 노인 돌봄의 시급성에 대해서는 동의하지만, 다른 영역에서 강조하는 부분에서는 차이가 있었다. 노인 돌봄의 시급성에 대한 합의는 고령화 인구의 필요성에 대한 인식을 반영하여 긍정적이나, 정신 건강, 장애인 돌봄, 육아 돌봄 문제 등 똑같이 중요한 다른 분야가 덜 관심을 받고 있는 부분이 많았다.

예수님의 사명은 가난한 자에게 기쁜 소식을 전하고, 포로 된 자에게 자유를 선포하며, 눈먼 자에게 시력을 회복시키고, 눌린 자를 모두 자유롭게(눅 4:18-19) 하는 것이었다. 따라서 교회는 신체적, 정신적, 정서적, 영적 필요를 해결하는 총체적인 사역 접근 방식을 채택해야 한다. 여기에는 노인 돌봄, 정신 건강, 육아, 장애인 및 소외 계층에 대한 지원이 모두 포함된다.

많은 지체를 가진 한 몸으로서의 교회가 공동의 선을 위해 함께(눅 12:12-27) 일하려면, 교회는 목회자와 성도들의 우선순위를 일치시키는 사회 봉사에 대한 통일된 비전과 전략을 개발할 필요가 있다. 이를 통해 다양하고 긴급한 필요를 포괄적으로 해결할 수 있을 것이다. 교회는 지역 사회의 필요를 더 잘 이해하고 해결하기 위해 구성원들과 함께 지속적인 교육과 대화에 참여(행 2:42-47)하면서 적극적인 경청, 협력적인 계획, 투명한 의사소통을 통해 설문 조사에서 확인된 다양한 필요 영역을 다루는 종합 계획을 수립하는 것이 필요하다.

선교적 교회 운동가인 마이클 프로스트(Michael Frost)와 앨런 허쉬(Alan Hirsch)는, 교회는 이웃들 가운데 성육신적 공동체로 부름 받았다고 말한다. "우리의 이웃들 속에서 사회적으로 참여하며, 그들에게 다가가 같은 거리와 학교, 상점, 카페를 공유하는 사람들과 더불어 상대를 알고, 자신을 알리는 이 위험한 부르심을 감수하는 것은 모험적인 일이다."[5] 그러므로 지역 사회를 섬기기 위한 계획 수립 과정에 목회자와 성도 모두를 참여시켜 사회 봉사 사명에 대한 공감대를 형성하고 주인 의식을 공유하도록 해야 한다. 더욱 구체적이고 확실한 지역 현안을 파악하기 위해 지역 단체, 정부 기관 및 기타 교회와 협력하여 지역 사회의 필요를 해결하기 위한 자원과 전문 지식을 공유하는 노력도 필요할 것이다. 이러한 노력을 통해 한국 교회는 사회 봉사의 다차원성과 지역 사회 돌봄에 대한 성경의 가르침을 더 잘 반영하여 사회 봉사에 대해 보다 통합적이고 효과적인 접근 방식을 만들 수 있다.

3. 공동선에 참여하는 사회 봉사

초대 교회는 '모든 것을 공동으로 소유하며 재산과 소유를 팔아 가난한 자들에게 주었고'(행 2:44-45 참조), 성경은 '스스로 말할 수 없는 자, 모든 궁핍한 자의 송사를 위하여 말하고, 공의로 재판하며, 가난한 자와 궁핍한 자를 위하여 변호하라'(잠 31:8-9; 마 25:35-40 참조)고 말씀한다. 하지만 이번 조사 결과는 지역 주민에게 교회 시설을 개방하는 비율, 교회의 자산을 사회적 공공재로 생각하는 비율, 사회 공동의 이익을 훼손하는 정치·경제·사회 제도의 변화에 대해 공론화하는 비율이 상대적으로 낮음을 보여 주었다. 교회는 자산을 더 넓은 지역 사회의 유익을 위해 사용되는 공동 자원으로 보아야 한다. 여기에는 교회 시설을 지역 사회가 사용할 수 있도록 개방하는 것과 교회의 자산과 헌금을 교회 공동체뿐 아니라 이웃을 섬기기 위한 도구로 보는 것도 포함된다.

교회의 규모에 따라 지역 사회를 위한 봉사를 단독적으로 감당하기 어려운 경우도 있다. 이런 때는 다른 교회와의 연합, 또는 관련 기관과의 연대가 해법이 될 수 있다. 이번 조사에서 교회 간의 사회 봉사를 위한 협력과 시민 단체와의 연대는 다소 부족한 것으로 나타났다. 교회 간 협력은 예수님의 중요한 기도 제목("아버지여, 아버지께서 내 안에, 내가 아버지 안에 있는 것같이 그들도 다 하나가 되어 우리 안에 있게 하사 세상으로 아버지께서 나를 보내신 것을 믿게 하옵소서"[요 17:21])이었고, 세상을 향한 책임은 유배지에 있는 하나님의 백성을 위한 가르침("너희는 내가 사로잡혀 가게 한 그 성읍의 평안을 구하고 그를 위하여 여호와께 기도하라 이는 그 성읍이 평안함으로 너희도 평안할 것임이라"[렘 29:7])이었다.

교회가 기독교 및 일반 시민 단체와도 공동선을 위해 협력한다면, 이를 통해 교회의 영향력을 확대하는 것은 물론, 모든 사람에게 복음이 전파될 뿐 아니라, 그리스도의 사랑을 전할 수 있을 것이다. 몇몇 기독교 단체의 경우에는 작은 교회들도 참여할 수 있는 사회 봉사 프로젝트를 제공하기도 한다. 교회 간 협력을 촉진하기 위해 다른 지역 교회와 공동 사회 봉사 프로젝트를 시작할 수도 있다. 여기에는 음식 나눔, 지역 사회 청소, 보건 진료가 포함될 수 있다. 사회 봉사 활동의 범위와 효율성을 높이기 위해 다른 교회와 자원과 전문 지식을 공유하는 것도 가능하다. 나아가 빈곤 완화, 교육, 의료 등 공통 목표를 공유하는 일반 시민 단체와 협력하여 지역 사회를 섬길 수도 있다. 교회 간의 협력 부족 문제를 해결하고 시민 단체와의 파트너십을 확대함으로써 한국 교회는 그리스도 안에서 하나 됨과 이웃 사랑에 대한 성경적 명령을 더 잘 반영할 수 있다.

한 가지 염두에 두어야 할 것은, 교회와 성도들이 세상을 변화시키기 위해 필요한 자세는 '신실한 현존'(faithful presence)이어야 한다는 점이다. 예수께서는 하나님 나라를 겨자씨 한 알에 비유하셨다. 그분은 가장 작은 겨자씨가 "심긴 후에는 자라서 모든 풀보다 커지며 큰 가지를 내나니 공중의 새들이 그 그늘에 깃들일 만큼 되느니라"(막 4:32)라고 하셨다. 겨자씨와 같은 작고 소박한 믿음의 실천은 우리에게 예수 그리스도를 따르는 일관되고 겸손한 헌신을 요구한다. 제임스 데이비슨 헌터(James Davison Hunter)는 《기독교는 어떻게 세상을 변화시키는가》(새물결플러스 역간)라는 책에서 이렇게 말한다.

신실한 현존은 우리가 신앙 공동체에서 서로에게 온전한 존재로 있어야 함과 그렇지 않은 사람들에게도 온전한 존재로 있어야 함을 뜻한다. 신자들의 공동체 안에 있든 교회 밖의 사람들에 속하든, 우리는 창조주와 구원자를 모방해야 한다. 즉 우리는 서로를 찾고, 서로 동일시하며, 우리 삶을 각자의 희생적 사랑을 통한 번영을 위해 조정해야 한다.[6]

앞서 말한 것처럼, 교회는 먼저 내적으로 예배와 친교와 교육을 통해 성도들이 서로에게 신실하고 온전한 존재가 되게 하는 데 역점을 두어야 한다. 그리고 이러한 신실한 현존은 교회 안에서만이 아니라 교회 밖에서도 선교와 봉사를 통해 연장되어야 한다. 봉사는 선교에 비해서 곧바로 실천할 수 있는 영역이다. 지금 당장 이웃에게 친절히 인사할 수도 있고, 길가에 떨어진 휴지를 주울 수도 있다. 내적으로 충만해진 신앙이 외적인 열매를 맺는지를 가장 빨리 보여 줄 수 있는 영역이 바로 사회 봉사다. 이를 통해서 모이는 교회뿐 아니라 흩어지는 교회로서의 사명 감당을 시작할 수 있다. 예수께서는 섬김을 받기 위해서가 아니라 섬기기 위해 오셨다(막 10:45). 교회는 섬김을 통해 예수와 연합하고, 그분의 사역에 동참한다.

V. 적용을 위한 토론 질문

1. 당신은 사회 봉사가 교회와 신앙에 얼마나 중요하다고 생각하는가?

2. 당신은 소속된 교회의 사회 봉사 활동을 어떻게 평가하겠는가? 1(매우 약함) - 2(조금 약함) - 3(보통) - 4(조금 잘함) - 5(매우 잘함)의 척도로 평가하라. 그렇게 평가하는 이유는 무엇인가?

3. 당신이 소속된 교회에서 했던 사회 봉사 활동 중에서 가장 기억에 남는 경험은 무엇인가?

4. 당신이 소속된 교회 주변의 이웃을 고려할 때, 당신의 교회가 가장 힘써야 할 사회 봉사 영역 두 가지는 무엇이라고 생각하는가?

1) 노인 돌봄   2) 아동 돌봄   3) 장애인 돌봄   4) 정신 건강

5) 기초 생활 유지   6) 가족 및 사회적 관계   7) 그 외

5. 당신이 소속된 교회가 속한 이웃이나 지역 사회를 위해 봉사하고자 할 때 협력할 수 있는 외부 기관(기독교/비기독교 모두)이 있는가? 어떻게 협력할 수 있겠는가?

6. 당신이 소속된 교회의 사회 봉사가 활성화되기 위해서 가장 필요한 것 두 가지는 무엇이라고 생각하는가?

7. 교회의 예산 중 사회 봉사를 위한 지출 비중은 얼마나 되어야 한다고 생각하는가?

5

지속되어야 할 대위임령,
선교를 진단하다

크리스천이라면 선교를 매우 자연스럽게 여겨야 한다.
예수님을 구주로 영접하는 순간 우리는 남을 위해 살아
야 하고, 기쁜 소식을 전하는 그리스도의 제자여야 한
다. 선교는 선교사만을 위한 과제가 아니다. 크리스천이
라면 마땅히 감당해야 하는 몫임을 잊지 말아야 한다.
/ 최찬영

대위임령을 이루는 데 진지하게 참여하지 않는
교회는 존재해야 할 성경적 권리를 박탈당하는
것이다.   / 오스왈드 스미스(Oswald J. Smith)

그리스도의 영은 선교의 영이다. 우리가 그분께
가까이 가면 갈수록, 우리는 더욱더 열정적인 선
교사가 된다.   / 헨리 마틴(Henry Martyn)

영원한 것을 얻고자 영원하지 않은 것을
포기하는 사람은 바보가 아니다.
/ 짐 엘리엇(Jim Elliot)

I. 여는 글
- 선교와의 대면

1. 성경이 말하는 선교

예수 그리스도는 당신을 따르는 자들에게 땅끝까지 이르러 증인이 될 것
(행 1:8)이라 하셨고, 모든 민족을 제자 삼으라(마 28:19-20)고 분부하셨다.
그분의 구원 사역은 성령 안에서 교회를 통해 지속된다. 따라서 복음 전
파의 대위임령은 교회가 존재하는 본질적 이유라 할 수 있다. 교회는 세
상을 향하여 예수 그리스도 안에서 인간과 화해하고 피조 세계를 회복하
시는 하나님의 선교를 증언하는 공동체다. 사도 바울이 선언한 것처럼, 교
회는 "만물 안에서 만물을 충만하게 하시는"(엡 1:23) 그리스도의 충만함
을 이루는 곳이기 때문이다. 데이비드 보쉬(David Bosch)의 주장처럼, 선교

는 기독교 신앙에서 선택할 수 있는 부가물이 아니라, 기독교의 존재 이유(raison d'etre)인 것이다.[1]

2. 문제 제기와 논의 전개

한국 교회는 지난 20세기에 유례없는 부흥을 이루며 국내 전도뿐 아니라 세계 선교에도 헌신적이었다. 이제는 실질적으로 미국에 이어 제2의 선교 대국으로 인정받고 있으며, 해외에서 사역 중인 장기 선교사도 약 22,000명에 이른다. 하지만 교회의 성장 곡선이 기울어지면서 선교 열정이 식어지는 듯하다. 1세대 선교사를 이을 선교사 자원이 넉넉지 않다. 목회와 선교 일선에서 선교의 미래를 바라보는 시선이 밝지 않다. 한국세계선교협의회(KWMA)와 한국선교연구원(KRIM)이 조사한 바에 따르면, 2023년 말 기준 현재 한국 선교사 중 50대 이상의 비율은 67.9%를 차지하는 반면, 30세 이하의 선교사 수는 6.9%로서 그 비율의 격차가 현저하다. 전년과 비교할 때 60대와 70대의 선교사 비율은 늘어나고 있지만, 50대 이하의 선교 헌신자 수는 계속 감소하고 있다.[2]

한국 교회의 선교가 안고 있는 문제는 단순히 숫자나 연령대에 국한되지 않는다. 이미 2014년 한국선교지도자 포럼은 성과주의, 자민족 중심 선교의 불이행, 과다 경쟁과 분열, 문화 이식적 선교 등을 한국 선교의 문제점으로 지적한 바 있다.[3] 이번 조사에서도 성과주의와 외형주의가 한국 교회 선교의 가장 대표적인 문제로 드러났다. 또한 한국 교회 성도들에게서 선교의 중요성에 대한 인식은 높지만, 그에 반해 선교에 대한 이해와 참여도는 많이 낮았다. 이로 인해 해외 선교사의 28.4%만이 긍정적으로 보고 있고, 절반에 가까운 44.5%가 한국 교회 선교의 미래를 부정적으로 보았다. 이는 교회 내부에서나 선교 현장 모두에서 선교의 문제를 심각히 재고해야 하는 상황임을 보여 준다.

선교는 교회의 건강성과 생명력을 보여 주는 지표다. 복음의 능력이 살아 있고 진정한 예배가 이루어진다면, 교회는 강력한 선교적 동력을 지니게 될 것이다. 따라서 현재 한국 교회가 안고 있는 선교의 문제는 교회의 근본적 과제를 돌아보게 한다. 다가오는 시대에도 변치 않는 그리스도의 위임 명령을 수행하기 위해 어떤 변화와 개선이 필요할까? 본 연구에서는 이 질문에 대한 답을 찾기 위해 목회자와 성도, 선교사를 대상으로 조사를 실시했다. 이 글은 선교와 관련된 전반적인 조사 데이터를 기반으로 한국 교회의 선교적 상황들을 분석하며 다음의 이슈들을 중심으로 진단했다.

1. 한국 교회는 선교를 얼마나 잘 알고 있는가?
2. 한국 교회는 선교를 얼마나 잘 준비하고 있는가?
3. 한국 교회는 선교와 함께하고 있는가?
4. 선교사들은 한국 교회의 선교를 어떻게 보고 있는가?
5. 선교 한국에 미래는 있는가?

II. 진단

1. 한국 교회는 선교를 얼마나 잘 알고 있는가?

1) 높은 인식, 낮은 관심

선교는 예수님의 지상 명령이다. 부활하신 예수께서는 "아버지께서 나를 보내신 것같이 나도 너희를 보내노라"(요 20:21)라고 말씀하셨다. 그렇다면 성도들은 우리를 증인으로 보내신다는 예수님의 이러한 말씀을 얼마나 중요하게 여기고 있을까? 교회의 5대 사역(예배, 교육, 친교, 봉사, 선교) 중 '가장 중요하게 여기는 것'을 선택하도록 요청한 문항에 예배가 72.6%로 압도적인 1위를 기록했고, 선교/전도는 12.1%로 그 뒤를 이었다. 선교는 예배와 함께 교회의 과제 중에서 가장 중요한 비중을 차지하는 것으로 나타난다. 그러나 성도들의 선교에 대한 실제 관심은 그와 같이 높은 평가에 비례하지 못한다. 성도들에게 '나는 해외 선교에 관심이 많다'라는 데에 얼마나 동의하는지 질문했을 때도 35.7%만이 '관심 있다'고 응답했다. 또한 '해외 선교에 대한 나의 관심은 최근에 더 많아졌다'에 대해서도 '그렇다'가 32.1%, '그렇지 않다'가 29.6%로 긍정과 부정의 응답이 비슷했다.

이처럼 성도들은 선교가 중요하다고 인정하지만, 막상 선교에 대한 관심은 그에 미치지 못하고 있었다. 연령대별로는 60세 이상에서 '관심 있다'고 응답한 비율이 41.1%로 가장 높았으며, 다른 연령대는 30% 내외의 비슷한 비율을 보였다. 중고등학생 가운데서도 해외 선교에 관심이 있다는 응답은 30.3%로 성인과 큰 차이가 없었다. 선교가 교회에서는 중요

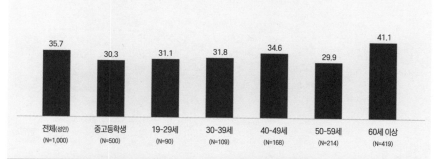

해외 선교에 대한 관심_성도와 중고등학생 (Base: 전체, %)

35.7 — 전체(성인) (N=1,000)
30.3 — 중고등학생 (N=500)
31.1 — 19-29세 (N=90)
31.8 — 30-39세 (N=109)
34.6 — 40-49세 (N=168)
29.9 — 50-59세 (N=214)
41.1 — 60세 이상 (N=419)

- 출처: 목회데이터연구소, '한국 교회 진단 조사-선교-'(전국의 만 19세 이상 개신교인 남녀[교회 출석자] 1,000명, 온라인 조사, 지앤컴리서치, 2023. 11. 29. - 12. 7.)
- 출처: 목회데이터연구소, '한국 교회 진단 조사-중고등학생-'(교회 출석 중인 중학생 및 고등학생 500명, 온라인 조사, 지앤컴리서치, 2024. 1. 5. - 1. 11.)

한 사역이지만 성도 개인의 삶에서는 그만큼의 관심을 얻지 못하는 현실로 미루어 볼 때, 미래 한국 교회 선교의 자원이 고갈되리라는 전망도 무리는 아니다. 따라서 선교적 관심과 헌신의 저변 확대가 한국 교회의 중요한 과제라 할 수 있다.

그런데 성도 개인이 아닌 교회 차원의 선교에 대한 관심을 보면 상당히 다른 결과가 나타난다. 성도들은 '우리 교회는 선교에 대한 관심이 많다'는 데는 72.7%가 동의했는데, '우리 교회 교인들은 선교에 대한 관심이 많다'는 데는 58.2%만 동의했다. 즉, 성도들 자신은 선교에 대한 관심이 높지 않지만, 자신이 속한 교회는 선교에 관심이 높다고 본 것이다. 성도 개인은 선교에 대한 관심이 적은데 성도의 집합체인 교회는 선교에 관심이 많다는 상반된 결과는 왜 초래되었으며, 그 의미는 무엇일까?

성도 개인과 교회의 선교에 대한 관심의 격차는 목회자로 인해서 생긴 것으로 보인다. 목회자들은 해외 선교에 70.0%가 '관심 있다'고 답했

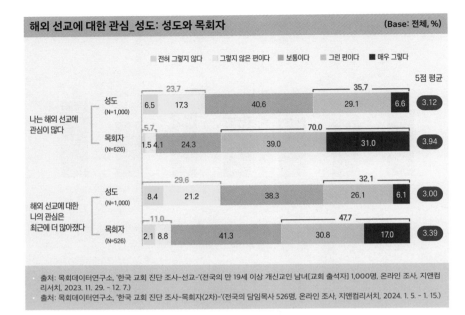

해외 선교에 대한 관심_성도: 성도와 목회자 (Base: 전체, %)

■ 전혀 그렇지 않다 ■ 그렇지 않은 편이다 ■ 보통이다 ■ 그런 편이다 ■ 매우 그렇다

5점 평균

나는 해외 선교에 관심이 많다

성도 (N=1,000): 6.5 / 17.3 (23.7) / 40.6 / 29.1 / 6.6 (35.7) — 3.12

목회자 (N=526): 1.5 / 4.1 (5.7) / 24.3 / 39.0 / 31.0 (70.0) — 3.94

해외 선교에 대한 나의 관심은 최근에 더 많아졌다

성도 (N=1,000): 8.4 / 21.2 (29.6) / 38.3 / 26.1 / 6.1 (32.1) — 3.00

목회자 (N=526): 2.1 / 8.8 (11.0) / 41.3 / 30.8 / 17.0 (47.7) — 3.39

- 출처: 목회데이터연구소, '한국 교회 진단 조사-선교-'(전국의 만 19세 이상 개신교인 남녀[교회 출석자] 1,000명, 온라인 조사, 지앤컴리서치, 2023. 11. 29. - 12. 7.)
- 출처: 목회데이터연구소, '한국 교회 진단 조사-목회자(2차)-'(전국의 담임목사 526명, 온라인 조사, 지앤컴리서치, 2024. 1. 5. - 1. 15.)

는데, 이는 성도들이 '우리 교회는 선교에 대한 관심이 많다'고 답한 비율과 거의 비슷하다. 최근에 선교에 대한 관심이 더 많아졌다는 데에 대한 목회자들의 동의율도 성도들보다 15.6%가 더 높은 47.7%였다. 그렇다면 교회의 선교에 대한 관심도가 높게 나온 것은 성도의 인식이 아닌 목회자의 인식이 반영된 것이라 볼 수 있다. 성도들은 자기 교회의 선교에 대한 인식을 평가할 때 자신의 관심보다 목회자의 관심을 따라 응답한 것이다. 이는 목회자의 선교적 비전이 성도들에게 전달은 되지만, 성도 개개인의 관심과 인식으로 내재화되지 못한 것이라 볼 수 있다. 목회자들은 자신의 목회 비전과 철학을 성도들과 공유해야 하는데, 그렇지 못한 상태에서 목회자 주도로 선교 사역을 강조하는 것이다.

한 가지 흥미로운 점은, 선교에 대한 개인의 관심에서는 출석 성도 수가 50명 미만인 교회의 성도는 38.5%가 관심 있다고 응답한 반면, 1,000명 이상인 교회의 성도는 29.8%만이 응답했다는 점이다. 교회 규모에 따라 약 10%p의 차이가 났다. 더욱 구체적으로, '평소 해외 선교 및 선교사에 대한 책을 읽거나 공부를 한다'는 응답에 대해서는 출석 성도 수가 50명 미만인 교회의 성도 26.9%가 동의한 반면, 출석 성도 수가 1,000명 이상인 교회의 성도는 15.5%만이 동의하여 차이가 더 커진다. 대조적으로, '우리 교회는 선교에 관심이 많다'는 응답에 출석 성도 수가 50명 미만인 교회의 성도는 61.1%가 그렇다고 동의한 반면, 출석 성도 수가 1,000명 이상인 교회의 성도는 86.0%가 동의하여 개인과는 정반대의 양상이 나왔다. '선교와 관련된 행사를 자주 한다'는 응답에서도 출석 성

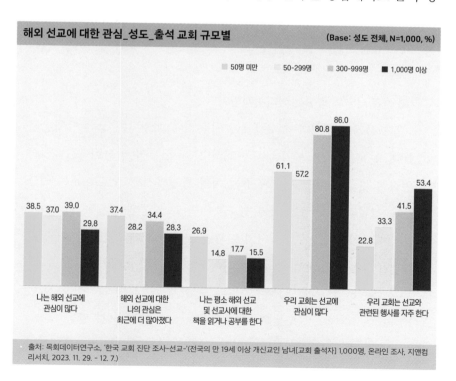

해외 선교에 대한 관심_성도_출석 교회 규모별 (Base: 성도 전체, N=1,000, %)

■ 50명 미만 ■ 50-299명 ■ 300-999명 ■ 1,000명 이상

- 나는 해외 선교에 관심이 많다: 38.5 / 37.0 / 39.0 / 29.8
- 해외 선교에 대한 나의 관심은 최근에 더 많아졌다: 37.4 / 28.2 / 34.4 / 28.3
- 나는 평소 해외 선교 및 선교사에 대한 책을 읽거나 공부를 한다: 26.9 / 14.8 / 17.7 / 15.5
- 우리 교회는 선교에 관심이 많다: 61.1 / 57.2 / 80.8 / 86.0
- 우리 교회는 선교와 관련된 행사를 자주 한다: 22.8 / 33.3 / 41.5 / 53.4

출처: 목회데이터연구소, '한국 교회 진단 조사-선교-'(전국의 만 19세 이상 개신교인 남녀[교회 출석자] 1,000명, 온라인 조사, 지앤컴 리서치, 2023. 11. 29. - 12. 7.)

도 수가 50명 미만인 교회는 22.8%, 1,000명 이상인 교회는 53.4%로 두 배 이상의 차이가 난다. 이로 미루어 볼 때 선교에 대한 교회 차원의 활동은 큰 교회에서 더 활발해 보이지만, 정작 선교에 대한 개인적 관심은 작은 교회 성도들이 더 높으리라고 볼 수 있다. 대형 교회는 교회 차원의 선교 활동에 만족하지 않고 성도들 개인의 선교에 대한 관심과 참여를 높이는 데 노력을 기울여야 하고, 작은 교회는 성도들의 선교에 대한 관심이 구체화될 수 있도록 다른 선교 단체와의 협력 사역 기회를 제공하는 등의 노력을 할 필요가 있을 것이다.

　　한국 교회의 교세가 위축되는 상황에서 평신도들의 자발적 참여가 이루어지지 않는다면 선교의 활성화는 한계를 맞게 될 것이다. 앞으로 교회에서 성도들의 선교적 관심과 열정을 어떻게 독려하느냐가 선교의 동력 확보에 중요한 요인이 될 것이다.

2) 선교 사역의 범위는 어디까지인가

　　선교 사역이 어디까지 포괄해야 하는지에 대해서는 상이한 입장들이 있다. 선교를 구령 사역에 국한해서 보는 전통적 입장이 있는가 하면, 인간적 삶의 조건을 개선해 주는 여러 활동까지를 선교로 보는 입장도 있다. 그렇다면 한국 교회의 성도들은 선교 활동의 범위를 어디까지로 인식하고 있을까? 이번 조사의 결과를 보면 선교에 대한 인식이 전통적 입장인 복음 전도에서 사회적 책임의 영역으로 확장되었다고 할 수 있다. 물론 여전히 선교의 핵심은 '전도와 교회 개척'이라는 인식이 가장 높았다(89.5%). 그럼에도 성도들은 '복지 활동'(81.7%), '의료 보건 활동'(79.0%), '교육 활동'(78.3%), '사회를 기독교 정신으로 변화시키는 활동'(71.5%), '현지

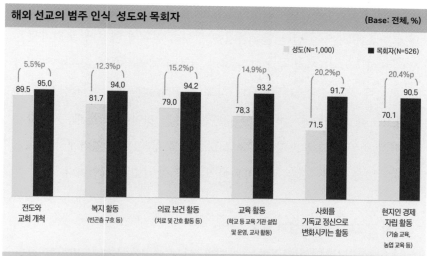

해외 선교의 범주 인식_성도와 목회자 (Base: 전체, %)

■ 성도(N=1,000) ■ 목회자(N=526)

5.5%p   12.3%p   15.2%p   14.9%p   20.2%p   20.4%p
89.5 95.0   81.7 94.0   79.0 94.2   78.3 93.2   71.5 91.7   70.1 90.5

전도와 교회 개척   복지 활동 (빈곤층 구호 등)   의료 보건 활동 (치료 및 간호 활동 등)   교육 활동 (학교 등 교육 기관 설립 및 운영, 교사 활동)   사회를 기독교 정신으로 변화시키는 활동   현지인 경제 자립 활동 (기술 교육, 농업 교육 등)

• 출처: 목회데이터연구소, '한국 교회 진단 조사-선교-' (전국의 만 19세 이상 개신교인 남녀[교회 출석자] 1,000명, 온라인 조사, 지앤컴리서치, 2023. 11. 29. - 12. 7.)
• 출처: 목회데이터연구소, '한국 교회 진단 조사-목회자(2차)-' (전국의 담임목사 526명, 온라인 조사, 지앤컴리서치, 2024. 1. 5. - 1. 15.)

인 경제 자립 활동'(70.1%) 등 인류의 복지와 사회 변화를 위한 전반적 활동이 선교의 범주에 해당한다고 보고 있었다. 이는 교회와 선교의 목적이 '교회 중심의 복음 전파'에 기초를 두면서도, '개인 구원과 하나님 나라의 실현'이라는 복음의 총체적 이해로까지 확장되고 있음을 보여 준다.

선교에 대한 관심과 마찬가지로 선교 활동의 범위에서도 목회자가 성도보다 더 넓은 인식을 갖춘 것으로 나타났다. 목회자와 성도 간의 인식 격차는 일반적으로 선교 활동에 수반되었던 '복지 활동'(12.3%p), '의료 보건 활동'(15.2%p), '교육 활동'(14.9%p)에서도 드러났다. 그러나 '사회를 기독교 정신으로 변화시키는 활동'(20.2%p), '현지인 경제 자립 활동'(20.4%p) 등과 같이 더욱 적극적인 사회 참여가 요구되는 영역에서는 목회자와 성도 간의 인식 차이가 더 커졌다.

성도들은 복음 전파를 중심으로 교육, 복지, 의료와 같이 인간의 보편적 필요를 채우는 선한 활동까지를 선교의 범위에 넣지만, 목회자들은 이보다 더 나아가 사회 구조의 변화나 경제적 자립이라는 공적인 영역까지 선교의 범위에 포함시키는 데 더욱 적극적이다. 선교가 세상을 향해 그리스도의 사랑을 증언하고 섬김을 실천하는 것이라고 할 때, 목회자들의 인식 범위는 더욱 포괄적이다. 성도들에게 삶의 모든 영역에서 선교적 차원을 교육시키는 것은 목회자들이 맡아야 할 중요한 책임이다.

3) 전도에 대한 관심과 활동

전도는 선교와 동일하지는 않지만, 선교 사역에서 중심 역할을 한다. 다양한 선교 활동은 궁극적으로 복음의 전파와 회심을 목표로 삼기 때문이다. 따라서 전도에 대한 관심은 선교에 대한 관심으로 이어진다. 이번 조사에서 성도들의 전도에 대한 관심도는 40.1%로 나타났다. 이 수치는 해외 선교에 대한 관심도인 35.7%보다 약간 높기는 하지만, 전도가 교회의 핵심 사명임을 고려하면 기대에 못 미치는 결과다. 여기서 주목할 점은, '전도가 강화되어야 한다'는 당위성에는 성도의 48.4%가 동의하는데, 실상 전도에 대한 관심도는 40.1%로 낮다는 것이다. 앞서 선교가 중요하다는 데에는 동의하지만 선교에 대한 개인적 관심은 낮은 것과 유사한 결과다.

성도들에게 전도와 관련해서 어떠한 활동을 하는지를 물었을 때, '전도할 사람을 찾기 위해 노력하고 있다'는 응답을 한 이들이 절반을 넘었다(53.0%). 얼핏 보면 앞서 전도에 대한 관심도가 40.1%인 데 반해 더 높은 응답으로 보이지만, 정작 구체적으로 '전도 대상자를 정하고 복음을

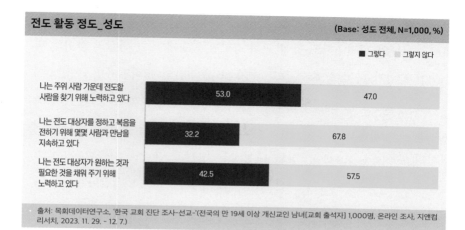

전도 활동 정도_성도

(Base: 성도 전체, N=1,000, %)

■ 그렇다　■ 그렇지 않다

나는 주위 사람 가운데 전도할 사람을 찾기 위해 노력하고 있다	53.0	47.0
나는 전도 대상자를 정하고 복음을 전하기 위해 몇몇 사람과 만남을 지속하고 있다	32.2	67.8
나는 전도 대상자가 원하는 것과 필요한 것을 채워 주기 위해 노력하고 있다	42.5	57.5

· 출처: 목회데이터연구소, '한국 교회 진단 조사-선교-'(전국의 만 19세 이상 개신교인 남녀[교회 출석자] 1,000명, 온라인 조사, 지앤컴리서치, 2023. 11. 29. - 12. 7.)

전하기 위해 몇몇 사람과 만남을 지속하고 있다'에는 32.2%만 동의했다. 즉 막연히 전도해야 한다고 생각하는 이들은 50% 정도지만, 실제로 전도하는 이들은 30% 남짓으로 줄어드는 것이다. '전도 대상자가 원하는 것과 필요한 것을 채워 주기 위해 노력하고 있다'에도 42.5%만 동의했다. 이러한 수치는 전도에 대한 관심도가 40.1%인 것과 비례한다. 전도해야 한다는 당위성에는 동의하지만, 실제적이고 적극적으로 전도 활동에 임하는 비율은 그에 미치지 못한다.

1년간 전도(교회에 나오게 하지는 못했어도 복음을 전하거나 교회 출석을 권한 경우)한 사람의 수를 질문했을 때, 한 명도 없었다는 비율이 54.1%였다. 즉, 성도의 절반가량은 전혀 전도하지 않은 것이다. 그렇다면 실천에 이르지 못하는 전도에 대한 신념이 얼마나 진정성이 있는 것일까? 이미 전도에 대한 관심이 부족한 상태에서 실제 전도가 이루어지기를 기대하는 것은 모순일 수밖에 없다. 전도가 중요하다는 점은 인정하지만 전도를 실천하지 않는다는 것은 교회가 성도들에게 일상에서 증인의 삶을 실천하도록 일깨워 주는 사명의 급박함을 보여 준다.

전도와 관련해서도 앞서 교회 규모별 선교에 대한 관심의 차이와 비슷한 결과가 나왔다. 출석 성도 수가 50명 미만인 교회의 성도는 전도에 관심이 있다는 응답이 50.1%지만, 1,000명 이상인 교회의 성도는 33.2%에 불과했다. 이 차이는 다른 문항들인 '전도할 사람을 찾기 위해 노력한다'(62.5% vs. 48.1%), '전도 대상자를 정하고 만남을 지속한다'(41.1% vs. 25.1%), '전도 대상자가 원하는 것을 채워 주고자 노력한다'(51.3% vs. 39.9%)에서도 나타났다. 선교와 전도 모두에서 성도 개인의 관심과 노력이 교회 규모별로 차이가 나타난다는 사실은 대형 교회의 경우 성도들이 수동적인 소비자와 같은 태도로 교회 사역을 대하는 것이 아닌지 반성할 과제를 던져 준다.

4) 전도의 장해물

그렇다면 성도들이 전도하지 않는 이유는 무엇일까? 가장 높은 응답을 보인 이유는 '전도할 용기가 없어서'(24.8%)였다. 그다음으로는 '아직 전도할 만한 신앙 수준이 안 돼서'(20.0%), '신앙인으로서의 모범적인 삶을 살지 못해서'(20.0%), '기독교에 대한 사회적 이미지가 좋지 않아서'(14.6%) 순이었다. 한편, 목회자의 생각은 조금 달랐다. 목회자도 성도들이 전도하지 않는 가장 큰 이유를 '전도할 용기가 없어서'(23.1%)라고 응답했지만, 2위는 성도들과 달리 '전도에 대한 관심이 없어서'(22.6%)였다. 성도들은 전도의 당위성에는 동의하지만 자신들이 전도할 만한 수준과 역량을 갖추지 못했다고 보는 반면, 목회자들은 성도들의 신앙 능력이 아니라 전도 자체에 대한 관심이 부족하다고 보기 때문이다. 어떠한 이유든, 전도의

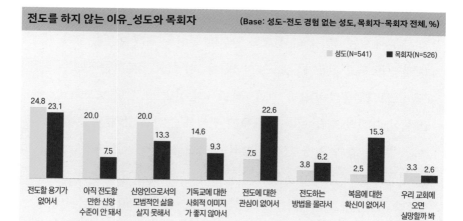

전도를 하지 않는 이유_성도와 목회자　　(Base: 성도-전도 경험 없는 성도, 목회자-목회자 전체, %)

성도(N=541)　목회자(N=526)

전도할 용기가 없어서	아직 전도할 만한 신앙 수준이 안 돼서	신앙인으로서의 모범적인 삶을 살지 못해서	기독교에 대한 사회적 이미지가 좋지 않아서	전도에 대한 관심이 없어서	전도하는 방법을 몰라서	복음에 대한 확신이 없어서	우리 교회에 오면 실망할까 봐
24.8 / 23.1	20.0 / 7.5	20.0 / 13.3	14.6 / 9.3	7.5 / 22.6	3.8 / 6.2	2.5 / 15.3	3.3 / 2.6

• 출처: 목회데이터연구소, '한국 교회 진단 조사-선교-'(전국의 만 19세 이상 개신교인 남녀[교회 출석자] 1,000명, 온라인 조사, 지앤컴리서치, 2023. 11. 29. - 12. 7.)
• 출처: 목회데이터연구소, '한국 교회 진단 조사-목회자(2차)-'(전국의 담임목사 526명, 온라인 조사, 지앤컴리서치, 2024. 1. 5. - 1. 15.)

가장 큰 장해물은 교회에 대한 사회의 시선과 같은 외적 요인보다는 전도 자체에 대한 내적 동기 부여의 문제라 볼 수 있다. 그렇다면 선교와 전도 모두에 있어서 중요한 점은, 교회 안에서 충분한 교육과 준비가 이루어지고 있느냐 하는 것이다.

2. 한국 교회는 선교를 얼마나 잘 준비하고 있는가?

선교와 전도의 사역을 잘 감당하기 위해서는 교회 내부에서부터 이에 대한 인식과 충분한 교육이 이루어져야 한다. 성경은 우리가 믿는 소망에 관해서 "대답할 것을 항상 준비"(벧전 3:15)하라고 가르친다. 그렇다면 한국 교회가 성도들이 선교에 참여할 수 있는 기반을 잘 마련하고 있는지를 살펴보도록 하자.

1) 선교 인식의 향상을 위한 교육

교회에서는 성도들의 선교적 인식과 헌신을 위해 어떠한 교육 프로그램을 제공하고 있을까? 성도들이 1년에 1회 이상 실행하는 선교를 위한 교육 프로그램들의 비율을 보면, '선교사의 설교 및 선교 보고회'(62.7%), '단기 선교/비전 트립'(48.8%), '하루에 진행하는 선교 강의/세미나'(46.5%), '선교 대학과 같이 일정 기간 진행되는 선교 강의와 선교 훈련'(32.7%)의 순으로 나왔다. 62.7%가 응답한 '선교사의 설교 및 선교 보고회' 외의 다른 프로그램들이 교회에서 1년 이상 개최되는 비율은 50% 미만이었다.

이러한 결과는 교회와 성도들이 선교가 중요하다는 인식은 어느 정도 공유하고 있지만, 실제로 선교에 대해 배우고 동기 부여를 받을 기회는

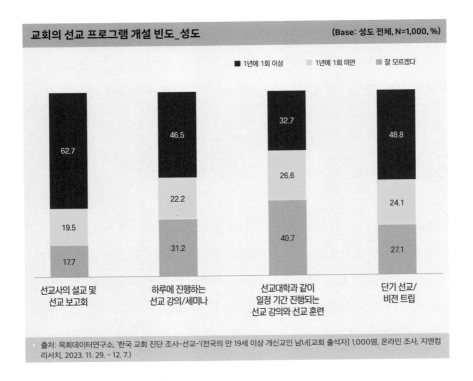

교회의 선교 프로그램 개설 빈도_성도   (Base: 성도 전체, N=1,000, %)

■ 1년에 1회 이상   ■ 1년에 1회 미만   ■ 잘 모르겠다

	선교사의 설교 및 선교 보고회	하루에 진행하는 선교 강의/세미나	선교대학과 같이 일정 기간 진행되는 선교 강의와 선교 훈련	단기 선교/비전 트립
1년에 1회 이상	62.7	46.5	32.7	48.8
1년에 1회 미만	19.5	22.2	26.6	24.1
잘 모르겠다	17.7	31.2	40.7	27.1

출처: 목회데이터연구소, '한국 교회 진단 조사-선교-'(전국의 만 19세 이상 개신교인 남녀[교회 출석자] 1,000명, 온라인 조사, 지앤컴리서치, 2023. 11. 29. - 12. 7.)

충분하지 않다는 것이다. 성도들이 접할 수 있는 선교 관련 프로그램은 선교에 관한 설교, 강의, 보고를 수동적으로 듣는 것이고, 그마저도 단회적인 경우가 많다. 성도들이 주체적으로 선교에 참여하고 훈련을 받아 선교적 삶을 살 수 있도록 안내하는 구체적인 교육 프로그램이 더욱 요청된다. 선교사 헌신이 줄어드는 현실에 대한 우려가 높은 가운데, 교회에서 성도들에게 선교에 대한 관심을 환기시키는 것은 물론, 다양하고 창의적인 방식으로 선교에 참여할 기회를 주기 위한 노력이 충분했는지 재고해야 할 시점이다.

2) 선교 체험: 단기 선교의 효과

선교에 대한 관심과 비전을 진작시키는 데 있어서 단기 선교(비전 트립)는 성도들에게 효과가 크고 만족도도 높은 것으로 나타났다. 강의형 교육인 '선교 대학'의 만족도는 58.0%였는데, 체험형 교육인 단기 선교(비전 트립)의 만족도는 그보다 10%p 이상 높은 69.0%로 나왔다. '단기 선교에 참여하고 싶다'는 의견은 41.3%로서 '선교 대학에 참여할 의사가 있다'는 의견인 33.0%보다 높았다. 목회자들도 향후 개설하고 싶은 선교 교육으로 '선교 대학'(50.4%)보다 '단기 선교'(77.4%)에 더 높은 선호도를 보였다. 선호하는 단기 선교 기간으로는 1주가 가장 많았고, 2주도 상당한 비율이었다. 1주와 2주를 선호하는 비율이 성도의 경우는 각각 36.8%와 29.5%였고, 목회자의 경우는 50.1%와 35.8%였다. 이는 선교 교육에서 경험적 방법이 더욱 효과적임을 시사한다. 다음 세대의 경우 단기 선교는 중요한 선교 교육과 훈련의 장이 될 것으로 보인다.

그러나 단기 선교가 효과적인 교육 훈련이지만, 이에 참여한 비율

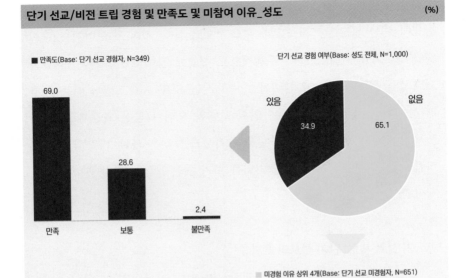

출처: 목회데이터연구소, '한국 교회 진단 조사-선교-'(전국의 만 19세 이상 개신교인 남녀[교회 출석자] 1,000명, 온라인 조사, 지앤컴 리서치, 2023. 11. 29. - 12. 7.)

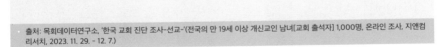

은 아직 높지 않다. 성도의 경우는 34.9%, 목회자는 55.8%가 단기 선교에 '참여해 보았다'고 응답했다. 아직 단기 선교를 가 보지 않은 성도가 65.1%, 목회자는 44.2%나 된다는 것은 단기 선교가 교회의 선교 훈련 프로그램으로 더욱 확대되어야 할 필요성을 보여 준다.

한편, 단기 선교를 가지 않는 이유로는 '재정적, 시간적 여유가 없어서'라는 응답이 가장 높게 나왔다(56.3%). 단기 선교에 관심이 많음에도 불구하고 현실적 여건 때문에 가지 못하는 것이다. 교회가 단기 선교의 필요성을 적극 인식시키고 기회를 확대하며 일부 비용이라도 후원한다면, 더 많은 성도가 단기 선교에 참여할 수 있을 것이다.

여기서 한 가지 유의할 사항은, 앞서 지적한 것처럼 선교에 대한 인식의 개선과 선교 교육이 충분하지 않은 상태에서 단기 선교 활동만을 강조하는 것은 한계가 있다는 점이다. 선교가 그리스도인의 본질적 사명임을 깨달아 다양하고 창의적인 선교 사역에 더욱 많은 성도가 참여하도록 격려하는 가운데 단기 선교가 병행될 때, 선교적 헌신이 더욱 지속되고 활성화될 것이다.

3) 선교 전략에 대한 이해

선교사가 '보냄 받은 선교사'로서의 선교 전략을 준비한다면, 교회는 '보내는 선교사'로서의 전략을 지녀야 한다. 이 전략은 교회 지도자만이 아니라 온 성도가 함께 공유해야 선교적 추진력을 얻을 수 있다. 전략은 선교의 목표와 방법으로 구성된다. 좋은 전략이 되기 위해서는 목표가 명확하고, 그 목표를 달성하는데 가장 최적화된 방법이 있어야 한다. 그런데 목표가 좋고 목표에 최적화된 방법이 있다고 하더라도 그 전략이 해당 교회의 규모, 재정 여건, 성도들의 관심 등의 상황에 맞지 않는다면 그 전략은 좋은 전략이라고 할 수 없다. 이번 조사에서 선교사를 파송/후원하는 교회의 비율은 85.1%였으며, 선교사를 파송/후원하는 교회 가운데 선교 전략이 있는 교회는 51.7%밖에 되지 않았다. 그런데 선교 전략이 있어도

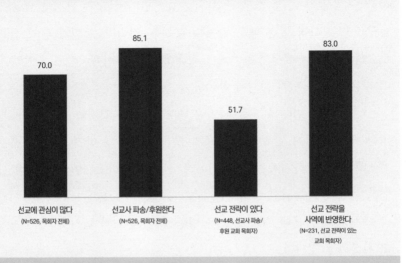

선교 전략 수립 및 정책 반영_목회자 (%)

70.0 — 선교에 관심이 많다 (N=526, 목회자 전체)
85.1 — 선교사 파송/후원한다 (N=526, 목회자 전체)
51.7 — 선교 전략이 있다 (N=448, 선교사 파송/후원 교회 목회자)
83.0 — 선교 전략을 사역에 반영한다 (N=231, 선교 전략이 있는 교회 목회자)

• 출처: 목회데이터연구소, '한국 교회 진단 조사-목회자(2차)-'(전국의 담임목사 526명, 온라인 조사, 지앤컴리서치, 2024. 1. 5. - 1. 15.)

실제 선교 사역에 전략을 반영하는 교회는 선교 전략이 있다고 응답한 교회의 83.0%로 나타났다. 선교 전략이 있는 교회라 하더라도 17%는 허울뿐인 것이다. 이 83.0%를 선교사 파송 교회 전체로 환산하면 42.8%밖에 되지 않았다. 즉 선교사를 후원/파송하는 교회의 절반 이하(42.8%)만이 선교 전략에 의한 사역을 하고 있어서 현재의 선교 사역이 얼마나 효율적일지 의심스러울 수밖에 없다.

또한, 선교사를 파송하는 교회의 성도의 경우 '우리 교회의 해외 선교 전략과 정책에 대해 내용을 안다'고 응답한 비율은 26.1%로 나와 선교 전략이 있다는 목회자의 절반 수준에 그쳤다. 73.9%의 성도는 교회의 선교 전략과 정책을 아예 모르거나, 제대로 알고 있지 못한 셈이다. 선교 정책은 선교 사역의 방향성과 기준을 제시해 주는 동시에 선교 사역

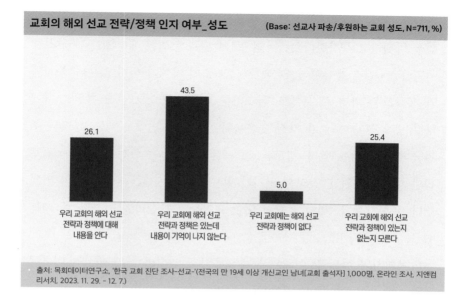

교회의 해외 선교 전략/정책 인지 여부_성도   (Base: 선교사 파송/후원하는 교회 성도, N=711, %)

26.1 — 우리 교회의 해외 선교 전략과 정책에 대해 내용을 안다
43.5 — 우리 교회에 해외 선교 전략과 정책은 있는데 내용이 기억이 나지 않는다
5.0 — 우리 교회에는 해외 선교 전략과 정책이 없다
25.4 — 우리 교회에 해외 선교 전략과 정책이 있는지 없는지 모른다

출처: 목회데이터연구소, '한국 교회 진단 조사-선교-'(전국의 만 19세 이상 개신교인 남녀[교회 출석자] 1,000명, 온라인 조사, 지앤컴리서치, 2023. 11. 29. - 12. 7.)

을 평가하는 기준이 된다. 하지만 대다수의 성도가 선교 사역을 평가하기에는 선교 전략과 정책 자체로부터 소외되어 있다. 이러한 괴리가 존재하는 것은, 목회자들이 실제로는 선교 전략과 정책을 뚜렷하게 세우지 않았거나, 성도들과 선교의 비전을 충분히 공유하지 않았음을 의미한다. 무엇보다 목회자의 일관되지 못한 선교 인식과 실천이 성도들에게 선교에 대한 관심과 헌신을 불러일으키기에 미흡한 요인으로 작용한 것은 아닌지 돌아볼 필요가 있다.

4) 선교 사역 평가

출석 교회의 선교 사역에 대한 평가에서 성도의 57.6%가 긍정적으로 응답했다. 그러나 목회자의 경우 성도에 비해 훨씬 낮은 33.2%만이 긍정적으로 보았다. 어떠한 요인이 선교 사역에 대한 평가를 좌우할까? 성도들은 교회 선교의 가장 큰 문제점을 '선교비를 보내는 것으로 선교 후원을 다했다고 생각한다'(23.2%)와 '해외 선교에 대한 교인들의 관심이 줄어든다'(21.9%)로 응답했다. 1위와 2위 간에 별 차이가 나지 않는다. 목회자가 생각하는 가장 큰 문제도 '선교비를 보내는 것으로 선교 후원을 다했다고 생각한다'(34.4%)가 가장 높은 1위였으며, 두 번째 문제는 '선교사 후원금이 적다'(18.1%)였다. 성도들도 후원금이 적다는 항목을 3위(11.0%)로 꼽긴 했지만, 4위인 '선교사 평가가 잘 이루어지지 않는다'(10.9%)와 거의 같다. 목회자들은 '해외 선교에 대한 교인들의 관심이 줄어든다'(15.1%)를 3위로 꼽았다.

목회자와 성도 간 선교의 문제점에 대한 인식이 큰 틀에서는 비슷하지만, 주목할 만한 차이를 발견할 수 있다. 즉 성도들은 선교의 주된 문제를 관심의 결여라고 보는 반면, 목회자들이 생각하는 선교의 주된 문제는

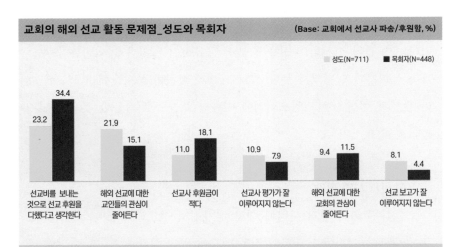

교회의 해외 선교 활동 문제점_성도와 목회자 (Base: 교회에서 선교사 파송/후원함, %)

성도(N=711) 목회자(N=448)

선교비를 보내는 것으로 선교 후원을 다했다고 생각한다	해외 선교에 대한 교인들의 관심이 줄어든다	선교사 후원금이 적다	선교사 평가가 잘 이루어지지 않는다	해외 선교에 대한 교회의 관심이 줄어든다	선교 보고가 잘 이루어지지 않는다
23.2 / 34.4	21.9 / 15.1	11.0 / 18.1	10.9 / 7.9	9.4 / 11.5	8.1 / 4.4

- 출처: 목회데이터연구소, '한국 교회 진단 조사-선교-'(전국의 만 19세 이상 개신교인 남녀[교회 출석자] 1,000명, 온라인 조사, 지앤컴리서치, 2023. 11. 29. - 12. 7.)
- 출처: 목회데이터연구소, '한국 교회 진단 조사-목회자(2차)-'(전국의 담임목사 526명, 온라인 조사, 지앤컴리서치, 2024. 1. 5. - 1. 15.)

후원에 머무는 성도들의 소극적 참여라 할 수 있다. 성도들은 선교에 대해서 더 배우고 관심을 가져야 한다고 느끼는 반면, 목회자들은 성도들이 더욱 적극적으로 참여할 필요가 있다고 느끼는 것이다. 따라서 선교의 문제점을 평가하는 데 있어서 목회자와 성도 간의 인식차가 존재한다. 선교에 대한 교육과 정보 공유가 이루어지지 않는 상황에서 성도들의 선교에 대한 참여가 늘어나기를 기대하는 것은 무리가 아닐까?

비록 낮은 응답률이기는 하지만, 선교사 평가나 선교 보고가 잘 이루어지지 않는다는 점을 문제로 지목한 성도의 비율은 목회자의 그것보다 다소 높았다. 이러한 결과로부터 유추할 수 있는 점은, 성도들의 선교 사역에 대한 평가는 그들의 선교 과정에 대한 참여 및 인식과 연관된다는 것이다. 목회자와 성도 모두가 지목하는 선교에 대한 관심의 부족이라는 문제는 선교가 목회자 주도의 사역이 되었기 때문일 수 있다. 앞서 언급한 것처럼, 성도들이 선교 전략과 정책으로부터 소외되어 있는 상황에서 선교에 대한 관심이 자연스레 높아지기는 힘들다. 따라서 선교의 동역자로서 성도들의 역할과 잠재력을 제고하는 방안이 요청된다.

3. 한국 교회는 선교와 함께하고 있는가?

선교 사역은 파송 교회와 선교사 간의 원활하고 유기적인 협력을 통해서 더욱 활성화될 것이다. 바울과 바나바는 안디옥교회에 "하나님이 함께 행하신 모든 일과 이방인들에게 믿음의 문을 여신 것을 보고"(행 14:27)하며 지속적인 복음 사역의 협력을 이루었다. 한국 교회는 선교 현장과 어떻게 소통하며 복음을 위한 후원과 협력에 참여하고 있는지 살펴보자.

1) 선교사 파송 과정

선교사를 파송하거나 후원하는 교회의 성도들에게 선교사를 선정하는 과정을 알고 있는지 질문했을 때, 66.9%는 '모른다'고 했고 33.1%는 '안다'고 답했다. 성도들이 선교사 선정 과정에 관심이 없거나, 혹은 교회에서 선교사 선정 과정을 공개하거나 공유하고 있지 않다고 할 수 있다. 선교사 선정 과정을 '안다'고 응답한 성도들은 출석 교회에서 선교사를 '관련 부서에서 담임목사의 의견을 수렴하여 선정'하거나(32.2%), '담임목사가 관련 부서와 의견을 나누어 선정하는 것'(29.7%)으로 이해하고 있었다.

주목할 점은, 성도 다수가 목회자가 선정하는 것보다 선교 부서에서 선정하는 것이 바람직하다고 생각한다는 것이다. '목회자가 선정하는 것이 더 적절하다'는 의견은 26.5%였고, '관련 부서에서 선정하는 것이 더

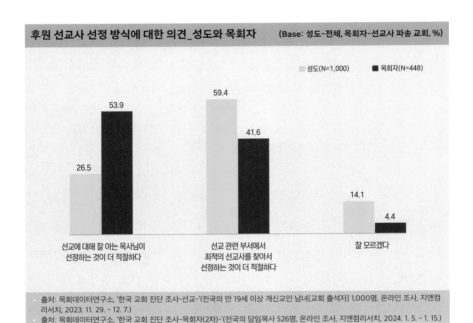

후원 선교사 선정 방식에 대한 의견_성도와 목회자 (Base: 성도-전체, 목회자-선교사 파송 교회, %)

성도(N=1,000) 목회자(N=448)

- 선교에 대해 잘 아는 목사님이 선정하는 것이 더 적절하다: 26.5 / 53.9
- 선교 관련 부서에서 최적의 선교사를 찾아서 선정하는 것이 더 적절하다: 59.4 / 41.6
- 잘 모르겠다: 14.1 / 4.4

- 출처: 목회데이터연구소, '한국 교회 진단 조사-선교-'(전국의 만 19세 이상 개신교인 남녀[교회 출석자] 1,000명, 온라인 조사, 지앤컴리서치, 2023. 11. 29. - 12. 7.)
- 출처: 목회데이터연구소, '한국 교회 진단 조사-목회자(2차)-'(전국의 담임목사 526명, 온라인 조사, 지앤컴리서치, 2024. 1. 5. - 1. 15.)

적절하다'는 의견은 59.4%로 두 배 이상 높았다. 한편, 목회자들은 '목회자가 주도하는 방식'에 대한 의견이 53.9%로, '관련 부서에서 주도하는 방식'(41.6%)을 웃돌았다.

이 결과로부터 우리는 두 가지 사항을 확인할 수 있다. 첫째, 성도들은 자신들이 선교사 선정에 참여하기를 원한다는 것이다. 앞에서도 계속 언급됐지만, 성도들은 선교 사역의 과정에 관심이 있음을 중시할 필요가 있다. 둘째, 성도와 목회자의 인식의 차이는 자칫 갈등의 소지가 될 수 있다는 것이다. 이러한 인식 차이의 해소는 온 교회가 선교에 한마음으로 참여하는 데 중요한 기반이 될 것이다. 여기서도 다시금 선교를 위한 목회자와 성도의 긴밀한 대화와 의사소통의 중요성이 제기된다. 선교 전략을 세우고 선교사를 후원하는 것도 중요하지만, 그러한 사역이 목회자의 관리 영역에만 머무르지 않고 성도들과 수시로 공유되는 가운데 성도들도 선교 사역을 준비하는 데 참여하고 관찰하며 함께 책임 있는 평가의 자리에 초대받을 필요가 있다. 목회자와 성도가 선교 사역의 과정에 동역하는 기회가 늘어날 때, 선교에 대한 헌신의 증가도 기대할 수 있을 것이다.

2) 교회의 선교 후원 실태

교회와 성도들의 선교 후원 현황은 한국 교회의 선교 열정이 어느 정도인지를 가늠하게 한다. 목회자 조사에 따르면 선교사를 후원하는 교회는 85.1%였는데, 출석 성도 수 100명 이상의 교회는 거의 모두 선교사 후원을 하고 있었다. 세부적으로는 출석 성도 100-499명의 교회는 94.5%, 500명 이상의 교회는 97.8%가 후원하고 있었다. 선교사 후원을 하지 않는 이유는 '재정적 여유가 없어서'(74.1%)가 가장 주된 이유였다. 후

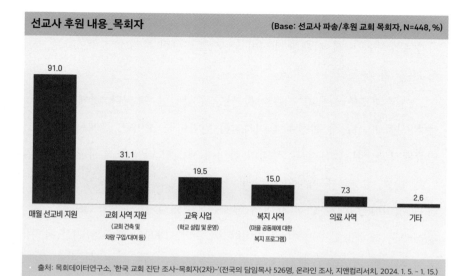

선교사 후원 내용_목회자   (Base: 선교사 파송/후원 교회 목회자, N=448, %)

매월 선교비 지원	교회 사역 지원 (교회 건축 및 차량 구입/대여 등)	교육 사업 (학교 설립 및 운영)	복지 사역 (마을 공동체에 대한 복지 프로그램)	의료 사역	기타
91.0	31.1	19.5	15.0	7.3	2.6

· 출처: 목회데이터연구소, '한국 교회 진단 조사-목회자(2차)-'(전국의 담임목사 526명, 온라인 조사, 지앤컴리서치, 2024. 1. 5. - 1. 15.)

원 선교사 수는 평균 4.8명이었는데, 교회 규모에 따라 편차가 컸다. 출석 성도 수 100-499명의 교회는 평균 5.7명을 후원한다고 했는데, 500명 이상의 교회는 14.6명으로 크게 늘었다.

선교사 후원 내용으로는 '매월 선교비 지원'이 91.0%로 대부분이 일상적인 지원이었고, '교회 사역 지원'(교회 건축 및 차량 구입/대여 등)은 31.1%, '교육 사역'(학교 설립 및 운영)은 19.5%, '복지 사역'(마을 공동체에 대한 복지 프로그램)은 15.0%, '의료 사역'은 7.3%였다. 사업성 지원, 프로젝트성 지원을 하는 비율은 높지 않았다.

성도 가운데 현재 물질적으로 선교사를 후원하는 비율은 43.0%였다. 앞에서 성도들의 선교에 대한 관심이 35.7%로 나타난 것을 볼 때, 선교 후원을 하는 비율은 그보다 약 7%p가 높은 것이다. 선교에 관심이 있다는 비율보다 선교 후원을 한다는 비율이 더 높은 현상이 나타났다. 참

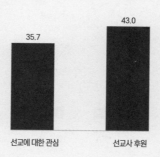

물질적 선교사 후원 여부_성도
(Base: 성도 전체, N=1,000, %)

35.7 — 선교에 대한 관심
43.0 — 선교사 후원

출처: 목회데이터연구소, '한국 교회 진단 조사-선교-'(전국의 만 19세 이상 개신교인 남녀[교회 출석자] 1,000명, 온라인 조사, 지앤컴리서치, 2023. 11. 29. - 12. 7.)

여율이 높다고 볼 수는 없지만, 선교에 관심이 없으면서도 선교 후원에는 동참하는 성도들이 있는 셈이다. 이 결과를 놓고 추론할 수 있는 바는, 한국 교회의 성도들이 비록 개인적으로는 선교에 관심이 크지 않을지라도 교회 차원의 선교 정책과 사업에는 동참하는 성향이 있다는 것이다. 앞에서도 선교의 당위성에는 공감하는 비율에 비해 개인의 선교 관심도는 낮은 것으로 나타났다. 선교에 대한 관심이 낮다고 해서 이들이 선교에 대한 후원을 외면하는 것은 아니다. 비록 현재는 소극적인 후원자일 수 있지만, 교회의 격려와 인도에 따르는 '충실한' 성도로서 선교에 더욱 헌신할 잠재성을 갖춘 이들이라 할 수 있다. 따라서 교회는 성도들의 이러한 선교적 잠재성에 주목하여, 그들이 선교에 더 관심을 갖고 배우며 직접 참여할 수 있는 기회를 제공할 필요가 있다.

선교사를 후원하지 않는 가장 큰 이유로는 '재정적 여유가 없어서'(45.5%)라고 응답했다. '교회에서 후원하므로 개인적으로 후원할 필요성이 없어서'(20.4%), '선교에 대한 관심이 없어서'(8.3%) 등 선교에 대한 인식

• 출처: 목회데이터연구소, '한국 교회 진단 조사-선교-'(전국의 만 19세 이상 개신교인 남녀[교회 출석자] 1,000명, 온라인 조사, 지앤컴
리서치, 2023. 11. 29. - 12. 7.)

이 낮아서 선교 후원을 하지 않는 경우는 28.7%였다. 한편 '선교 후원금
이 효과적으로 사용되는지 확신이 안 서서'(7.7%), '선교사들의 활동을 알
지 못해서'(6.6%), '후원하고 싶은 선교사가 없어서'(4.7%) 등 선교 활동에
대한 구체적 정보 부족 때문에 후원하지 않는 경우도 19.0%였다.

성도들의 후원과 관련해서 두 가지 교훈을 도출할 수 있다. 첫째, 선
교사의 사역이 재정적으로 지속 가능하기 위해서는 안정적인 정기 후원
이 필요하다. 현재 성도 가운데 선교 후원에 참여하는 이들이 43.0%이
고, 그 가운데 정기 후원자가 50.2%이기 때문에 전체 성도 중에 21.6%가
선교사 정기 후원을 한다는 것이다. 이는 앞으로 더 많은 성도에게 확산
될 수 있는 토대가 될 것이다. 둘째, 선교 후원을 하지 않는 이유에서 재
정 여건이 아닌 선교에 대한 관심과 정보 부족이 상당하다는 점은 교회
의 역할 개선을 요구한다. 교회는 성도들에게 선교사 활동에 대한 구체적
정보를 제공해서 선교 후원에 적극적으로 참여하도록 동기 부여를 할 필
요가 있다. 교회가 선교사의 후원 통로 역할을 제대로 수행하기 위해서는

선교 사역 현황을 체계적이고 투명하게 공유하는 것도 중요하다.

3) 선교 보고 현황

선교사들은 자신들의 선교 활동에 대해 후원 기관이나 개인에게 보고한다. 선교 보고의 빈도수에 있어서 '분기에 1회 보고한다'는 답변이 가장 높았고(50.3%), '매월 보고한다'는 답변도 21.6%였다. 합산하면 분기에 1회 이상 한다는 비율이 71.9%로 나오기 때문에 선교사들의 선교 보고는 활발한 것으로 볼 수 있다. 목회자와 성도를 대상으로 조사한 결과에서 선교 보고를 받고 있다는 응답이 성도의 경우 73.6%, 목회자의 경우는 92.0%였다. 따라서 선교 보고는 대체로 잘 이루어지는 것으로 보인다.

한편, 선교 보고를 받지 못했다고 대답한 성도 가운데 '선교 보고를 받지 않아도 괜찮다'는 의견은 71.3%로 압도적이지만, '선교 활동 내용을

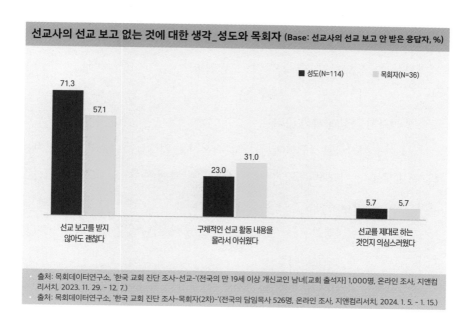

선교사의 선교 보고 없는 것에 대한 생각_성도와 목회자 (Base: 선교사의 선교 보고 안 받은 응답자, %)

■ 성도(N=114)   ▧ 목회자(N=36)

- 선교 보고를 받지 않아도 괜찮다: 71.3 / 57.1
- 구체적인 선교 활동 내용을 몰라서 아쉬웠다: 23.0 / 31.0
- 선교를 제대로 하는 것인지 의심스러웠다: 5.7 / 5.7

- 출처: 목회데이터연구소, '한국 교회 진단 조사-선교-'(전국의 만 19세 이상 개신교인 남녀[교회 출석자] 1,000명, 온라인 조사, 지앤컴리서치, 2023. 11. 29. - 12. 7.)
- 출처: 목회데이터연구소, '한국 교회 진단 조사-목회자(2차)-'(전국의 담임목사 526명, 온라인 조사, 지앤컴리서치, 2024. 1. 5. - 1. 15.)

몰라서 아쉽거나 의심스러웠다'는 의견도 28.7%나 되었다. 목회자의 경우에도 선교 보고를 받지 못한 데 대한 의심 혹은 아쉬움을 토로하는 경우가 36.7%로 40%에 근접했다.

후원 기관이나 후원자들에게 정기적인 선교 보고가 필요하다는 의견은 성도의 경우 72.3%, 목회자는 77.5%를 나타냈다. 선교 보고는 선교사의 활동상을 증명하는 것이기도 하지만, 성도들의 선교에 대한 관심을 유발하는 수단이라는 점에서 중요하게 다루어져야 한다.

4. 선교사들은 한국 교회의 선교를 어떻게 보고 있는가?

선교의 열매는 선교 현장에서 맺어진다. 바울과 바나바가 "이방인들이 주께 돌아온 일을 말하여 형제들을 다 크게 기쁘게"(행 15:3) 한 것처럼, 선교사의 사역 경험과 열매는 한국 교회의 선교 과제를 돌아보게 하는 중요한 통찰이 된다. 그렇다면 선교 현장에서 사역하는 선교사들이 경험하고 전망하는 한국 교회의 선교는 어떤 모습일까?

1) 선교지 선정과 사전 준비

선교에 헌신하는 데 있어서 사역지 선정은 가장 중요한 결정 과정이다. 선교사들이 사역하는 국가를 선정하게 된 과정은 '파송 교회/기관/선교 단체에서 정해 준 경우'가 제일 많았고(30.0%), '자신의 적성(성격, 능력)에 가장 맞아서 결정한 경우'(16.7%)와 '기도 중에 하나님의 부르심을 받았다'는 답변(16.0%)이 뒤를 이었다.

선교지에 부임하기 전에 사역지를 이해하는 수준에 대한 조사에서

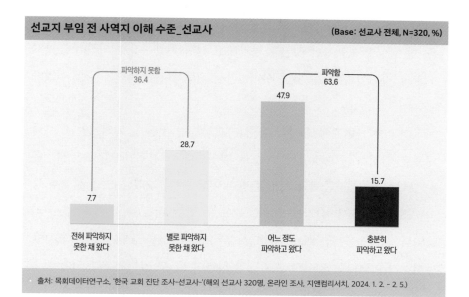

출처: 목회데이터연구소, '한국 교회 진단 조사-선교사-'(해외 선교사 320명, 온라인 조사, 지앤컴리서치, 2024. 1. 2. – 2. 5.)

는 '파악하고 입국했다'는 답변이 63.6%로 높은 편이었지만, '파악하지 못
한 수준에서 들어왔다'는 답변도 36.4%나 되었다. 선교사가 선교지를 수
동적으로 선택하고 현지 상황을 이해하지 못한 상태에서 선교지에 도착
한다면, 현지 상황에 적응하며 실제 사역으로 들어가기 위한 준비 기간도
상당히 많이 소요될 수밖에 없다. 더군다나 선교사 자신도 소명의 문제로
고민할 수 있고, 사역의 효율성도 떨어질 수 있음을 고려해야 한다. 따라
서 선교지 선정 단계에서부터 선교사와의 협의가 더욱 요청된다.

2) 선교 사역의 내용과 기간

현재 선교사들의 사역 내용(복수 응답)은 무엇보다 '교회 개척/목회'가
53.3%로 가장 높았다. 그다음으로 '어린이/청소년 사역'이 42.2%, '훈련
사역'이 36.8%, '관계 전도'가 36.3%였다. 이 외에도 '복지/개발', '문화/스

포츠' 등 다양한 선교 활동이 이루어지고 있다. 이러한 사역을 선택한 것은 '현지 상황에 필요한 것임을 파악하고 실행한 것'이라는 의견이 높았고 (77.4%), '자신이 잘할 수 있는 사역이라서 선택했다'는 의견이 뒤를 이었다 (52.0%).

선교사가 현지에서 사역 유형을 결정하는 것은 단독적이었다. 사역 내용을 선정하는 과정에서 '스스로 결정했다'는 경우가 74.8%로서, '파송 교단이나 선교 단체의 지도를 받아서'와 '현지 교회나 교단 선교부 등의 지도를 받아서' 선정한 경우들을 모두 합한 비율(약 20%)보다 월등히 높았다. 사역을 단독적으로 결정할 경우에는 협력을 통한 시너지 효과를 발휘하기 어렵다는 점에서 효과적인 사역이 될 수 있는지 검토되어야 한다. 특히 이는 앞선 선교지 선정에서 선교사들은 수동적인 경우가 많았다는 점과 대조된다. 따라서 선교 사역의 내용을 정하는 문제도 선교지 선정과 더불어 체계적인 계획과 협업을 통해 이루어지도록 보완될 필요가 있다.

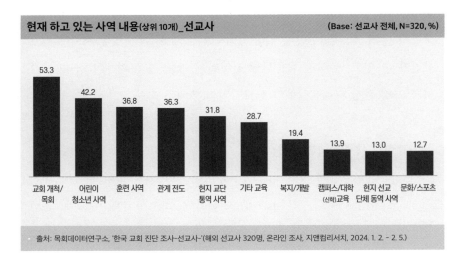

현재 하고 있는 사역 내용(상위 10개)_선교사　　　(Base: 선교사 전체, N=320, %)

교회 개척/목회	어린이 청소년 사역	훈련 사역	관계 전도	현지 교단 통역 사역	기타 교육	복지/개발	캠퍼스/대학 (신학)교육	현지 선교 단체 동역 사역	문화/스포츠
53.3	42.2	36.8	36.3	31.8	28.7	19.4	13.9	13.0	12.7

- 출처: 목회데이터연구소, '한국 교회 진단 조사-선교사-'(해외 선교사 320명, 온라인 조사, 지앤컴리서치, 2024. 1. 2. - 2. 5.)

3) 선교사 컨설팅과 재교육

선교사의 대다수는 컨설팅을 받지 않고 '나 홀로 사역'을 하는 것으로 나타났다. 선교사 중 사역 컨설팅에 대해 44.8%가 필요하다고 응답했지만, 실제 컨설팅을 받은 경우는 16.2%밖에 되지 않았다. 선교사의 대다수가 사역 활동의 시작부터 스스로 결정하고, 외부 컨설팅을 통한 점검이나 사역의 업그레이드 과정 없이 독자적으로 길을 찾으며 선교에 매진하고 있는 것을 알 수 있다.

사역 컨설팅을 받아 본 16.2%의 선교사의 경우 '컨설팅을 해 준 곳'은 '선교 단체'(60.7%)가 가장 높았고, '다른 선교사'(33.8%), '선교학 교수'(21.2%)가 뒤를 이었다. 컨설팅이 자신의 선교 사역에 '도움이 되었다'는 답변이 77.6%로 나타나서 컨설팅의 효과에 대해서는 대부분 긍정적으로 평가했다.

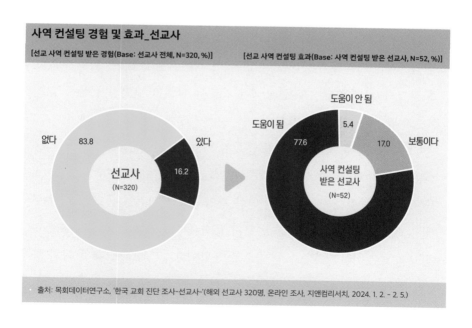

사역 컨설팅 경험 및 효과_선교사

[선교 사역 컨설팅 받은 경험(Base: 선교사 전체, N=320, %)]　　[선교 사역 컨설팅 효과(Base: 사역 컨설팅 받은 선교사, N=52, %)]

없다 83.8　　선교사 (N=320)　　있다 16.2

도움이 됨 77.6　　도움이 안 됨 5.4　　보통이다 17.0　　사역 컨설팅 받은 선교사 (N=52)

출처: 목회데이터연구소, '한국 교회 진단 조사-선교사-'(해외 선교사 320명, 온라인 조사, 지앤컴리서치, 2024. 1. 2. - 2. 5.)

최근 3년 사이에 선교사 재교육을 받았는지에 대한 질문에, '세미나 참석'이 60.1%, '선교 대회 강의 참석'이 59.4%였다. 그런데 '선교 관련 온라인 강의'를 들었다는 응답이 55.1%로 적지 않은 비율이었다. 온라인을 통한 재교육의 비중이 선교사들에게서도 늘어날 수 있음을 보여 주는 결과다.

이러한 결과들을 볼 때, 선교 사역을 지원하고 보완해 주는 컨설팅이나 재교육의 기회가 더욱 요청된다. 특히 온라인 매체를 적극적으로 활용한다면, 기존에 이러한 기회를 얻지 못한 선교사들에게까지도 지원을 확장할 수 있을 것이다.

4) 한국 교회 선교에 대한 평가

선교사들이 보는 한국 교회 선교의 긍정적인, 혹은 부정적인 요소는 무엇일까? 선교사들은 한국 교회 선교의 가장 큰 긍정적인 요소를 '선교지에서의 열심과 희생적인 삶'(57.2%)으로 보았다. 그다음으로 '한국 교회의 적극적인 지원과 후원'(19.0%), '많은 선교사 배출'(12.3%)이 뒤를 이었다. 즉 선교사 개인의 열심과 선교 후원자로서 교회의 뒷받침이 한국 교회 선교의 강점이라고 본 것이다.

반면에 '한국 선교 정책의 문제점' 가운데 가장 많이 지적한 것은 '성과주의와 외형주의적 선교'가 41.2%로 압도적이었다. 두 번째 문제점은 '개교회 중심적인 선교로 인한 통일되고 체계적인 선교 정책의 부재'(15.4%)였으며, 그다음으로 '선교지 문화와 상황에 맞지 않는 파송 단체/교회 중심적인 선교'(11.0%) 순으로 응답했다. 그 외에도 '교회 목회 중심의 선교 사역'(5.5%), '현지 교회와의 협력 사역 부족'(5.4%), '체계적이고

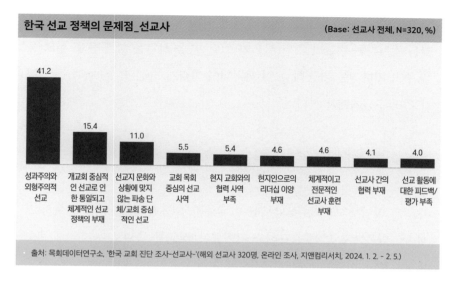

한국 선교 정책의 문제점_선교사　　　　　　　　　　　　(Base: 선교사 전체, N=320, %)

- 41.2 성과주의와 외형주의적 선교
- 15.4 개교회 중심적인 선교로 인한 통일되고 체계적인 선교 정책의 부재
- 11.0 선교지 문화와 상황에 맞지 않는 파송 단체/교회 중심적인 선교
- 5.5 교회 목회 중심의 선교 사역
- 5.4 현지 교회와의 협력 사역 부족
- 4.6 현지인으로의 리더십 이양 부재
- 4.6 체계적이고 전문적인 선교사 훈련 부재
- 4.1 선교사 간의 협력 부재
- 4.0 선교 활동에 대한 피드백/평가 부족

출처: 목회데이터연구소, '한국 교회 진단 조사-선교사-'(해외 선교사 320명, 온라인 조사, 지앤컴리서치, 2024. 1. 2. ~ 2. 5.)

전문적인 선교사 훈련 부재'(4.6%), '현지인으로의 리더십 이양 부재'(4.6%)를 지적했다.

선교사들이 느끼는 선교사의 문제점으로는 '선교사의 현지 문화와 현지인에 대한 이해와 존중 부족'이 21.2%로 가장 높았으며, 그다음은 '자기 위주의 선교 활동'(13.1%)이었다. 선교지 중심의 선교가 아니라 선교사 중심의 선교를 지적한 것이다. 그 외에도 '장기적인 선교 사역의 비전과 계획 부재'(12.1%), '선교 사역의 선택과 집중 전략 부재'(6.4%)를 응답했는데, 이는 체계적 선교의 부재를 지적한 것이라고 할 수 있다.

이러한 문제점들은 서로 연관될 수 있다. 성급히 열매를 거두려는 욕심과 후원 교회에 성과를 보여 줘야 한다는 강박이 외형 중심의 체계성이 부족하고 선교지 문화를 고려하지 않는 선교 활동을 양산할 수 있다. 교회는 체계적이고 장기적인 선교를 장려하여, 선교사들이 현지 선교의 상황에 맞게 내실 있는 사역을 할 수 있도록 도와야 한다. 한국 교회가 축적해 온 선교적 열정은 현지 상황에 대한 인내와 존중 가운데 열매를 맺을 것이라는 점을 상기할 필요가 있다. 복음 사역은 함께 씨를 심고 물을 주며 기다리는 가운데, 오직 하나님이 자라게 하신다(고전 3:6-7)는 성경적 원리에 근거해야 한다.

5. 선교 한국에 미래는 있는가?

바울은 빌립보교회가 "첫날부터 이제까지 복음을 위한 일에 참여하고"(빌 1:5) 있음으로 인해 감사하고 기뻐했다. 선교는 출발보다 지속과 계승이 중요하다. 선교는 한때의 열정으로 보여 주는 프로젝트가 아니라, 책임과 헌신 아래서 "그리스도 예수의 날까지"(빌 1:6) 참여하는 것이어야 한다.

1) 미래 선교의 그늘

한국 교회는 선교의 사명을 공동 과제로 인식하고 지속적으로 발전시킬 수 있을까? 다소 충격적이게도, 이에 대한 선교사들의 전망은 밝지 않다. 한국 교회의 미래 선교에 대해서 '긍정적이다'라고 답변한 선교사는 28.4%였고, '부정적이다'라고 답변한 선교사는 44.5%였다('보통이다/잘 모르겠다'는 27.1%). 선교사들이 '앞으로의 전망이 어둡다'고 답한 이유로는 '선교사 고령화와 선교사 지원자 감소'(26.7%), '체계적인 선교 전략 및 지도력 부재'(22.1%), '선교사 파송 주체로서의 한국 교회의 교세 약화'(16.3%), '한국 내 지역 교회의 선교적 열정 약화'(14.5%) 등이 주된 이유로 거론됐다. 무엇보다 1세대 선교사들의 뒤를 이을 후임 선교사 지원이 이루어지지 않고 있다는 현실 앞에서 가장 큰 두려움을 느끼고 있는 것으로 보인다.

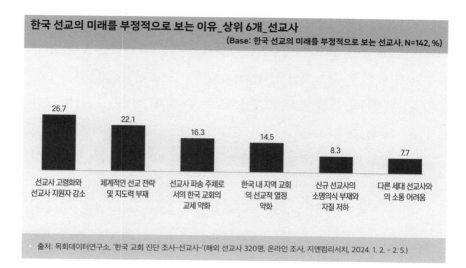

한국 선교의 미래를 부정적으로 보는 이유_상위 6개_선교사

(Base: 한국 선교의 미래를 부정적으로 보는 선교사, N=142, %)

선교사 고령화와 선교사 지원자 감소	체계적인 선교 전략 및 지도력 부재	선교사 파송 주체로 서의 한국 교회의 교세 약화	한국 내 지역 교회 의 선교적 열정 약화	신규 선교사의 소명의식 부재와 자질 저하	다른 세대 선교사와 의 소통 어려움
26.7	22.1	16.3	14.5	8.3	7.7

• 출처: 목회데이터연구소, '한국 교회 진단 조사-선교사-'(해외 선교사 320명, 온라인 조사, 지앤컴리서치, 2024. 1. 2. - 2. 5.)

젊은 세대의 선교사 지원이 줄어드는 이유에 대해서는 '한국 교회 전체의 선교 인식 약화'(40.8%)에 따른 것이라는 항목을 가장 많이 지목했다. 전반적인 선교에 대한 관심 저하가 젊은 신규 선교사 충원에도 부정적 영향을 미친다고 본 것이다. 이제 선교에 대한 관심과 열정의 회복은 선교 단체나 개교회가 알아서 해결할 차원을 넘어서, 전체 한국 교회가 연합하여 대책을 강구하며 대위임령의 공동 실천을 위해 노력해야 할 사안이 되었다.

2) 미래 선교를 위한 대안

그렇다면 선교사들이 선교의 부정적 국면을 극복하며 미래적 대안으로 제시하는 방향은 무엇인가? 이들의 의견을 종합하면 선교 사역의 내용적 전환, 정책적 개선, 미래 지향적 과제라는 세 가지로 정리할 수 있다.

① 선교 사역 내용에서의 전환

선교사들이 '앞으로 바람직한 선교의 방향'으로 선택한 첫 번째 항목은, '교회 개척 및 제자화 사역'(40.6%)이다. 이는 모든 기독교 선교의 목적이자 핵심이라 할 수 있다. 그다음으로는 '비즈니스 선교'(16.5%)와 '문화적 접근(예체능 등 한류 활용)'(9.5%)이 뒤를 이었다. 선교의 본질적 목적은 견고히 지키되, 시대와 지역에 따른 창의적 접근이 필요함을 시사한다. 또한 '앞으로 필요한 선교사 인력은 어떤 신분이 바람직한가'라는 질문에 대해서 선교사들은 '평신도 전문인 선교사가 바람직하다'에 62.9%가 동의했고, '목회자 선교사가 바람직하다'에는 25.5%가 동의했다. 두 답변 간의 차이가 2.5배에 이른다는 점에 주목할 필요가 있다. 선교사들의 현재 사역은 '교회 개척과 목회 사역'이 53.3%였는데, 앞으로 바람직한 선교 사역에서는 '교회 개척 및 제자화 사역'이 12.7%나 줄어든 40.6%로 나타났다. 이러한 결과를 고려할 때, 미래 선교 사역의 방향은 목회자 중심에서 평신도 중심, 교회 중심에서 전문 영역 중심으로 전환될 것임을 알 수 있

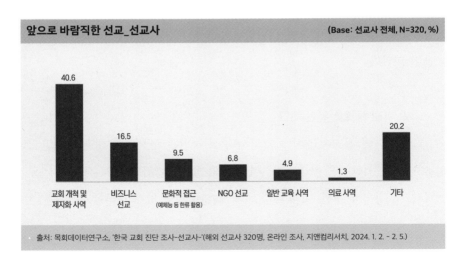

앞으로 바람직한 선교_선교사　　　　　　　　(Base: 선교사 전체, N=320, %)

교회 개척 및 제자화 사역	비즈니스 선교	문화적 접근 (예체능 등 한류 활용)	NGO 선교	일반 교육 사역	의료 사역	기타
40.6	16.5	9.5	6.8	4.9	1.3	20.2

• 출처: 목회데이터연구소, '한국 교회 진단 조사-선교사-'(해외 선교사 320명, 온라인 조사, 지앤컴리서치, 2024. 1. 2. - 2. 5.)

다. 이는 선교 사역을 더욱 유연하고 창의적인 관점에서 접근해야 할 필요성을 일깨워 준다. 아울러 목회자가 아닌 평신도 전문인 선교사가 중심이 될 경우, 이들을 위한 신학 교육과 사역자로서의 영성 훈련이 절실하게 필요할 것이다.

② 선교 정책의 개선

미래 선교를 위해 현재 '선교 정책에서 변화가 필요한 부분'이 무엇이냐는 질문에 선교사들은 '현지 교회 중심의 선교 정책'(73.3%)을 압도적으로 높게 꼽았다. 이는 '선교사 중심의 선교 정책'(17.3%)보다 네 배나 높다. 선교지의 상황에 적합한 정책적 숙의가 나와야 한다는 것이다. 앞에서 선교사의 문제점으로 언급된 '선교사의 현지 문화와 현지인에 대한 이해와 존중 부족'과 '자기 위주의 선교 활동'과도 같은 맥락의 지적이다.

'한국 교회 선교의 발전을 위한 개선 방향' 두 가지를 묻는 질문에도

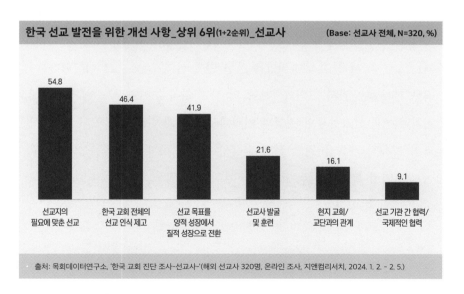

한국 선교 발전을 위한 개선 사항_상위 6위(1+2순위)_선교사 　　(Base: 선교사 전체, N=320, %)

선교지의 필요에 맞춘 선교	54.8
한국 교회 전체의 선교 인식 제고	46.4
선교 목표를 양적 성장에서 질적 성장으로 전환	41.9
선교사 발굴 및 훈련	21.6
현지 교회/교단과의 관계	16.1
선교 기관 간 협력/국제적인 협력	9.1

출처: 목회데이터연구소, '한국 교회 진단 조사-선교사-'(해외 선교사 320명, 온라인 조사, 지앤컴리서치, 2024. 1. 2. - 2. 5.)

선교사들은 '선교지의 필요에 맞춘 선교'(54.8%)를 가장 많이 골랐고, '한국 교회 전체의 선교 인식 제고'(46.4%), '선교 목표를 양적 성장에서 질적 성장으로 전환'(41.9%)이라는 응답이 뒤를 이었다. 즉, 선교사들은 많은 자원을 동원하는 선교보다 우선 현지의 필요성을 파악하고 그에 부응하는 선교, 현지 교회가 주도권을 갖고 선교사 및 파송 교회와 협력하는 선교로 나아가야 한다는 인식을 보인 것이다.

③ 한국 교회 선교의 미래 과제

구체적인 미래의 과제 두 가지를 묻는 질문에 대해 선교사들은 역시 '미래 세대의 선교사 발굴'(39.5%)과 '선교 전략 수립과 이에 따른 선교 사역'(35.3%)을 가장 많이 꼽았으며, 그다음으로 '성도들에게 선교 교육 강화를 통한 선교 의식 확대'(33.2%) 순이었다. 더욱 구체적으로 '미래 선교가 발전하기 위한 대안' 두 가지를 응답하게 했을 때 선교사들은 '선교 교육 및 선교지 지도자 양육'(44.1%)을 가장 많이 응답했고, 그다음으로 '제자 훈련 및 교회 개척'(39.4%), '현지 교단과의 연합 사역'(36.7%), '교육 사역'(20.2%), '국제 선교 네트워크를 통한 연합 사역'(17.1%)으로 이어졌다. 이러한 과제들은 앞서 교회와 성도들의 선교 인식 조사에서도 일관되게 제기되었는데, 선교사들의 경험과 인식에서도 크게 다르지 않았다. 선교 사역의 지속적 계승을 위한 선교 전략의 전환과 체계적 선교 교육 그리고 선교의 인식 확대가 한국 교회 선교의 미래를 위한 과제임이 더욱 명확해진다고 볼 수 있다.

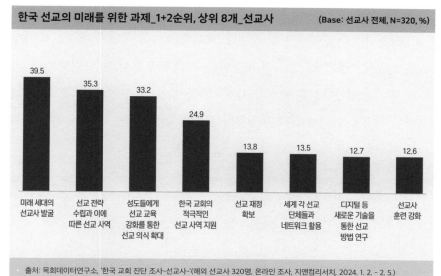

한국 선교의 미래를 위한 과제_1+2순위, 상위 8개_선교사 (Base: 선교사 전체, N=320, %)

미래 세대의 선교사 발굴	선교 전략 수립과 이에 따른 선교 사역	성도들에게 선교 교육 강화를 통한 선교 의식 확대	한국 교회의 적극적인 선교 사역 지원	선교 재정 확보	세계 각 선교 단체들과 네트워크 활용	디지털 등 새로운 기술을 통한 선교 방법 연구	선교사 훈련 강화
39.5	35.3	33.2	24.9	13.8	13.5	12.7	12.6

출처: 목회데이터연구소, '한국 교회 진단 조사-선교사-'(해외 선교사 320명, 온라인 조사, 지앤컴리서치, 2024. 1. 2. - 2. 5.)

3) 선교사 은퇴와 노후 대책

선교사의 은퇴와 노후 대책은 장기적이고 책임 있는 선교 사역을 위한 필수 과제다. 선교사들이 은퇴에 대해서는 '정년까지 할 생각이다'라는 의견이 82.6%로 '정년 전에 은퇴할 생각이다'(17.4%)보다 다섯 배 가까이 높았다. '은퇴 후 살고 싶은 곳'에 대해서는 '한국에 들어가고 싶다'는 의견이 37.2%, '선교지에서 여생을 마치고 싶다'가 35.6%로 비슷한 수준이었고, '아직 잘 모르겠다'는 의견도 27.2%나 되었다.

2023년 한국 선교 현황 보고에 의하면, 현재 선교사 열 명 중 세 명은 10년 내 은퇴를 앞두고 있지만, 은퇴 후 대책은 미비하다고 한다.[4] 이번 조사에서도 선교사들이 은퇴 이후 노후를 준비하지 못하고 있는 경우가 73.7%였으며, 준비하고 있다는 경우는 26.3%였다. 선교사의 대다수가 은퇴 후의 노후 준비를 할 여력이 없음을 보여 준다. 교회는 선교사를 사역지로 보낼 뿐 아니라, 사역을 마치고 돌아온 선교사를 환대하는 것까지 선교의 과제로 포함해야 할 것이다. 교회가 얼마나 선교의 사명을 중하게 여기느냐는 선교사로 헌신한 이들의 노후 대책과 은퇴 후 자립에 대한 계획 수립에 얼마만큼의 관심을 가지는가를 보면 알 수 있다. 이를 위한 실행이 제대로 되고 있는지도 점검할 필요가 있다. 이는 향후 선교에 헌신할 자원을 개발하는 데도 영향을 줄 것이다.

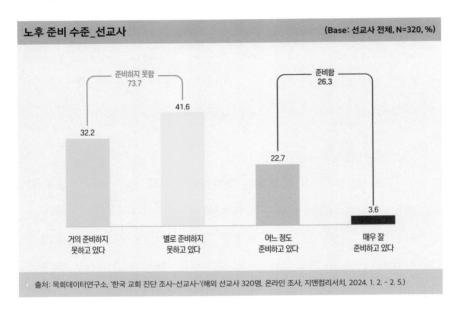

노후 준비 수준_선교사 (Base: 선교사 전체, N=320, %)

준비하지 못함 73.7 / 준비함 26.3

- 거의 준비하지 못하고 있다: 32.2
- 별로 준비하지 못하고 있다: 41.6
- 어느 정도 준비하고 있다: 22.7
- 매우 잘 준비하고 있다: 3.6

출처: 목회데이터연구소, '한국 교회 진단 조사-선교사-'(해외 선교사 320명, 온라인 조사, 지앤컴리서치, 2024. 1. 2. - 2. 5.)

4) 선교 사역의 이양

선교 사역은 협력과 계승을 통해 완성된다. 선교사 은퇴 후의 대책 마련과 함께 후임을 정하고 리더십을 이양하는 문제는 선교 사역의 지속을 위해서 중요하다. 은퇴 이후 후임 선정 문제에 대해 '현지 교단이나 기관(교회)에서 정하도록 하겠다'는 응답이 37.7%로 가장 높았고, '본인이 정하고 싶다'는 응답은 그보다 낮은 26.2%로 뒤를 이었다. '선교 기관에서 후임을 정하도록 하겠다'는 응답은 17.9%였다. '아직 잘 모르겠다'는 의견도 18.3%나 되었다. 선교 사역의 이양 문제는 앞으로 선교사와 파송 기관, 현지 기관 및 교회가 중요하게 협의해서 결정해야 할 사안이다. 한국 교회의 선교 경험과 역사가 축적되는 만큼, 선교 사역의 이양을 위한 원칙과 방향을 논의해서 준비하는 것 또한 체계적인 선교 정책의 주요 과제일 것이다. 선교는 세대와 문화를 넘어서 우리 주께서 다시 오실 때까지 계속되어야 할 미래 지향적인 교회의 사명이기 때문이다.

III. 10대 핵심 발견

1. 선교와 전도는 교회의 사역 가운데 예배 다음으로 중요하다는 데 모두 동의하지만, 정작 관심을 보이는 성도는 절반에 그친다.

2. 목회자와 성도 모두 선교의 범위를 총체적으로 이해한다. 선교가 사회적 구조의 변혁이나 경제적 자립과 같은 공공의 영역을 포함한다는 의견은 목회자에게서 더욱 높다.

3. 성도의 절반 이상은 지난 1년간 전혀 전도를 하지 않고 있다. 용기가 없고, 신앙 수준이 낮아서 전도를 못 한다는 이유가 가장 높다.

4. 교회의 선교 사역 현황에 대해서 성도의 대다수(73.9%)는 잘 모르고 있다. 이는 선교에 대한 관심 부족과도 연관된다.

5. 성도들의 해외 선교에 대한 개인적 관심 비율보다 선교사 후원 비율
   이 더욱 높다.

6. 선교사를 정기 후원하는 성도의 비율은 약 20%에 불과하다.

7. 선교사의 선교지 선정은 교단이나 교회가 하는 반면, 선교지에서의
   사역 유형은 개별적으로 알아서 정한다. 선교사의 대부분은 컨설팅
   을 받지 못하고 '나 홀로 사역'을 한다.

8. 한국 교회 선교 정책의 가장 큰 문제는 성과주의, 외형주의, 개교회
   주의로 나타난다.

9. 한국 선교의 미래를 어둡게 하는 것은 선교사의 고령화와 선교 헌신
   자의 감소 현상이다.

10. 미래 선교의 정책은 다음 세대 선교사 발굴, 평신도 선교, 전문인 선
    교, 창의적 선교, 현지 교회 중심으로 전환되어야 한다.

IV. 시사점
- 모든 하나님의 백성으로 선교에 참여하게 하라!

선교는 교회의 숭고한 사명이다. 그러나 그 숭고함이라는 단어가 갖는 무
게 때문인지, 어느덧 선교는 특정한 헌신자들의 몫으로 여겨지곤 한다. 한
국 교회의 선교 인식은 구호 수준에 머문다고 할 수 있다. 즉 한국 교회의
선교 인식은 피상적이고 개별화되지 못했다. 이런 맥락에서 목회자와 성

도의 선교 인식의 차이를 이해할 수 있다. 구호를 외치는 목회자는 선교 인식이 높지만, 구호를 듣는 성도는 겉으로는 동조하되 속으로는 선교 인식이 높지 않다. 따라서 한국 교회의 진정한 선교 인식을 고취해야 할 필요가 있다. 모든 성도가 선교에 관심을 갖고 참여하도록 이끄는 것이 한국 교회의 중대한 과제다. 한국 교회는 선교 된 지 얼마 되지 않아, 한국에서 이루어진 선교에 대한 기억도 생생하고, 선교사에 대한 이미지도 좋다. 그러나 내면화, 개별화를 위해서는 선교에 대한 재각성이 필요하다.

1. 선교적 원심력의 강화

이번 조사에서 많은 성도가 선교가 중요하다는 데 동의하고 선교 헌금도 내지만, 선교에 대한 관심이나 선교 참여는 낮은 것으로 나타났다. 왜 많은 성도가 그 중요한 선교로부터 소외되고 있는 것일까? 교회의 사역을 이끌어 가는 데에는 두 가지 힘이 작용한다. 하나는 구심력(자기중심적인 힘)이고, 다른 하나는 원심력(타자 중심적인 힘)이다. 전자는 자연스럽게 작용하지만, 후자는 의도성이 있어야 작용한다. 교회에 있어서 구심력에 해당하는 것이 일반적인 목양이라면, 원심력에 해당하는 것은 선교와 전도라고 할 수 있다. 따라서 양자의 균형을 잡으려면 원심력에 가중치를 두어야 한다. 모든 사람은 그대로 놔두면 자기중심적인 방향으로 이끌리게 되어 있다. 개인의 문제 해결, 가족의 안위와 같은 내적인 과제를 위해 신앙생활을 하게 된다. 교회도 마찬가지다. 성도뿐 아니라 목회자도 관심을 교회 안에서 일어나는 일에 집중하는 것이 자연스럽다. 따라서 교회는 세상과 타자를 향한 섬김과 증언으로서의 선교를 인식시키는 의도적인 교육과 참여의 기회를 제공해야 한다. 의도적(intentional)이라는 말이 중요하다. 본래 자기중심적인 구심력에 머물러 있는 사람들로 하여금 이웃과 더 큰 세계에서 하나님이 하시는 일에 참여하게 하기 위해서는 효과적인 계획과 교육이 필요하다는 것이다. 예를 들어, 성도들로 하여금 선교에 관심을 갖게 하기 위해서는 선교 보고가 중요하다고 했다. 그러나 단순히 선교사의 사역 보고가 아니라, 후원 교회의 선교 인식이 고취되고 선교 열정이 고조되도록 하는 소통의 도구로 삼아야 한다. 교회도 선교 보고서나 선교사 설교 등의 기존 방식을 넘어서 선교 주일 등을 활용하여 선교 부스 세우기, 선교사 집단 발표, 선교 기관 초청, 선교사 가족 초청 등의 행사로 다채롭게 진행할 수 있다. 또한 교회의 선교 사명 선언 만들기, 선교 전담 부서 설립 및 활성화하기, 선교 주간 지키기 등 성도가 선교에 지속적으로 노출되는 기회를 제공해야 한다.

아울러 선교와 전도 개념의 갱신이 반드시 필요하다. 최근에 한국 교회에서도 유행하는 선교적 교회론에 지대한 영향을 주고 있는 선교 신학자 대럴 구더(Darrell Guder)는, 선교와 전도 사역에서 복음의 사사화(privatization)라는 복음의 축소주의를 경계했다. 예수 그리스도의 복음은 개인 영혼의 구원만이 아니라, 온 세상을 회복하고 치유하는 공적 구원을 지향한다. 예수께서는 주기도문에 아버지의 나라가 하늘에서와 같이 이 땅에도 이루어지기를 기도하셨다. 따라서 기독교 선교가 궁극적으로 추구해야 할 구원 사역은 이 땅을 갱신하는 하나님 나라의 도래다. 이를 위하여 모든 성도가 자신들의 다양한 은사와 소명을 갖고 하나님 나라 운동에 참여해야 한다. 그렇지 않을 경우, 선교는 하나님의 영역을 교회로 국한하고, 사회와 세상을 시민 운동에 넘기게 된다. 따라서 선교의 중요성에 대한 재각성은 선교의 개념에 대한 갱신과 선교의 범위에 대한 확대와 함께 가야 한다. 교회는 선교가 해외에서의 복음 전파와 교회 개척에 특별하게 헌신한 이들만의 몫이 아니라, 모든 성도가 자신들의 경험과 은사를 살려 직간접적으로 참여하고 기여해야 할 공동의 사명임을 지속적으로 일깨울 필요가 있다.

2. 모든 성도에게 선교적 소명을 각성시키라!

많은 성도가 전도하기 힘든 이유에 대해 용기나 신앙의 수준이 낮기 때문이라고 했다. 또한 단기 선교에 참여하지 못하는 이유도 시간적, 재정적 여유가 없기 때문이라고 했다. 여기서 우리 자신을 솔직하게 성찰할 필요가 있다. 정말로 이와 같은 현실적인 장해물들이 선교와 전도에 대한 낮은 관심을 설명하는 진짜 이유일까? 우리는 정말로 선교가 교회의 존재 이유이고, 모든 구원받은 성도는 복음을 전하지 않을 수 없다고 믿는 것일까? 오히려 선교와 전도를 특정인의 역할로 국한하기 때문이 아닐까? 마치 선교는 해외에 파병된 군인처럼 내가 아닌 다른 누군가가 할 일로 여기는 인식이 은연중 성도들에게도 스며들 수 있다. 그렇다고 일반 성도들만의 문제도 아니다. 교회에서 이들에게 선교에 더욱 관심을 갖고 대위임령에 동참할 수 있도록 충분한 기회를 마련했다고 보기는 힘들다. 목회자들의 입장에서는 자기 교회가 당면한 목양과 성장의 과제가 더 절실하게 다가오기 때문에 선교를 강조하지 못할 수 있다. 성도들의 입장에서는 선교 활동에 참여하면 자신의 시간과 물질이 투입되어야 하는데, 그에 상응하는 실질적 보상이 눈에 띄지 않을 수 있다.

그런데 이와 같은 선교에 대한 소극적인 태도는 앞서 말한 것처럼 선교에 대한 선입견 때문일 수도 있다. 과거에는 선교를 먼 타국이나 오지에 가서 하는 것으로 생각했다. 따라서 평범한 삶을 사는 이들은 선교를 자신과 무관하게 여길 수 있었다. 그러나 오늘날에는 단순 정보 전달의 차원을 넘어서 창의적 접근과 효과적 설득이 선교에서 더욱 중요한 과제가 되었다. 종종 선교사들 자신도 정체성에 대해 난감해하는 경우가 많다. 선교지의 상황과 필요가 무엇이며, 그에 따른 선교사의 역할이 무엇인지에 대한 재성찰이 요청된다. 과거와 같이 많은 사람을 선교지에 보낼수록 선교가 활성화되는 시대가 아니다. 선교 사역을 과감하고 다양하게 전환해야 한다. NGO, 비즈니스, IT, 의료, 스포츠, 예술 등의 다양한 분야에서 선교 인력과 전략이 개발되어야 한다. 하지만 많은 성도가 선교에 대해서 여전히 과거의 모델만 고수한 채 새로운 시대의 선교에 대한 이해와 비전을 공급받지 못하면 스스로를 선교의 참여자로 인식하기 어려울 것이다.

3. 모두가 함께하는 선교

신약의 교회는 선교 공동체였다. 예수 그리스도께서 선교사였고, 그분의 제자이며 초대 교회의 지도자였던 자들을 사도라 불렀는데, 사도는 보냄 받은 자라는 의미를 가진 단어로 사실상 선교사와 동의어이다. 사도들은 실제로 선교사의 삶을 살았다. 또한 열세 번째 사도라 하는 선교사 바울이 신약성경의 절반 정도를 집필했는데, 바울 서신은 선교지에서 선교 문제를 다루기 위해 선교사가 집필한 선교 문서였다. 따라서 신약성경과 교회를 선교와 분리하는 것은 언어도단이다.

선교 공동체에서 선교와 관련된 사람은 두 부류로 나뉘는데, 선교자 (선교 인식이 있는 자)와 선교사(선교 전문, 전담 사역자)다. 전자는 모든 성도고, 후자는 은사 받은 자다. 그러나 양자는 구분되지만 분리되지 않는다. 모든 선교자가 선교사는 아니지만, 모든 선교사는 선교자이다. 선교자가 개척한 안디옥교회는 선교하는 교회의 상징이지만, 선교를 위해 선교사를 따로 임명했다. 건강을 위해 모든 사람이 보건에 힘써야 하지만 의사가 따로 있는 것과 마찬가지다. 따라서 선교에는 보편성과 전문성이 같이 가야한다. 이런 맥락에서 선교사는 선교자와 동떨어져 단독 행동을 하는 사람이 아니라, 선교자를 대표해서 선교지에서 전문적으로 전담하여 사역하는 사람이다. 더구나 안디옥교회는 교회 지도자인 바울과 바나바를 선교사로 드렸다. 선교는 교회의 보물을 바치는 절대명령이지, 교회의 잉여를 자의적으로 사용하는 선택 사항이 아니다. 한국 교회는 선교 초기부터 전통적으로 교회의 보석 같은 존재들을 선교사로 임명했다. 당시 전문적인 선교 교육이 불가능하자, 비록 선교 교육을 할 수는 없지만 최고의 목회자가 최고의 선교사가 될 수 있다는 생각에 교회 최고의 인재를 선교사로 파송했던 것이다.

이번 조사에서 나타난 비전 트립이라 불리는 단기 선교의 역할은 주목할 만하다. 단기 선교는 20세기 후반부터 오늘에 이르기까지 유행하는 획기적인 선교 현상이다. 오늘날 대세가 된 현상인 만큼, 이 비전 트립(또는 단기 선교)을 적극 활용할 필요가 있다. 주로 일주일 혹은 그 이상의 짧은 기간 안에 진행되는 비전 트립은 선교 체험, 장기 선교사 사역 지원, 기초 선교 사역 등 다양한 의미로 사용될 수 있다. 그런데 이러한 단기간의 선교와 관련하여 몇 가지 고려할 점이 있다. 먼저 단기 선교는 장기 선교사의 사역을 획기적으로 도울 수 있다. 장기 선교사는 선교지에 장기적으로 있지만 규모가 작은데, 단기 선교 팀은 선교지에 단기적으로 있지만 규모가 크기에 장기 선교 계획의 돌파구가 될 수 있다. 또한 단기 선교는 개인 차원에서는 단기적이지만, 교회 차원에서는 장기적일 수 있다. 즉 교회가 단기 선교를 큰 틀에서 연속성 있게 운영하면, 단기 선교에 참여하는 개인은 일회적이고 단기적이지만, 단기 선교를 주관하는 교회는 다회적이고 장기적이 된다. 가령 이런 틀에서 찬양 사역이나 스포츠 사역은 매년 같은 것을 반복하는 것이 아니라 초급에서 고급으로 단계를 높여 가면서 발전할 수 있고, 이런 과정에서 현지인의 지속적인 참여를 통해 현지인 교사를 육성할 수도 있다. 뿐만 아니라 단기 선교를 단기 선교사나 교회의 관점에서 일방적으로 진행하기 쉬운데, 단기 선교는 단기 선교사와 현지인이 같이 참여해야 가능하다. 따라서 현지인의 의견을 반영하고 그들의 필요를 채워 주는 방향으로 나아갈 필요가 있다.

교회는 예수 그리스도의 구원 사역을 지속하기 위해 존재한다. 선교는 교회의 모든 사역이 향하는 목적지라 할 수 있다. 따라서 선교 동력과 참여의 약화는 교회가 길을 잃고 있음을 방증한다. 현재 한국의 장기 선교사 가운데 약 68%가 50대 이상이다. 20대와 30대의 선교사 헌신은 매우 저조하다. 이런 추세라면 다수의 선교사가 은퇴할 무렵인 15-20년 뒤의 한국 교회는 '선교사의 멸종'이라는 현실과 마주할 수 있다. 선교는 한국 교회의 급박한 과제가 되었다. 세계 2위의 선교 강국이라는 자부심에 안주할 여유가 없다. 로잔언약이 천명하듯, "온 교회가 온전한 복음을 온 세상에 전파"하는 선교적 사명에 대한 인식 확대가 필요하다. 모든 하나님의 백성이 각자의 삶에서 선교사로 부름 받았으며, 선교 사역에 다양한 방식으로 참여하고 협력할 수 있음을 일깨워야 한다. "불은 불꽃이 타오름으로써 존재하듯이 교회는 선교함으로써 존재한다"는 신학자 에밀 브루너(Emil Brunner)의 말을 깊이 되새길 때다.

V. 적용을 위한 토론 질문

1. 당신이 소속된 교회는 선교를 위해서 어떠한 일들을 하고 있는가? 당신이 아는 대로 나열해 보라.

2. 현재 당신이 소속된 교회의 성도 중 그곳에서 처음 신앙을 갖게 된 사람을 얼마나 알고 있는가? 또는 한 해에 (유아 세례를 제외하고) 세례를 받는 사람은 얼마나 되는가?

3. 당신은 소속된 교회의 성도들의 선교 및 전도에 대한 관심과 참여도를 어떻게 평가하겠는가? 1(매우 낮음) - 2(조금 낮음) - 3(보통) - 4(조금 높음) - 5(매우 높음)의 척도로 평가하라. 그렇게 평가하는 이유는 무엇인가?

4. 당신은 개인적으로 알고 지내거나 돕는 선교사가 있는가? 관심을 갖고 있는 선교지가 있는가? 그 선교사가 어떤 사역을 하는지, 그 선교지의 상황이 어떤지 얼마나 알고 있는가?

5. 당신의 자원이나 경력, 기술, 또는 재능이 선교에 어떻게 쓰일 수 있겠는가? 개인을 넘어서 성도들이 가장 많이 참여할 수 있는 선교 사역은 무엇이겠는가?

6. 당신이 소속된 교회의 예산 중 선교를 위한 지출 비중은 몇 퍼센트가 되어야 한다고 생각하는가?

교회다운 교회,
더욱 건강한 교회를 향한 우리의 제안

지금까지 우리는 주님이 원하시는 교회, 즉 성경적 교회론을 확인한 후 그에 비추어 한국 교회의 현실을 점검하고 분석하였다. 교회의 주요 사역인 예배, 교육, 친교(공동체), 사회 봉사와 선교 사역을 중심으로 핵심 주제를 선정하여 교회의 건강성을 구체적으로 점검하고, 부족한 부분의 원인을 분석, 반성하였다. 그리고 더욱 건강한 교회, 건강한 사역을 위한 목회 신학적 토대, 목회의 지향성을 제시하였다. 이러한 분석과 목회적 대안을 참조하여 교회들이 더욱 건강하게 세워져 가는 것이 본 진단의 최종 목적이자 소망이다.

그러나 이러한 소망이 현실이 되는 것은 결코 쉽지 않을 것이다. 교회마다 상황이 다르기 때문이다. 성도마다 삶의 정황, 즉 정치, 경제, 사회·문화적 환경과 그에 따른 성향 및 필요와 욕구가 다르고, 목회자마다 성향과 역량 등도 다양하다. 교회를 교회 되게 하기 위해서는 말씀과 기도에 전념하는 등 목회의 상수적인 요소들이 중요하다. 그런데 개개인의 노력과 역량을 넘어선 외부적 요인들도 고려해야 할 주요한 요소들이다.

건강한 교회를 위한 여러 요소를 고려하여 지금까지 제시한 분석, 해석, 제안들이 교회 안에서 적용되기 위해 다음의 세 가지 제언을 드린다.

1. 무엇보다 목회자를 비롯한 교회의 전 구성원이 교회다운 교회, 건강한 교회에 대한 열망을 가지고 그에 대한 성경적 토대와 신학적 정의를 분명하게 인식, 공유하는 것이 필요하다. 성경이 증거하는 교회다운 교회로 세워지는 모든 과정은 교회의 지도층부터 성도까지 전 회중이 함께 공유하고 공동체적 합의를 통하여 실행되어야 한다.

2. 성경과 건강한 신학이 증거하는 이상적 교회와 오늘 우리 교회의 현실 간의 차이를 명료하게 밝혀야 한다. 이 간극에 대한 원인 분석과 해석도 진행되어야 한다. 이를 위해 ① 교회의 지리적, 역사적, 사회·문화적 정황(교회가 위치한 지역의 상황과 교회의 역사 등)과 ② 성도들의 신앙 성숙 정도 및 영적 상황을 종합적으로 인식한 후 ③ 교회의 주요 사역에 대해 이 책이 제공하는 성경적, 신학적 정의와 푯대에 비추어 비교, 분석한다.

3. 성경적 토대와 건강한 신학적 정의를 기준으로 현재 우리 교회의 모습을 분석했다면, 이를 성찰하고 반성해야 한다. 오늘의 교회 현실로부터 이상적 교회, 즉 교회다운 교회가 되기 위해 극복해야 할 걸림돌이 무엇인지 구체적이고 종합적으로 밝힐 필요가 있다. 이 과정을 통해 더욱 온전하고 건강한 교회를 향한 과제를 분명히 파악하게 될 것이다. 나아가 건강한 교회를 위한 푯대를 세우고, 그 푯대를 향하여 나아가는 교회 공동체의 여정을 분명히 제시할 수 있어야 한다. 이러한 관점에서 교회는 다음과 같은 과정을 필요로 한다.

- 교회의 사역에 대한 비전과 목표 세우기: 이때 전 구성원의 공동
  체적 노력과 참여가 요청된다. 이를 위해 목회자의 설교와 다양한
  교육을 비롯해 당회와 운영위원회 등 교회 리더십들은 모든 연령
  층의 성도와 직분자들이 함께할 수 있도록 섬길 필요가 있다.
- 비전과 목표를 실천하기 위한 효율적 조직 구성하기
- 비전과 목표의 진행 정도를 측정, 평가한 후 공동체적 인식을 공
  유하기

이러한 구체적 실천 과정은 교회 구성원들의 신앙의 성숙도와 목회
자를 비롯한 지도 집단의 역량에 따라 크게 영향을 받을 것이다. 또한 각
교회의 고유한 역사와 문화, 소속 교단의 신학적·교회 정치적 특성에 따
라 다양하게 시행될 수 있을 것이다. 복음은 절대적인 진리다. 그러나 그
복음을 이 세상에서 실천하는 것에는 인간의 문화적 다양성이 영향을 미
친다. 따라서 자신이 속한 교회의 의사 결정 구조와 과정에 대한 교육과
인식이 요청된다. 또한 변화와 개혁을 향한 우리의 열정은 자신의 문화적
한계, 자기중심적 죄성에 대한 인식, 그에 따른 겸손의 태도, 자신과는 다
른 의견에 열린 마음으로 경청하며 균형을 이루는 노력이 필요하다.

신앙인다운 신앙인, 교회다운 교회를 향한 여정은 지속되어야 한
다. 일찍이 종교 개혁자들도 "개혁된 교회는 계속 개혁되어야 한다"(Ecclesia
Reformata Semper Reformanda)고 주장했다. 그렇다! 오늘 열심히 예배하고, 신
앙인답게 살기 위해 노력하는 이유를 분명히 해야 한다. 세속주의의 거
센 물결 속에서도 오직 십자가와 부활의 예수 그리스도, 그분의 은혜와
사랑만이 우리의 유일한 이유이자 푯대이며 희망이다. 그 은혜와 사랑에

힘입어 우리도 하나님 사랑과 이웃 사랑으로 신앙인다운 신앙인, 교회다운 교회를 세워 가는 여정이 시작되었음을 감사함으로 고백한다. 이제 연구자들이 오랜 시간 기도하며 연구한 결과물이 세상에 나오게 되었다. 이 책을 활용해서 각자의 교회를 진단하여 건강한 교회를 향한 여정의 경로와 푯대를 더욱 뚜렷이 세우고, 그 길을 걷는 발걸음을 더욱 힘차게 내딛기를 소망한다.

장로회신학대학교 명예교수(전 총장)

임성빈

교세 추계:
한국 교회의 미래를 전망하다

I. 여는 글

예배당에 빈자리가 늘어난다. 빽빽하게 들어찬 성도들로 인해 빈자리를 찾아볼 수 없었던 과거를 기억하면서 현재의 빈자리를 보는 심정은 답답하고 슬프다. 예배당에 빈자리가 늘어나는 현상은 코로나19로 인해서 심화되었지만, 사실은 그 이전부터 진행되어 왔다. 코로나19로 인한 사회적 변화를 가리켜 혹자는 '미래를 앞당겼다'고 평가했는데, 한국 교회에 그대로 적용되는 말이다. 한국 교회의 교세 축소는 이미 진행되고 있었지만 서서히 진행되고 있었기에 절박감이 적었으나, 코로나19 이후 회복되지 않는 교세는 교세 축소에 대한 불안감과 절박감을 배가시켰다. 기독교 국가였던 유럽의 유서 깊은 예배당이 텅텅 비고 술집과 나이트클럽으로 바뀌었다는 이야기가 곧 우리가 맞닥뜨릴 현실이 될 수 있다는 불안감이 실제로 다가오고 있다.

우리의 불안감은 미래를 정확히 모르기 때문에 더 커지는 면이 있다. 위험의 실체를 안다면 대비하기라도 하겠는데, 막연하기에 불안이 더 증폭되는 것이다. 그렇다면 미래를 대비하기 위해서 그리고 불확실성에 따른 불안감을 줄이기 위해서라도 미래를 전망하는 것은 필요하다. 그러한 목적으로 한국 교회의 교세가 향후에 어떻게 변하는지, 성도의 구성은 어떻게 변하는지에 대한 추계 작업을 실시하였다. 본 '한국 기독교 교세 현황 및 향후 추계'는 한국교회총연합이 주최하고 목회데이터연구소가 주관했으며, 조사 전문 기관인 마크로밀엠브레인과 연세대학교 통계데이터사이언스학과에 의뢰해 2024년 5월에 보고했다.

II. 한국 교회 교세 추계 방법론

1. 자료 수집 방법

한국 교회 교세 추계 분석을 위해 다음과 같이 자료 수집이 이루어졌다. 우선 한국 교회 총 교인 수 증감 추세를 파악하기 위해 '한국교회총연합' 소속 15개 교단[1]으로부터 2001년부터 2022년까지 22년간 교세 통계 자

교단 교세 통계 자료	
자료 기간 범위	2001-2022년
내용	교단별 과거 22년간 교세 통계 자료 단위: 전체, 16개 광역 단체별, 도시 규모별 자료 범위: 교인 수, 교회 수, 목사 수, 신학생 추이
수집 자료 활용	2001-2022년 총 교인 수 증감 추세 정보 활용 2001-2023년 교세 정보 추정 시 각 결측치는 인구 통계 DATA 등을 활용하여 추정 보강함

료(교인 수, 교회 수, 목사 수)를 협조받았다. 교단별로 생긴 결측치는 인구 통계 데이터를 활용하여 보정하는 과정을 거쳤다.

둘째로, 통계청에서 조사하여 발표한 2005년 및 2015년 종교 인구 조사 자료를 활용하여 전국 및 지역별, 연령별 기독교인 비중을 추정하는 데 기준점으로 삼았다. 통계청의 자료는 2015년이 가장 최근이라 현재 시점의 종교 현황을 알려 주지 못해서 목회데이터연구소가 전 국민을 대상으로 종교 현황에 관한 설문 조사를 실시했다. 위의 통계청의 두 조사와 목회데이터연구소의 조사를 종합하여 그리스도인의 비중 변화를 파악하고 향후 예측을 정교하게 하는 데 활용했다. 전 국민을 대상으로 하는 설문 조사는 전국의 만 19세 이상 성인 남녀 4,751명과 중고등학생 700명, 합계 5,451명을 대상으로 하였으며[2] 종교 보유 여부, 믿는 종교, 교회 출석 여부 등을 파악하였다. 구체적인 조사 설계는 다음과 같다.

전 국민 대상 조사			
	구분	성인 조사	청소년 조사
조사 개요	조사 대상	전국의 만 19세 이상 성인 남녀	전국의 청소년(중고등학생)
	조사 방법	휴대전화 RDD (무작위로 생성된 무선 전화번호 조사)	온라인 패널을 대상으로 한 온라인 조사
	표본 규모	총 4,751명(유효 표본)	총 700명(유효 표본)
	표본 추출	지역/성/연령별 비례 할당 후 무작위 추출법	성별/학교급별/권역별 비례 할당 추출 (한국교육개발원 교육통계 기준)
	표본 오차	±1.4%(95% 신뢰 수준)	±3.7%(95% 신뢰 수준)(무작위 추출 가정 시)
	조사 기간	2023. 10. 18. – 11. 1.(15일간)	2023. 12. 28. – 2024. 1. 3.(7일간)
내용		• 교인 수, 정기 출석 교회 여부(본인, 청소년 자녀), 교회 출석 빈도 • 가구 소득 수준, 출석 교회 여부, 교회를 떠나게 된 시기 및 이유	
수집 자료 활용		2023년 총 그리스도인 수 비중 정보 활용	

셋째로, 통계청 국가통계포털에서 제공하는 전국/시도별 추계 인구 통계 데이터를 사용하였다. 데이터 처리 전 과정에서 인구 통계와 교단 통계의 일치성을 위하여 지역 및 연령대 통계를 필요 시 보정하였다.

넷째로, 기독교 교세에 영향을 줄 수 있는 요인을 발굴하여 모델링을 정교화하기 위해 2001-2023년 사이의 주요 사회 지표 통계와 2024-2050년 사회 지표 추계 분석을 실시했다. 주요 사회 지표는 인구 지표(시도별, 연령대별 인구), 경제 지표(경제 성장률, 총 근로 시간), 사회 지표(1인 가구 수, 자살률, 인터넷 사용률) 등이었다.

주요 사회 지표	
자료 기간 범위	2001-2023년(통계) 2024-2050년(추계)
내용	인구 지표: 시도별/연령대별 연구 경제 지표: 경제성장률, 총 근로 시간 사회 지표: 1인 가구 수, 자살률, 인터넷 사용률
수집 자료 활용	인구 센서스 자료(2005년 및 2015년)는 2005년, 2015년 세부 교인 수 추정 시 활용 전체/지역별/연령별 교인 수 추정 시 기준점으로 활용 통계청 전국/시도별 인구 통계 자료는 총 교인 수 추정 시 활용 및 각종 결측치 보강을 위한 추정 기초 정보로 활용

2. 자료 분석 모델 선정

분석을 위하여 Autoregressive Linear Regression, Random Forest Regression, Panel Regression, Deep Neural Network 등의 머신 러닝, 인공 지능 및 통계적 모델을 통해 Training 및 Validation을 진행한 결과, 실제 데이터와의 일치도(R^2) 및 평균절대오차율(Mean Absolute Percentage Error)이 가장 우수한 Autoregressive Linear Regression 모델을 최종 예측 모형으로 선정했다.

3. 자료 분석 과정

AR Linear Regression 모델로 2023년까지 각종 데이터를 학습하게 한 후,
미래 추계 데이터를 활용하여 교세 데이터를 예측하였다. 투입된 자료는
2001-2023년 교세 데이터(시도별/연령대별 교인 수, 교회당 교인 수, 현직 목사당 교
인 수, 현직 목사당 은퇴 목사 수, 신학대학원 입학생 수)와 사회 지표(시도별/연령별 주
민등록 인구)였으며, 미래 추계 데이터로는 시도별/연령별 추계 인구를 투입
하였다. 애초에 검토하였던 자살률과 인터넷 이용률은 신뢰할 수 있는 추
계 데이터를 확보할 수 없으며, 1인 가구 수는 19세 이하 연령 데이터의
과거 및 추계 데이터를 확보할 수 없어 미래 추계 데이터로 인구 데이터만
활용하였다.

예측 분석 과정

예측 분석 Roadmap	
활용 데이터	예측 분석 활용 모델
• **과거**(2001-2023년) 　◦ 교세 데이터 　　- 시도별/연령대별 교인 수 　　- 교회당 교인 수 　　- 현직 목사당 교인 수 　　- 현직 목사당 은퇴 목사 수 　　- 신학대학원 입학생 수 　◦ 사회지표 　　- 시도별/연령별 주민등록 연앙인구 　* 7개 교단 교세 통계, 2005/2015 통계청 인구 센서스 기독교인 분포, 2001-2023 통계청 발표 주민등록 연앙인구, 2023 엠브레인 자체 전화/온라인 조사 활용 • **미래 추계**(2024-2050년) 　시도별/연령별 추계 인구(2022년 5월 발표)	• **AR Linear Regression** 　- 2023년까지 교인 수 및 사회 지표 데이터로 학습된 Linear Regression 모델 이용 • **모델링 세부 사항** 　- Christians를 종속변수로 하는 선형회귀 　- Location(지역), Age(연령대) 더미 변수화 　- 인구수x연령대 interaction 효과 모델에 포함 　- Lag1 변수값은 직전 연도 추정된 교인 수

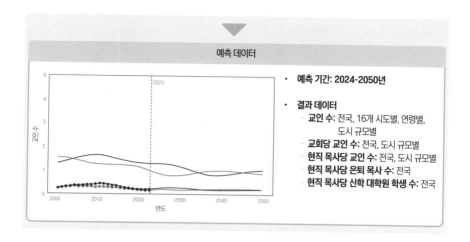

예측 데이터

- 예측 기간: 2024-2050년

- 결과 데이터
  - 교인 수: 전국, 16개 시도별, 연령별, 도시 규모별
  - 교회당 교인 수: 전국, 도시 규모별
  - 현직 목사당 교인 수: 전국, 도시 규모별
  - 현직 목사당 은퇴 목사 수: 전국
  - 현직 목사당 신학 대학원 학생 수: 전국

III. 한국 교회 교세 추계

1. 2050년 기독교인, 560만 명으로 준다

2024년 우리나라 기독교인[3]은 약 828만 명으로 추산되며, 이는 총 인구 5,109만 명의 16.2%에 해당한다. 그러나 기독교인 수는 점차 감소하여 2030년에는 809만 명, 2040년에는 743만 명, 2050년에는 560만 명에 이를 것으로 예상된다. 이는 2024년 대비 268만 명 감소한 것으로, 감소율은 32.4%에 달한다. 즉, 25년 후에는 현재 기독교인 수의 약 3분의 1이 줄어드는 셈이다.

기독교인 감소 추세를 살펴보면, 2024-2038년의 감소율은 7.6%인 반면, 2038-2050년에는 26.8%로 약 네 배에 가까운 차이를 보일 것으로 추정된다. 2038년을 기점으로 기독교인 감소 속도가 더욱 가파르게 진행된다는 것이다.

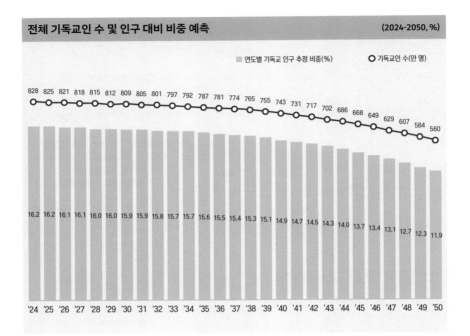

2. 연령대별 교세 추계

1) 2030세대가 가장 많이 감소한다

우리나라의 인구 문제는 단순히 인구 감소에 그치지 않고, 고령화가 급속도로 진행되고 있다는 점에서 더욱 심각하다. UN 기준에 따르면, 고령 인구(65세 이상)의 비율이 총 인구의 7%를 넘으면 '고령화 사회', 14%를 넘으면 '고령 사회', 20%를 넘으면 '초고령 사회'로 분류한다. 우리나라는 2000년 고령 인구 비율이 7.2%(337만 명)에 달해 고령화 사회에 진입했으며, 18년 후인 2018년에는 고령 사회(14.3%)로 전환되었다. 현재 우리나라는 2024년 12월 말로 노인 인구가 20%를 넘어서서 초고령 사회가 되었다.[4] 고령화 사회에서 고령 사회가 되는 데는 18년이 걸린 반면, 고령 사회에서 초고령 사회로 전환되는 데는 6년밖에 걸리지 않았다는 점은 우리나라의 고령화 속도가 얼마나 빠른지를 잘 보여 준다.

급격한 고령화는 교회에서도 예외가 아니다. 오히려 교회의 고령화는 사회보다 더 심각하게 진행되고 있다. 2024년 기준으로 기독교인의 연령 구조를 보면, 4050세대가 전체의 30.4%로 가장 큰 비중을 차지하고, 60세 이상은 28.9%로 4050세대와 근접한 수준이다. 그런데 2050년에는 60세 이상이 43.9%로 비중이 크게 늘어나 4050세대인 26.9%보다 17.0%p 더 많아질 것으로 예상되어서 교회의 고령화 현상이 얼마나 심각한지 알 수 있다.

한편 2024년에는 2030세대가 26.0%를 차지했는데 2050년에는 16.7%로 9.3%p 감소할 것으로 예상되며, 4050세대는 30.4%(2024년)에서 26.9%(2050년)로 3.5%p, 10대 이하인 어린이/청소년은 14.7%(2024년)에서 12.5%(2050년)로 2.2%p 감소할 것으로 보인다. 즉 모든 연령대에서 3040세대가 가장 큰 비율로 감소할 것으로 전망된다.

아래에서는 각 연령 집단별로 좀 더 세부적으로 살펴볼 것이다.

2) 어린이보다 청소년이 더 줄어든다

어린이/청소년 기독교인의 수는 2024년 122만 명에서 2050년까지 지속적으로 감소할 것으로 예상된다. 2030년에는 115만 명, 2037년에는 100만 명 아래로 떨어져 98만 명을 기록하고, 2050년에는 70만 명에 이를 것으로 보인다. 2024년부터 2050년까지 26년 동안 19세 이하 기독교인의 수는 42.6% 감소할 것으로 예상된다.

전체 기독교인 대비 어린이/청소년 기독교인의 비율은 2024년 14.7%

연령대별 기독교인 비중 예측 | (2024-2050, %)

	어린이/청소년	2030세대	4050세대	60세 이상	전체 기독교인 수(만 명)
2024	14.7	26.0	30.4	28.9	828
2025	14.8	25.8	30.8	28.6	825
2026	14.8	25.6	30.9	28.7	821
2027	14.7	25.4	31.0	28.9	818
2028	14.6	25.2	31.0	29.2	815
2029	14.4	25.0	30.9	29.7	812
2030	14.2	24.8	30.8	30.3	809
2031	14.0	24.5	30.6	30.9	805
2032	13.8	24.2	30.4	31.7	801
2033	13.5	23.9	30.1	32.4	797
2034	13.3	23.6	29.9	33.2	792
2035	13.1	23.2	29.7	34.0	787
2036	12.9	22.8	29.6	34.8	781
2037	12.7	22.4	29.4	35.5	774
2038	12.5	21.9	29.3	36.2	765
2039	12.4	21.5	29.2	37.0	755
2040	12.3	21.0	29.1	37.7	743
2041	12.2	20.5	28.9	38.4	731
2042	12.2	20.0	28.7	39.2	717
2043	12.2	19.5	28.4	39.9	702
2044	12.2	19.0	28.2	40.6	686
2045	12.2	18.6	27.9	41.3	668
2046	12.3	18.2	27.7	41.9	649
2047	12.3	17.8	27.5	42.4	629
2048	12.4	17.4	27.3	42.9	607
2049	12.5	17.0	27.1	43.4	584
2050	12.5	16.7	26.9	43.9	560

로 추정되며, 점차 감소하여 2044년 12.2%로 최저치를 기록한 뒤 2050년
에는 12.5%로 소폭 반등할 것으로 보인다.

　연령대별로 세분해 보면, 0–9세는 전체 기독교인 대비 2024년 6.4%
를 차지한 것으로 추정되며, 이후 점차 감소해 2034년 5.6%로 최저치를
기록한 뒤 2050년에는 6.0%로 약간 반등할 것으로 예상된다. 10–19세는
2024년 8.3%에서 2044년 6.0%로 최저점을 기록한 뒤 2050년에는 6.5%
로 소폭 반등, 26년 사이에 1.8%p 감소하여 0.4%p 감소하는 0–9세와 비
중이 비슷해질 것으로 예상된다.

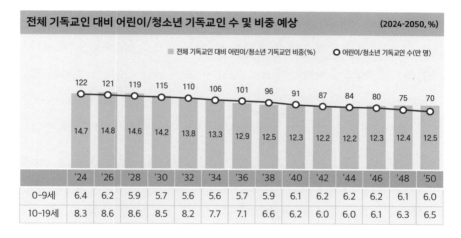

전체 기독교인 대비 어린이/청소년 기독교인 수 및 비중 예상 (2024-2050, %)

▨ 전체 기독교인 대비 어린이/청소년 기독교인 비중(%)　○ 어린이/청소년 기독교인 수(만 명)

	'24	'26	'28	'30	'32	'34	'36	'38	'40	'42	'44	'46	'48	'50
수(만 명)	122	121	119	115	110	106	101	96	91	87	84	80	75	70
비중(%)	14.7	14.8	14.6	14.2	13.8	13.3	12.9	12.5	12.3	12.2	12.2	12.3	12.4	12.5
0-9세	6.4	6.2	5.9	5.7	5.6	5.6	5.7	5.9	6.1	6.2	6.2	6.2	6.1	6.0
10-19세	8.3	8.6	8.6	8.5	8.2	7.7	7.1	6.6	6.2	6.0	6.0	6.1	6.3	6.5

3) 20대보다 30대 비중이 더 줄어든다

　2030세대 기독교인은 2024년 215만 명에서 점차 감소하여 2030년
이후 200만 명 이하로 떨어지고, 2050년에는 94만 명으로 100만 명에도
미치지 못할 것으로 예상된다. 이는 26년 동안 121만 명이 줄어든 결과
로, 비율로는 56.3% 감소에 해당한다. 어린이/청소년 감소율 42.6%와 비
교하면 2030세대의 감소율이 13.7%p 더 높다.

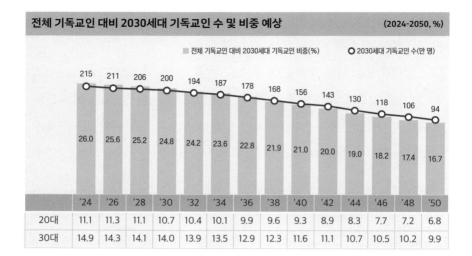

	'24	'26	'28	'30	'32	'34	'36	'38	'40	'42	'44	'46	'48	'50
20대	11.1	11.3	11.1	10.7	10.4	10.1	9.9	9.6	9.3	8.9	8.3	7.7	7.2	6.8
30대	14.9	14.3	14.1	14.0	13.9	13.5	12.9	12.3	11.6	11.1	10.7	10.5	10.2	9.9

2030세대가 전체 기독교인에서 차지하는 비중도 2024년 26.0%에서 2050년 16.7%까지 하락할 것으로 보인다. 26년 동안 9.3%p 감소하는 셈이다.

연령대별로 살펴보면, 20대가 전체 기독교인에서 차지하는 비중은 2024년 11.1%에서 2050년 6.8%로 줄어들어 4.3%p 감소할 것으로 보인다. 30대는 2024년 14.9%에서 2050년 9.9%로 줄어들며 5.0%p 감소가 예상된다. 30대의 감소 비율이 20대보다 더 클 것으로 전망된다.

4) 50대보다 40대 비중이 더 줄어든다

4050세대 기독교인의 수는 2024년 252만 명으로 추정되며, 2028년부터 감소하여 2042년 이후 200만 명 이하로 떨어지고, 2050년에는 150만 명에 이르러서 2024년부터 2050년까지 약 102만 명 감소가 예상되는데, 이는 40.5%의 감소율에 해당한다. 이는 어린이/청소년 기독교인의 감소율 42.6%와 2030세대의 감소율 56.3%에 비해 상대적으로 낮은 수치다.

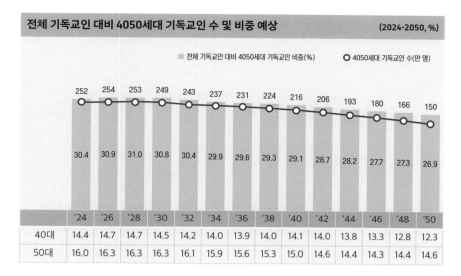

전체 기독교인 대비 4050세대 기독교인 수 및 비중 예상 (2024-2050, %)

■ 전체 기독교인 대비 4050세대 기독교인 비중(%)　○ 4050세대 기독교인 수(만 명)

	'24	'26	'28	'30	'32	'34	'36	'38	'40	'42	'44	'46	'48	'50
수(만 명)	252	254	253	249	243	237	231	224	216	206	193	180	166	150
비중(%)	30.4	30.9	31.0	30.8	30.4	29.9	29.6	29.3	29.1	28.7	28.2	27.7	27.3	26.9
40대	14.4	14.7	14.7	14.5	14.2	14.0	13.9	14.0	14.1	14.0	13.8	13.3	12.8	12.3
50대	16.0	16.3	16.3	16.3	16.1	15.9	15.6	15.3	15.0	14.6	14.4	14.3	14.4	14.6

또한, 4050세대 기독교인이 전체 기독교인에서 차지하는 비중은 2024년 30.4%에서 2028년 31.0%로 증가했다가 이후 감소하여 2050년에는 26.9%로 줄어들 것으로 예상된다. 2024년부터 2050년까지의 비중은 3.5%p 차이가 날 것으로 보인다.

연령대를 세분화하면, 40대가 전체 기독교인 가운데 차지하는 비중이 2024년 14.4%에서 2050년 12.3%로 2.1%p 줄어들 것으로 예상되며, 50대는 2024년 16.0%에서 1.4%p 줄어든 14.6%를 기록할 것으로 예상된다. 40대의 감소율이 더 높을 것으로 보인다.

5) 70세 비중이 급증한다

60세 이상 기독교인의 수는 2024년 약 240만 명으로 추산된다. 이후 증가세를 보이며 2042년에 281만 명으로 정점을 찍은 뒤 감소하여 2050년에는 246만 명에 이를 것으로 예상된다. 이는 2024년 대비 약

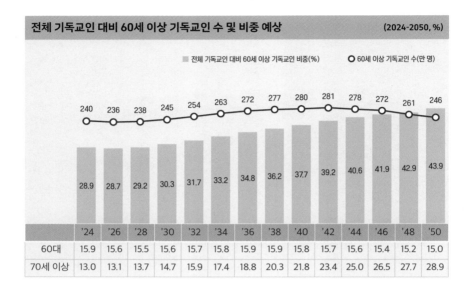

전체 기독교인 대비 60세 이상 기독교인 수 및 비중 예상													(2024-2050, %)
	'24	'26	'28	'30	'32	'34	'36	'38	'40	'42	'44	'46	'48	'50
60대	15.9	15.6	15.5	15.6	15.7	15.8	15.9	15.9	15.8	15.7	15.6	15.4	15.2	15.0
70세 이상	13.0	13.1	13.7	14.7	15.9	17.4	18.8	20.3	21.8	23.4	25.0	26.5	27.7	28.9

2.5% 증가한 수치다.

60세 이상이 전체 기독교인에서 차지하는 비중은 2024년 28.9%에서 꾸준히 증가해 2050년에는 43.9%까지 높아질 것으로 보인다. 이는 15.0%p 증가한 결과다.

한편, 60대와 70세 이상의 변화 양상은 상이하다. 총 기독교인 가운데 60대가 차지하는 비중은 2024년 15.9%에서 2050년 15.0%로 소폭 감소할 것으로 예상되는 반면, 70세 이상은 2024년 13.0%에서 2050년 28.9%로 크게 증가하며 15.9%p의 차이를 보일 것으로 추정된다. 그만큼 고령화가 심화된다는 의미다.

3. 지역별 교세 추계

1) 부산/울산/경남이 가장 많이 줄어든다.

전국 16개 시도를 6개 권역으로 구분했을 때, 2024년 기준 전체 기독교인 수 대비 지역별 비중은 서울/경기/인천 60.4%, 호남 10.9%, 충청 10.7%, 부산/울산/경남 8.6%, 대구/경북 6.2%, 강원/제주 3.1%로 추정된다.

2024년 우리나라 총 인구[5]와 비교하면 서울/경기/인천은 기독교인 비율이 60.5%로, 총 인구 비율인 50.9%보다 9.6%p 더 높다. 또한 호남의 기독교인 비율도 10.9%로 총 인구 비율보다 1.3%p 더 높다. 이를 통해 서울/경기/인천과 호남이 상대적으로 기독교 교세가 강한 지역임을 알 수 있다.

2050년에는 서울/경기/인천과 충청 지역 두 곳만 기독교인 비중이 2024년 대비 각각 3.6%p, 1.0%p 증가할 것으로 예상되며, 다른 지역은 비중이 감소할 것으로 보인다. 이에 따라 기독교 교세의 서울 집중 현상이 더욱 강화될 것으로 전망된다. 기독교인 비중이 가장 많이 줄어드는 지역은 부산/울산/경남으로, 2024년 8.6%에서 2050년 6.3%로 2.3%p 줄어들 것으로 예측된다.

지역별 전체 기독교인 비율 vs. 총 인구 비율						(2024, %)
	서울/경기/인천	대전/충청	부산/울산/경남	대구/경북	광주/전라	강원/제주
기독교인 인구	60.4	10.7	8.6	6.2	10.9	3.1
우리나라 총 인구 비율	50.9	10.8	14.8	9.6	9.6	4.3

전체 기독교인 수 대비 지역별 비중 예상 (2024-2050, %)

■ 서울/경기/인천　■ 충청(대전·세종/충북/충남)　□ 부산/울산/경남　■ 대구/경북　■ 호남　■ 기타(강원/제주)　◯ 전체 기독교인 수(만 명)

연도	서울/경기/인천	충청	부산/울산/경남	대구/경북	호남	기타	전체 기독교인 수
2024	60.5	10.7	8.6	6.2	10.9	3.1	828
2025	61.0	10.8	8.3	5.9	11.0	3.1	825
2026	61.3	10.9	8.0	5.8	11.0	3.0	821
2027	61.5	10.9	7.9	5.7	10.9	3.0	818
2028	61.8	10.9	7.7	5.5	11.0	3.0	815
2029	62.0	11.0	7.5	5.5	11.0	3.0	812
2030	62.3	11.1	7.4	5.3	11.0	3.0	809
2031	62.4	11.1	7.3	5.3	11.0	3.0	805
2032	62.5	11.2	7.3	5.2	11.0	3.0	801
2033	62.7	11.2	7.0	5.1	10.9	3.0	797
2034	62.8	11.2	7.0	5.1	10.9	3.0	792
2035	63.0	11.2	7.0	5.0	10.8	3.0	787
2036	63.1	11.3	6.9	5.0	10.8	3.0	781
2037	63.2	11.3	6.9	5.0	10.7	3.0	774
2038	63.3	11.3	6.8	4.9	10.7	3.0	765
2039	63.3	11.3	6.7	4.9	10.6	3.0	755
2040	63.4	11.4	6.7	4.8	10.6	3.0	743
2041	63.5	11.4	6.7	4.8	10.6	3.0	731
2042	63.6	11.5	6.6	4.8	10.6	3.0	717
2043	63.6	11.5	6.5	4.8	10.6	3.0	702
2044	63.7	11.5	6.5	4.8	10.5	3.0	686
2045	63.7	11.5	6.4	4.6	10.5	3.0	668
2046	63.8	11.5	6.4	4.6	10.5	3.1	649
2047	63.9	11.5	6.4	4.6	10.4	3.1	629
2048	63.9	11.5	6.3	4.6	10.4	3.1	607
2049	64.0	11.6	6.3	4.6	10.4	3.1	584
2050	64.0	11.7	6.3	4.6	10.4	3.1	560

2) 지역 특성별 교세 추계

대도시의 기독교인 수는 2024년 368만 명에서 2050년 225만 명으로 143만 명 감소할 것으로 예상되며, 이는 38.9%의 감소율에 해당한다. 이는 대도시에서 기독교인의 3분의 1 이상이 줄어드는 것을 의미한다.

전체 기독교인 가운데 대도시 기독교인이 차지하는 비중은 2024년 44.4%에서 2050년 40.2%로 줄어들 것으로 예상된다.

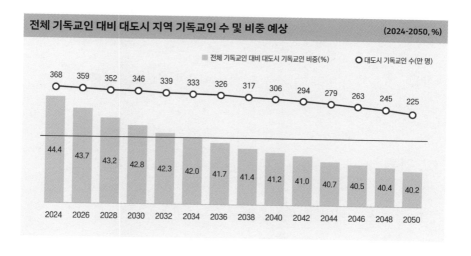

전체 기독교인 대비 대도시 지역 기독교인 수 및 비중 예상 (2024-2050, %)

■ 전체 기독교인 대비 대도시 기독교인 비중(%)   ○ 대도시 기독교인 수(만 명)

연도	2024	2026	2028	2030	2032	2034	2036	2038	2040	2042	2044	2046	2048	2050
수(만 명)	368	359	352	346	339	333	326	317	306	294	279	263	245	225
비중(%)	44.4	43.7	43.2	42.8	42.3	42.0	41.7	41.4	41.2	41.0	40.7	40.5	40.4	40.2

농어촌 기독교인은 2024년 56만 명에서 2050년 48만 명으로 8만 명 감소할 것으로 예상되며, 이는 14.3%의 감소율에 해당한다. 농어촌 기독교인의 감소율이 비교적 낮은 이유는 이미 농어촌 인구 자체가 크게 줄었고, 귀촌 인구가 증가하기 때문으로 해석할 수 있다.

또한 전체 기독교인 가운데 농어촌 기독교인이 차지하는 비중은 6.8%에서 8.6%로 오히려 1.8%p 증가할 것으로 예상된다. 농어촌 기독교인 인구는 줄어드는 반면에 기독교인 가운데 농어촌 기독교인 비중이 늘

전체 기독교인 대비 농어촌 지역 기독교인 수 및 비중 예상 (2024-2050, %)

어나는 것은 도시 기독교인의 귀촌 현상 때문인 것으로 추정된다.

IV. 결론

1. 교세 축소의 원인에 대한 추론

이상의 결과에서 보듯이, 기독교인은 2050년에 2024년보다 32.4%나 줄어들 것으로 전망된다.

이러한 현상이 발생하는 원인은 다양한데, 우선은 우리나라 전체 인구 변화에 있다고 볼 수 있다. 통계청은 우리나라 총 인구를 2024년 5,175만 명에서 2050년 4,711만 명으로 9.0% 줄어드는 것으로 발표했다.[6] 저출산에 따라 인구가 줄어드는 사회에서 기독교 인구가 줄어든다는 것은 당연하다고 할 수 있다. 하지만 총 인구가 9.0% 줄어드는 데서 기독교인 수가 같은 기간에 32.4%나 된다는 것은 인구 감소 요인 외에 다른 요인도 존재한다는 것을 의미한다.

두 번째 요인으로는 탈종교화 현상이라고 할 수 있다. 2004년에는 종교인, 즉 종교가 있는 사람의 비율이 총 인구의 57.0%였는데, 이후에는 종교인의 비율이 2017년에는 46.6%. 2022년에는 36.6%까지 줄어들고 있다.[7] 종교인이 줄어들 뿐만 아니라 종교에 대한 관심도 별로 없는 것으로 나타났다. 2024년 조사 결과에 따르면 종교에 관심이 있느냐는 질문에 83%가 '없다'고 응답했다.[8] 종교에 대한 무관심이 널리 퍼져 있으며, 그에 따라 종교를 믿는 사람이 줄어든다고 할 수 있다.

세 번째 요인으로는 교회 자체의 문제다. 기독교윤리실천운동에 따르면 국민이 기독교에 대해 갖는 신뢰도가 21.0%였다.[9] 이 가운데 무종교인의 한국 교회 신뢰도는 10.6%밖에 되지 않았다. 같은 조사에서 가장 호감 가는 종교가 무엇이냐는 질문에 가톨릭을 선택한 사람이 24.7%, 불교를 선택한 사람이 23.4%로 두 종교의 호감도가 거의 비슷했다. 기독교는 16.2%로 주요 세 종교 가운데 가장 낮은 것으로 나타났다. 한국 교회에 대한 국민의 신뢰도와 호감도가 낮으면 전도를 하더라도 열매를 맺기 어려울 가능성이 크다.

네 번째 요인으로는 성도들이 전도를 하지 않는다. 성도들에게 몇 명을 전도했는지 물어보았을 때 1998년 조사에서는 3.5명, 2004년에는 3.2명, 2012년과 2017년과 2023년에는 2.9명으로 줄어들었다.[10] 전도한 사람의 수가 줄어들고 있기 때문에 복음을 듣고 교회로 들어오는 사람이 그만큼 적을 수밖에 없다.

2. 맺음말

축소되고 있는 한국 교회는 앞으로 어떻게 대응해야 할까? 이번 교세 추계 결과는 현재의 조건이 그대로 유지된다는 전제 아래 도출된 것이다. 교회가 지금까지 해 오던 방식을 답습한다면 이러한 결과는 불가피하다. 그러나 이 결과 앞에서 무기력하게 패배감을 느끼기보다는, 이를 새로운 변화와 도전의 출발점으로 삼아야 한다. 우리가 어떤 선택과 노력을 하느냐에 따라 최종 결과를 바꿀 수 있다는 미래에 대한 희망과 의지가 필요하다.

성도의 감소는 헌금과 사역자 감소로 이어질 수밖에 없다. 한국 교회는 과거 교회 성장 시대의 목회 전략에서 벗어나, 자원이 부족한 상황에서도 교회의 구조를 개혁하고 목회를 새롭게 구상해야 한다. 헌금 사용 방식, 평신도 사역자의 활용, 교회 건물과 시설 운영 등에서 기존과는 다른 대응이 요구될 것이다. 이러한 요구에 어떻게 부응할 것인지가 교회의 중요한 과제가 될 것이다.

고령화된 교회에서는 목회의 중심에 노인을 두어야 한다. 노인이 교회의 절대다수를 차지하는 상황에서, 노인이 행복하지 않은 교회는 전체적으로 행복의 총량이 낮아질 수밖에 없다. 따라서 노인이 행복한 교회를 만들어야 한다. 또한 노인을 단순히 교회의 은퇴자로서 물러나 있게 하기보다는, 사역과 섬김의 역할을 맡게 해야 한다. 이는 노인 개인에게도 의미 있는 삶을 제공하고, 사역자가 줄어드는 교회의 현실에도 도움이 될 것이다.

젊은이의 감소 상황에서는 한 명의 젊은이라도 소중히 여기며, 교회 밖 젊은이들이 교회에 들어올 수 있도록 노력해야 한다. 이를 위해 젊은 세대의 고민과 문제에 깊이 공감하고, 그들이 진정으로 원하는 것이 무엇인지를 파악해야 한다. 특히 삶의 현장에서 좌절과 외로움을 느끼는 청년들이 교회에서 위로와 해소를 찾을 수 있어야 하며, 참된 제자로 살아가는 길을 제시하는 교회가 되어야 한다.

서론

1) 예장통합 교세 통계에 따르면 전체 교인 100명 미만 교회가 차지하는 비율은 72.3%다. 다른 교단도 크게 다르지 않을 것으로 보인다. 대한예수교장로회(통합) 홈페이지, '우리 교단 교세'.

1. 건강한 교회의 맥박, 예배를 진단하다

1) 송인규, 《아는 만큼 누리는 예배》(서울: 비아토르, 2021), p. 25.

2) 한국기독교목회자협의회, 《한국 기독교 분석 리포트: 2023 한국인의 종교생활과 의식조사 1998-2023》, p. 130.

3) 목회데이터연구소, 넘버즈, 228호, 2024. 2. 20.

4) 한국갤럽, 〈갤럽리포트: 한국인의 종교 1984-2021 (1) 종교현황〉(서울:한국갤럽, 2021. 04. 27.)

5) 목회데이터연구소에서 사용하는 각 신앙 단계는 윌로우크릭교회의 것을 이용했는데, 구체적인 내용은 다음과 같다. 1단계: 나는 하나님을 믿지만, 그리스도에 대해서는 잘 모르겠다. 내 종교는 아직까지 삶에서 큰 비중을 차지하지 않는다. 2단계: 나는 예수님을 믿으며, 그분을 알기 위해 여러 가지 일을 하고 있다. 3단계: 나는 그리스도와 가까이 있으며, 매일 그분의 인도하심에 의지한다. 4단계: 하나님은 내 삶의 전부이며, 나는 그분으로 충분하다. 나의 모든 일은 그리스도를 드러낸다.

6) 영미권 학계와 교계에서는 예배 전쟁을 히폴리투스(Hippolytus[170년대-235년], 로마의 사제이자 신학자)와 윌로우크릭(Willow Creek Community Church) 진영 간의 갈등 구조로 설명한다. 즉 초대 교회의 전통을 회복하여 기독교 예전에 담긴 의미를 되살리려는 경향과 기독교에 낯선 이들을 위해 예식보다는 미디어의 활용 등 현대적인 요소를 예배 속에서 구현하려는 경향의 대결로 분석한 것이다. 한국의 경우 예배의 순서와 내용에 있어서 서구에서 정의하는 예전적인 교회의 수가 상대적으로 적어 서구 교회와 한국 교회의 직접적인 비교는 어렵다.

7) 송인규, 앞의 책, p. 32.

8) 제임스 스미스, 《습관이 영성이다》(서울: 비아토르, 2018), p. 25;《하나님 나라를 욕망하라》(서울: IVP, 2016); 안덕원, "한국 개신교회의 상황에서 고찰하는 James K. A. Smith의 예배신학"〈복음과 실천신학〉 54(2020), pp. 133-165를 참고하라.

9) 초기 교회의 고백과 찬양과 기도는 예배와 삶이 어떻게 연결되는지를 잘 보여 준다. 삼위일체 하나님에 대한 공동체의 감사와 믿음이 예배 순서에 고스란히 담겨 있다. 기도의 규칙

이 신앙의 규칙(lex Orandi, lex credendi)이 되는 선순환을 볼 수 있다. 그러므로 예배의 전통을 계승한다는 것은 추상적인 개념을 학습하거나 과거에 사용한 예배의 요소를 답습하는 것이 아니라, 믿음의 선조들이 경험한 계시와 응답의 축복에 참여하는 거룩하고 신비로운 영적 순례를 하는 것이다.

10) '세계교회협의회의 신앙과 직제위원회'에서 발간한 《리마문서》(Lima Document)를 참고하라.

2. 변화된 삶을 위한 양식, 교육을 진단하다

1) 목회데이터연구소, '2023 국민 종교 분포 및 현황'(중고등학생 이상 국민 5,451명[중고등학생 700명/온라인 조사, 만 19세 이상 4,751명/전화 조사], 지앤컴리서치, 2023. 10. 18. - 2024. 1. 3.). 구체적인 내용은 목회데이터연구소, 넘버즈, 224호(2024. 1. 16.)를 볼 것.

2) 마리아 해리스, 《교육목회 커리큘럼》(서울: 한국장로교출판사, 1997), pp. 73-85.

3) 목회데이터연구소, 넘버즈, 209호, 2023. 9. 26. 대표적으로 2023년 1월 9일부터 1월 16일까지 지앤컴리서치가 조사한 "2023 한국인의 종교생활과 신앙의식 조사"에 따르면, 그리스도인의 8%만이 실제 자녀 신앙 교육을 부모가 적극적으로 하는 것으로 나타났으며, 심지어 61%는 못하고 있는 것으로 응답되었다.

4) 신형섭, 《가정예배 부모학교 가이드북》(서울: 장로회신학대학교 기독교교육연구원, 2023), pp. 4-5.

5) 코로나 이전부터 서울 시내에 있는 'C 교회'를 비롯한 여러 교회는 정기적인 가정예배학교를 운영하며 성도들에게 가정 예배의 정의와 이해, 가정 예배의 영적 원리, 가정 예배의 다양한 모델, 가정 예배 인도자 역량 훈련 등을 실천함으로 교회 안의 많은 가정이 가정 예배를 정기적으로 드릴 수 있도록 양육해 왔다. 코로나 이후에는 좀 더 많은 교회가 가정예배학교를 운영하고 있다.

6) 신형섭, 《자녀 마음에 하나님을 새기라: 교회와 부모가 함께하는 신앙교육 매뉴얼》(서울: 두란노, 2020), pp. 100-101.

7) 목회데이터연구소, 넘버즈, 182호, 2023. 3. 7. 2023년 1월 31일부터 2월 13일까지 한국기독교목회자협의회가 담임목사 802명을 대상으로 모바일 조사를 통하여 실시한 "2023 한국인의 종교생활과 신앙의식 조사"에 따르면, 목회자들은 목회 환경에서 느끼는 가장 큰 어려움으로 1위는 '다음 세대 교육 문제'(46%), 2위는 '전도의 어려움'(30%), 3위는 교회 공동체성 약화(28%)를 응답했다.

8) Ed Stetzer & Thom S. Rainer, *Transformational Church*(Nashville, TN: B&A Publishing Group and LifeWay Research, 2010), p. 18.

3. 그리스도의 몸, 친교를 진단하다

1) 다니엘 밀리오리, 《기독교 조직신학 개론: 이해를 추구하는 신앙》(서울: 한국장로교출판사, 1994), p. 114.
2) 이에 대하여 최인수 외, 《2020 트렌드 모니터》(서울: 시크릿하우스, 2019)를 볼 것.
3) 목회데이터연구소에서 사용하는 각 신앙 단계는 윌로우크릭교회의 것을 이용했는데, 구체적인 내용은 다음과 같다.1단계: 나는 하나님을 믿지만, 그리스도에 대해서는 잘 모르겠다. 내 종교는 아직까지 삶에서 큰 비중을 차지하지 않는다. 2단계: 나는 예수님을 믿으며, 그분을 알기 위해 여러 가지 일을 하고 있다. 3단계: 나는 그리스도와 가까이 있으며, 매일 그분의 인도하심에 의지한다. 4단계: 하나님은 내 삶의 전부이며, 나는 그분으로 충분하다. 나의 모든 일은 그리스도를 드러낸다.
4) 디트리히 본회퍼, 《신도의 공동생활》(서울: 대한기독교서회, 1995), p. 25.
5) 필립 얀시, 《교회, 나의 고민 나의 사랑》(서울: 요단출판사, 2007), p. 45.
6) 로버트 뱅크스, 《바울의 공동체 사상》(서울: IVP, 2007), p. 110.
7) G. K. Chesteron, *Heretics*(Standard Ebooks), chapter 14. https://standardebooks.org/ebooks/g-k-chesterton/heretics/text

4. 예수의 섬김, 봉사를 진단하다

1) John Calvin, *Institutes*, Book.3, Chapter 7, Section 6.
2) 목회데이터연구소에서 사용하는 각 신앙 단계는 윌로우크릭교회의 것을 이용했는데, 구체적인 내용은 다음과 같다.1단계: 나는 하나님을 믿지만, 그리스도에 대해서는 잘 모르겠다. 내 종교는 아직까지 삶에서 큰 비중을 차지하지 않는다. 2단계: 나는 예수님을 믿으며, 그분을 알기 위해 여러 가지 일을 하고 있다. 3단계: 나는 그리스도와 가까이 있으며, 매일 그분의 인도하심에 의지한다. 4단계: 하나님은 내 삶의 전부이며, 나는 그분으로 충분하다. 나의 모든 일은 그리스도를 드러낸다.
3) 〈국민일보〉, 2022년 4월 27일 31면.
4) 스탠리 하우어워스, 《교회됨》(성남: 북코리아, 2011), p. 7.
5) 마이클 프로스트 & 앨런 허쉬, 《모험으로 나서는 믿음》(서울: SFC, 2015), p. 273.
6) 제임스 데이비슨 헌터, 《기독교는 어떻게 세상을 변화시키는가》(서울: 새물결플러스, 2014), p. 362.

5. 지속되어야 할 대위임령, 선교를 진단하다

1) 데이비드 J. 보쉬, 《변화하고 있는 선교》(서울: CLC, 2006), p. 34.
2) https://krim.org/2023-korean-mission-statistics/
3) https://www.christiandaily.co.kr/news/49768 2024년 9월 7일 접속.
4) https://www.kmib.co.kr/article/view.asp?arcid=1709798219 2024년 9월 8일 접속.

부록. 교세 추계: 한국 교회의 미래를 전망하다

1) 대한예수교장로회(합동), 대한예수교장로회(통합), 대한예수교장로회(백석), 기독교대한감리회, 기독교대한하나님의성회, 기독교한국침례회, 기독교대한성결교회, 대한예수교장로회(고신), 대한예수교장로회(개혁), 예수교대한성결교회, 대한예수교장로회(합신), 대한예수교장로회(대신), 대한예수교장로회(개혁대신), 대한예수교장로회(백석대신), 그리스도의교회교역자협의회
2) 초등학생 이하는 커뮤니케이션 문제 때문에 설문 조사에서 배제하였다.
3) 그리스도인은 '당신의 종교는 무엇입니까'라는 질문에 '기독교'라고 응답한 사람을 일컫는다. 이는 교회 출석 여부와 무관한 개념으로 교회에 나가지 않는 그리스도인, 이른바 가나안 성도를 포함한다.
4) 〈동아일보〉 인터넷판, "인구 20%가 65세 이상 '초고령 사회'됐다", 2024. 12. 25.
5) 행정안전부, '주민등록 인구통계', 2024. 11.
6) 통계청, '장래인구추계(2022_2072년)', 2023. 12. 14.
7) 한국기독교목회자협의회, 《한국 기독교 분석 리포트: 2023 한국인의 종교생활과 의식조사 1998-2023》(서울: 대한기독교서회, 2023), p. 43.
8) 목회데이터연구소, 넘버즈, 255호, 2024. 9. 10.
9) 기독교윤리실천운동, 《한국교회의 사회적 신뢰도 여론조사 결과 자료집》(서울: 기독교윤리실천운동, 2023), p. 13.
10) 한국기독교목회자협의회. 앞의 책. p. 179.

지용근(대표 저자) / 목회데이터연구소 대표
연세대학교 사회학과를 졸업했고, 한국갤럽 연구본부장과 ㈜ 글로벌리서치 대표이사를 역임했으며, 〈한국 교회의 사회적 신뢰도 추적조사〉, 〈한국인의 종교의식 및 신앙실태 추적조사〉 등 광범위한 기독교 관련 조사 연구를 수행했다. 매주 한국 사회의 주요 통계 자료를 전국 26,000여 명의 목회자와 한국 교회의 리더십들에게 무료로 제공하는 주간 리포트 〈넘버즈〉를 발행하고 있으며, 저서로는《한국 교회 트렌드》시리즈 2023-2025(대표 저자) 등이 있다.

임성빈 / 장로회신학대학교 명예교수(전 총장)
장로회신학대학교와 신학대학원을 졸업하고 미국 루이빌신학대학원(M.A.)과 미국 프린스턴신학대학원에서 기독교윤리학(Ph.D.)을 공부했다. 장로회신학대학교 총장을 역임했다. 문화 선교의 비전을 품고 한국의 사회 문화 전반에 대하여 관심을 가지고 연구해 왔다. 특히 책임윤리와 공공신학의 관점에서 '한국 교회의 대사회적 역할과 책임'이라는 이슈에 천착하며 신학적 아젠다 설정에 힘써 왔다. 주요 저서로는《아직도 희망이 있나요》등이 있다.

김선일 / 웨스트민스터신학대학원대학교 교수
아신대학교에서 신학(B.Th.)을 공부하고, 미국 풀러신학대학원(Fuller Theological Seminary)에서 목회학 석사(M.Div.)와 실천신학 박사(Ph.D.) 과정을 마쳤다. 귀국 후 학원복음화협의회와 예수소망교회에서 사역했으며, 지금은 웨스트민스터신학대학원대학교의 실천신학 및 선교와문화 담당 교수로 재직 중이다. 저서로는《전도의 유산》,《한국 기독교의 성장 내러티브》,《기독교적 회심의 해석과 실천》등이 있다.

신형섭 / 장로회신학대학교 교수

장로회신학대학교(B.A., M.Div.)와 미국 Union-PSCE(M.A.C.E., Th.M.)와 Union Presbyterian Seminary(Ph.D.)에서 기독교교육학을 공부했다. 현재 장로교신학대학교에서 기독교교육과 교수로 섬기고 있으며, 충신교회 석좌교수와 반포교회 협동목사로 섬기고 있다. 저서로는 《자녀 마음에 하나님을 새기라》, 《예배갱신의 사각지대: 교회학교 예배》, 《가정 예배 건축학》, 《슬기로운 메타버스 교회학교》 외 다수가 있다.

정재영 / 실천신학대학원대학교 교수

연세대학교에서 사회학을 공부하고 대학원에서 종교사회학을 전공하여 한국교회 소그룹에 대한 논문으로 박사학위를 받았다. 실천신학대학원대학교 교수이고 '21세기교회연구소' 소장을 맡고 있으며, 한국종교사회학회 회장과 목회데이터연구소 연구위원으로 섬기고 있다. 《계속되는 도전: 늘어나는 비제도권 교회》, 《강요된 청빈: 목회자의 경제 현실과 공동체적 극복 방안》, 《교회안 나가는 그리스도인: 가나안 성도를 어떻게 이해할 것인가?》 등을 저술했다.

백광훈 / 문화선교연구원 원장

전북대학교에서 철학을 공부하고, 장로회신학대학교를 졸업한 후 동 대학원에서 기독교와문화 전공으로 박사학위를 받았다. 현재 한국 교회의 대표적인 문화 연구 싱크탱크인 문화선교연구원에서 원장으로 섬기고 있으며, 을지대학교에서 교목·교수로 학생 선교와 학원 복음화에 힘쓰고 있다. 저서로는 《한국교회 트렌드》 시리즈 2023-2025(공저), 《오늘의 기독교 윤리학》(공저), 《하나님나라, 공동선, 교회》(공저), 《세상의 선물이 되는 교회》(공저) 등이 있다.

김창운 / 캄보디아 선교사

장로회신학대학교에서 7년간 신학을 수학했고(Th.B., M.Div.), 미국의 풀러신학대학원(Fuller Theological Seminary)과 바이올라대학교(Biola University)에서 8년간 선교학을 연구했다(MA.ICS., Ph.D.). 2009년부터 한국에서 송탄동성교회와 벧엘교회를 목회하며 장로회신학대학교의 겸임교수로 섬겼고, 2020년부터 대전신학대학교에서 선교학 교수로 재직하던 중 2024년, 캄보디아에서 부르심을 받아 현재 프놈펜에서 선교하고 있다.

안덕원 / 횃불트리니티신학대학원대학교 교수

서울신학대학교에서 신학을, 서강대학교에서 종교학을 공부했으며, 미국의 드류(Drew)대학교에서 석사를 마치고 기독교예전으로 박사학위를 취득했다. 드류대학교에서 전임교수로 예배와 설교를 가르쳤고, 뉴저지 시온성교회에서 담임목회를 했다. 2012년부터 현재까지 횃불트리니티신학대학원대학교에서 실천신학을 가르치고 있다. 한국예배학회 회장을 역임했으며, 현재 교회건축문화연구회 회장으로 섬기고 있다. 저서로는《우리의 예배를 찾아서》, 《예배 꿀팁》등이 있다.

이상화 / 서현교회 담임목사

총신대학교(B.A., M.Div, Th.M., Ph.D. 과정 수료), 웨스트민스터신학대학원대학교(Ph.D.)에서 조직신학을 공부했다. 웨스트민스터신학대학원대학교와 총신대학교 목회신학전문대학원에서 교수를 역임했고, 1994년에 설립한 한국소그룹목회연구원의 대표이며, 현재 서울 서교동에 위치한 서현교회의 담임목사이다.《건강한 교회 성장을 위한 소그룹 리더십》,《청년들이 교회를 떠나는 33가지 이유》를 비롯하여 건강한 소그룹과 교회를 주제로 출간한 다수의 저서가 있다.

손병덕 / 총신대학교 교수

미국 Washington Univ. (석사), Harvard Univ. (석사), 영국 Oxford Univ. (박사)에서 공부했고, 총신대학교 사회복지학과 교수로 재직 중이다. 총신대학교 부총장 및 산학협력단장, 기독교세계관학술동역회 〈신앙과 학문〉 부회장·편집위원장, 대한범죄학회 부회장, 한국청소년학회장을 역임했으며, 현재 한국청소년학회 이사장과 한국교회교육복지실천학회장으로 섬기고 있다.

안교성 / 한국기독교역사문화관 관장

서울대학교, 장로회신학대학교, 영국 케임브리지대학교에서 영문학과 신학을 공부했다. 대한예수교장로회(통합) 총회 파송 몽골 선교사, 동 총회 세계선교부 총무, 장로회신학대학교 교수를 역임했고, 현재 한국기독교역사문화관 관장으로 사역하고 있다. 저서로는《장애인을 잃어버린 교회》,《한국 교회와 최근의 신학적 도전》,《후기 사회주의 시대의 통일과 평화》,《아시아 신학 산책》,《한국기독교교회협의회 100년사》등이 있다.

김진양 / 목회데이터연구소 부대표

연세대학교 사회학과를 졸업하고 광고회사 동방기획과 그레이프커뮤니케이션즈에서 근무했으며, 여론조사 전문회사인 유니온리서치에서 근무했다. 사람들의 욕구 그리고 그것을 형성하게 하는 문화를 분석하는 데에 관심을 갖고 있다. 《한국 교회 트렌드》시리즈 2023-2025를 비롯한 기독교 조사를 수행하고 있다.

이 책을 구입한 분들에게 목회데이터연구소에서 한국 교회를 진단하기 위해 실시한 조사 보고서를 제공해 드립니다. QR코드를 찍고 이메일 주소를 입력하시면 메일로 전체 보고서를 보내드립니다.

1. **그리스도인 조사 5종 보고서**(예배, 교육, 친교, 봉사, 선교)
   전국의 만 19세 이상 성인 남녀 각 1,000명씩 총 5,000명, 온라인 조사,
   2023. 11. 7. - 12. 7.

2. **목회자 조사 2종 보고서**(1차 조사[예배, 교육, 친교], 2차 조사[봉사, 선교])
   전국 교회 담임목사 1,032명(1차 조사 506명, 2차 조사 526명), 온라인 조사,
   2024. 12. 20. - 2024. 1. 15.

3. **해외 선교사 조사 보고서**
   한국 교회가 파송한 해외 선교사 320명, 모바일/온라인 조사, 2024. 1. 2. - 2. 5.

4. **중고등학생 조사 보고서**
   교회 출석 중인 중학생 및 고등학생 총 500명, 온라인 조사, 2024. 1. 5. - 1. 11.

5. **2023 국민 종교 분포 및 종교 현황**
   만 14세 이상 일반 국민 5,451명(중고등학생 700명, 만 19세 이상 성인 4,751명)
   전화 조사 및 온라인 조사, 2023. 10. 18. - 2024. 1. 3.

6. **한국 기독교 교세 현황 및 향후 추계 결과 보고서**
   2024. 5.